经济转型与
金融视角

JINGJI ZHUANXING YU
JINRONG SHIJIAO

陈四清◎著

中国金融出版社

责任编辑：赵燕红
责任校对：李俊英
责任印制：程　颖

图书在版编目（CIP）数据

经济转型与金融视角（Jingji Zhuanxing yu Jinrong Shijiao）/陈四清
著. —北京：中国金融出版社，2014.8
ISBN 978 - 7 - 5049 - 7412 - 9

Ⅰ.①经…　Ⅱ.①陈…　Ⅲ.①中国经济—转型经济—研究②商业
银行—银行发展—研究—中国　Ⅳ.①F12②F832.33

中国版本图书馆 CIP 数据核字（2014）第 009104 号

出版
发行　中国金融出版社

社址　北京市丰台区益泽路 2 号
市场开发部　（010)63266347，63805472，63439533（传真）
网 上 书 店　http：//www.chinafph.com
　　　　　　　（010)63286832，63365686（传真）
读者服务部　（010)66070833，62568380
邮编　100071
经销　新华书店
印刷　北京七彩京通数码快印有限公司
尺寸　169 毫米 ×239 毫米
印张　17.75
字数　270 千
版次　2014 年 8 月第 1 版
印次　2014 年 8 月第 1 次印刷
定价　68.00 元
ISBN 978 - 7 - 5049 - 7412 - 9/F.6972
如出现印装错误本社负责调换　联系电话(010)63263947

序　言

——经济转型与金融视角

一

经过三十多年的快速发展，中国已经成长为全球第二大经济体，人均 GDP 已超过 6800 美元，中国的综合经济实力和国际地位明显提升。但也要看到，当前我国正处在经济增速换挡期、结构调整阵痛期、前期刺激政策消化期"三期叠加"的关键时期，拉动我国经济增长的传统动力正在减弱，寻找新的经济增长动力已经迫在眉睫。

从国际环境看，全球经济仍在复苏过程中，主要国家纷纷进行经济结构调整，全球经济再平衡新格局正在形成，加上周边国家竞争和国内成本上升等原因，我国出口动力正在减弱，依赖外需实现经济增长的模式难以维系。从国内情况看，经过多年的高增长之后，我国经济结构失衡日益凸显，投资消费结构比例不合理，地方政府债务风险逐渐积聚，房地产市场面临较大调整，能源资源环境约束不断强化，依靠固定资产投资拉动的增长模式越来越难以为继。

党的十八届三中全会作出了《关于全面深化改革若干重大问题的决定》，确立了我国深化经济体制改革的目标，要求加快转变经济发展方式，推动经济更有效率、更加公平、更可持续发展，新形势下促进我国经济转型升级，关系到未来若干年我国经济的平稳较快发展，关系到全面建成小康社会的战略目标，关系到能否顺利实现"中国梦"。

实现未来 10~20 年经济社会发展目标，促进我国经济持续健康发展，根本出路在于推动经济转型升级，解决经济社会发展不平衡、不协调和不可持续的问题。我国经济转型升级的目标，就是在经济保持合理增长的基础上，推动产业结构调整，着力提高增长质量，协调推进经济建设与生态建设，实现发展成果广泛共享，促进包容性和可持续发展。

实现经济转型升级的目标，有必要就当前经济中存在的突出矛盾和问题，对症下药、综合施策，以新的思维统筹推动经济协调平衡发展：

调整投资消费比例关系是经济转型升级的方向。扩大投资促进了经济的快速发展，但投资消费比例关系不合理，也带来了产能过剩等问题。调整投资消费关系，重点在增加消费。通过增加就业、结构性减税、完善社保、优化消费环境等，提高居民收入水平，增强居民消费意愿和能力，逐步建立扩大消费的长效机制。通过改善收入分配，培育和壮大中等收入阶层，促其成为消费快速增长的核心力量。

推动产业结构优化升级是经济转型升级的重要抓手。作为世界经济大国和人口大国，我国必须建立起完善的产业体系，并在产业发展上有所侧重，实现产业结构的优化。既要促进我国已具竞争优势的产业如通讯、高铁、造船等的发展，也要发现和培植一些对就业、收入、资源合理利用有积极正向作用的战略性新兴产业，推动增长的可持续性。同时，要积极引入民间投资，发挥社会资本在结构调整中的作用，还要注重推动高附加值产业发展，向产业链的高附加值部分要利润要效益。

激发科技创新活力是经济转型升级的关键。一个经济体在进入中等收入阶段后，低成本优势将逐步丧失，在低端市场难以与低收入国家竞争。同时，由于研发能力和人力资本条件制约，在中高端市场则又难以与高收入国家抗衡。要克服这一"上下挤压"环境的挑战，我国有必要进一步加大对教育科技的投入，提高教育质量，提高受教育者的创造力和独立性；也需要创新科研体制，加快构建以企业为主体、市场为导向、产学研相结合的科技创新体系，使企业真正成为研发投入、技术创新和成果应用的主体。

解决能源资源环境问题是经济转型升级的保障。经济发展不能以环境破坏和污染为代价，特别是在产业转移、落后地区和资源聚集地区的发展，更应该严格考量对生态环境的负面影响。经济转型升级要求下大力气集约利用资源能源，有效减少环境污染，优化能源结构，合理控制能源消费总量，健全节能减排法律法规和标准。

二

金融是现代经济的核心，实体经济的健康发展离不开金融的支持。过去三十多年，中国金融业快速发展，在促进经济发展方面也发挥了重要作用。当前，我国实体经济发展正处在转型升级的新的历史阶段，其金融服务需求已远远超越了以往的简单模式，对多元化的金融服务需求显著上升。随着经济转型，经济结构更加平衡，消费需求以及民营资本、中小企业在经济发展中的作用会不断上升，这既是金融业发展的一个重大机遇，同时也要求金融业与时俱进，不断创新金融服务模式。

《中共中央关于全面深化改革若干重大问题的决定》指明了金融改革的方向，提出了完善金融市场体系的总体要求。国务院《关于金融支持经济结构调整和转型升级的指导意见》对金融业提出了具体要求。金融要牢牢把握发展实体经济这一坚实基础，以国家重大战略和宏观政策为导向，解决当前经济发展中面临的重点和难点问题。未来一个时期，应致力于构建一个更具竞争性和包容性的金融市场体系，既为利率等资金要素的市场化发挥作用创造条件，也能更好地满足各类市场主体的多层次金融服务需求。

金融支持实体经济要求积极跟随和服务国家战略。经济是金融的基础，一国的发展战略深刻影响着实体经济的增长及结构，决定着金融需求规模、市场环境和业务空间。只有积极跟随和服务国家发展战略，金融业才能更好地服务于实体经济。

金融支持实体经济要求市场配置资源。利率和汇率都是资金的价格，其市场化能够真实反映资金供给和需求的关系，有利于更合理地调配资金投向，有利于支持和推动战略性新兴产业发展、淘汰落后产能来提高产业竞争力，促进经济转型升级。

金融支持实体经济要求协调推进资本市场的改革。以资本市场为代表的直接融资和以商业银行为代表的间接融资都有自身的优劣势以及适合的领域。要提高社会资金资源整体的配置效率，必须合理规划直接融资和间接融资在金融体系中的相对地位，充分发挥各自的比较优势。

金融支持实体经济要求注意金融服务的包容性。当前我国经济发展方式转变要求经济制度向更好地促进包容性增长转变，经济发展的成果要普惠大众。金融服务在重视效率的同时，必须关注弱势区域、弱势产业以及弱势群体的需求。

金融支持实体经济要求提升金融体系的稳定性。金融是现代经济的核心，金融体系的稳定直接关系到社会生产、经济发展和人民福祉。金融支持实体经济，必须坚守风险底线，防止风险对金融系统和实体经济造成重大冲击。

三

一直以来，中国银行业在金融支持实体经济的过程中担当着重要责任，在支持经济发展、社会进步、民生改善和促进产业、区域协调等方面作出了重要贡献。

溯本清源，支持和服务实体经济是商业银行发展的根本目标。产业兴则经济兴，经济兴则银行兴，没有实体经济的健康发展，银行业就成了无源之水、无本之木。"次贷危机"的经验教训充分表明，银行业只有服务并依赖于强健的实体经济，才能保持健康发展；一个国家也只有奠定了坚实的实体经济基础，才能在危机到来时从容应对、保持稳定。

当前我国正处在全面深化改革、经济发展战略转型的关键时期，商业银行支持实体经济发展面临新的要求。传统行业风险攀升，钢铁、建材、房地产、汽车等行业面临产能调整和技术升级，高污染、高能耗的发展模式难以为继。大力发展绿色产业、资本密集型和技术密集型产业，成为推动经济社会和资源全面协调可持续发展的必然选择。更高的资本和技术密集度、更长的产业链、更高的市场互动程度、更多样和更复杂的融资路径，给商业银行经营管理带来了新的课题。新型工业化、信息化、城镇化和农业现代化同步推进，"走出去"战略、文化产业战略实施，加大扶持中小企业、"三农"产业力度，对商业银行的金融服务能力都提出了新的挑战。

经营环境的深刻变化，要求银行与时俱进，不断提升综合竞争力和服务实体经济的能力，在转型中求发展：

第一，降低资本消耗，坚持轻资本集约化发展。我国正处于工业化以及城镇化加速期，融资需求旺盛。中国银行业必须改变资本消耗过大的传统经营模式，坚持以资本节约为管理导向，调整业务结构、发展轻资本业务，向"风险、资本、收益"统一的内涵式增长转变，才能更好地满足和服务于实体经济。在内部管理方面，应以经济资本等风险管理工具为核心，推动资本管理、风险管理和资产负债管理的协同和融合。

第二，践行国家"走出去"战略，拓展国际化经营。中国银行业应该以企业"走出去"和人民币国际化为契机，积极发展跨国经营，调整优化区域布局，积极响应国家"构建开放型经济新体制"的号召。当然，商业银行国际化应紧密结合自身经营特点，资本雄厚、技术先进、具有全球性服务网络的大型银行，可向全球提供包括商业银行、投资银行、证券投资、保险经纪等广泛的金融服务；在某些特色业务领域具有优势的银行，可集中精力和资源，争做单一领域的首选银行。

第三，与资本市场协调发展，稳步发展多元化经营。资本市场的发展，在挤压银行业务空间的同时，也为银行提供了改善收入结构、满足客户多元金融需求的工具。中国银行业应在优先发展非牌照类非银业务的基础上，结合本身的战略导向和金融业务的属性有选择性地发展牌照类非银业务。

第四，调整业务结构，实现金融服务的广覆盖。一方面，中国银行业需要创新经营模式、组织架构和管理流程，加大对小微企业、"三农"、欠发达地区的金融支持；另一方面，积极参与专业化新型金融机构的培育，弥补现有金融体系服务的空白领域。

第五，强化风险管理，发挥金融系统稳定器的作用。无论是在银行主导的金融体系，还是在金融市场主导的金融体系中，银行总是扮演着举足轻重的作用，其风险状况直接影响到金融体系和实体经济的稳定。中国银行业要进一步强化风险管理，杜绝只关注短期发展速度和收益、不顾长期风险的激进型风险管理模式。

第六，加强基础建设，着力培养客户服务、定价管理、风险识别计量以及 IT 支持等核心能力。在网络和大数据时代，商业银行应更加重视科技引领作用，促进信息技术、网络、金融服务的深度融合。

可见，经济转型意味着金融服务需求转变。支持经济转型是金融机构特别是国有商业银行应尽的社会责任，经济转型带来的新金融需求也为商业银行发展提供了重大机遇。近年来，中国银行业在贯彻国家政策、支持经济发展中，自身盈利能力、资产质量、资本水平持续改善；但与国际领先银行比，我国商业银行在管理水平、服务能力等方面仍存在差距，未来的发展同样需要不断转型。银行在转型发展中，要牢牢把握服务实体经济这一根本目标，对中小企业、贸易金融、人民币国际化等经济发展必需、金融需求潜力大的领域有针对性地加大支持。

<h1 style="text-align:center">四</h1>

中小企业是我国经济平稳较快发展的重要动力，关系着促进就业、改善民生和社会稳定的大局。目前我国中小企业数量超过企业总户数的 99%，创造的最终产品和服务价值相当于国内生产总值的 60% 左右，缴税额为国家税收总额的 50% 左右，创造了 80% 的城镇就业岗位。与此同时，随着大型企业直接融资规模不断加大，融资议价能力愈发增强，商业银行传统上依靠"大客户、大项目"的盈利模式难以为继，必须加快调整和转变。从发达国家金融发展历程来看，着力拓展中小企业客户，将中小企业客户作为利差收益的重要来源既是发展趋势，也是分散经营风险、实现稳健成长的重要手段。国际领先银行的发展轨迹充分证明了中小企业金融服务是经济转型阶段银行价值创造的重要来源。加强中小企业金融服务，既是商业银行提高服务实体经济质量和水平的现实要求，更是从根源上促进实体经济发展、实现商业银行经营目标的有效途径。

中小企业处于成长周期的早期阶段、业务规模有限，具有规模小、资产轻，经营波动大、抗风险能力弱，公司治理机制不完善、财务制度不健全等特征。这些特征往往不符合商业银行的传统经营理念，在全世界范围内带来了中小企业融资难的课题。同时，这些特征也导致中小企业"短、频、快"的融资需求,对商业银行传统的经营模式提出了很大挑战。

面对中小企业特殊需求,近年来,在国家的政策引导和大力提倡下,通过商业银行和监管机构共同努力,我国中小企业融资环境明显改善。然而要进一步解决中小企业融资难问题,关键还是要通过全面创新,突破商业银行传统业务模式,解决需求和供给间不匹配的矛盾:一是创新信贷评审机制解决银企信息不对称的矛盾。二是创新信贷审批流程满足小微企业融资时效要求。三是创新客户服务渠道改善小微企业的客户体验。四是创新金融服务产品丰富小微企业的服务内容。五是创新风险管理机制保证小微企业信贷商业可持续性。当然,中小企业融资难问题的解决并不是仅靠商业银行就能做到的。在大力服务中小企业的过程中,建设一套完整的中小企业融资服务体系,需要各方共同努力,提出系统性的解决方案。

五

贸易金融伴随着贸易发展而出现,起源可以追溯到 13 世纪甚至最初的商品交换时期。其初始业务仅是为各国贸易商的贸易活动提供汇兑和支付。自 20 世纪下半叶以来,在信息技术革命的推动下,世界分工模式发生了深刻变革,贸易金融从提供贸易结算与融资等基础性服务进入到提供综合金融服务的阶段。作为与实体经济联系最为紧密的金融服务领域,贸易金融具有服务对象特定、风险可控、综合性强、适合中小企业等特点。

近年来,贸易金融对我国商业银行经营发展的重要性日益突出。主要表现为:贸易金融是拓展客户群的有力武器,通过与供应链紧密结合,发掘上下游客户金融需求;贸易金融是优化收入结构的重要手段,支付结算、代收代付、担保承诺、咨询服务等业务带来了可观的中间业务收入;贸易金融是产品创新的重点领域,灵活便利、组合丰富的融资形式有利于产品和服务的创新;贸易金融加快了银行业国际化步伐,支付和结算产品是"走出去"企业的必备需求,贸易金融产品的全球推广,有助于商业银行国际化进程。

在全球经济格局深刻调整、中国经济结构转型升级大背景下，贸易金融对中国银行业提出新的要求：贸易结构升级，需要银行业全力支撑中国从"贸易大国"向"贸易强国"迈进；中国企业"走出去"，需要银行全面构建和提升全球服务能力；利率、汇率市场化，需要银行满足企业保值避险类贸易金融需求；"金融脱媒"与"产融结合"，需要银行加快推动贸易服务创新和深刻变革；产品需求集成化和综合化，需要银行将供应链上下游作为一个整体来服务；人民币国际化，需要银行打造全新的人民币全球清算体系和资金产品；资本项目放开，需要银行主动适应资金跨境流动管制变化带来的挑战；融资交易信息化，需要银行借助电商等平台来定制专门的融资服务。贸易金融面临广阔的发展空间。

六

人民币国际化是事关中国企业、中国银行业乃至中国经济长远发展的战略选择。伴随着中国经济的崛起、人民币国际化的提速和中国企业"走出去"步伐加快，以及中国"十二五"规划明确提出发展大型跨国金融机构，"提高国际化经营水平"的要求，中国银行业"走出去"迎来了前所未有的"黄金机遇期"和"关键挑战期"。中国商业银行应主动适应国家经济转型战略目标，积极助推人民币国际化进程，并以此为契机，紧抓跨境人民币业务机会，实现国际化经营和自身的转型发展。

人民币国际化进程加速，逐步成为企业全球贸易和投资活动的新选择。2008年国际金融危机爆发后，世界各国开始对以美元为核心的现代国际货币体系进行反思，我国也适时加快了人民币国际化进程。从2009年7月我国启动跨境人民币结算试点至今，仅仅历时四年，取得了举世瞩目的成绩：国际清算银行（BIS）的调查显示，人民币已成为全球外汇市场第九大交易货币；环球同业银行金融电讯协会（SWIFT）的最新数据表明，人民币已取代欧元，成为第二大贸易融资货币。预计未来3～5年，跨境人民币业务仍将保持高速发展。

展望未来，中国银行业在人民币国际化过程中大有可为。人民币国际化是一个长期的过程，伴随着人民币国际化进入纵深发展，各种新的制约和市场扰动的挑战也随之产生，迫切需要商业银行解决人民币从国内"走得出去"、在海外"留得住"、从海外"回得来"等问题。在这历史性重大机遇前，商业银行要在中央银行的统筹下，加大创新，积极推动人民币跨境贸易结算做强做大，大力积极培育人民币离岸金融市场，拓宽人民币回流渠道，推动货币互换、多边支付和区域货币合作。

综上所述，在我国经济转型升级的关键时期，如何确保转型升级成功、如何发挥金融的作用，是业界非常关心的重大问题。我在工作中一直注意观察和思考中国经济和金融发展和改革问题。我深深感受到，党中央、国务院的正确领导和决策是我国经济金融健康发展的根本。金融业特别是商业银行要发挥主观能动性，直面转型挑战、勇抓改革机遇，加强金融产品和服务创新，拓展多元化经营，满足实体经济的多种金融需求；要根据经济转型的方向，优化行业投向，加大对中小微企业的信贷投入，支持经济结构调整；要持续适应全球金融监管规则，积极参与全球贸易金融和人民币国际化进程，提升银行业国际化经营水平，推动"走出去"战略的实施。商业银行转型没有完成时，只有进行时。从 2004 年改革至今的十年间，商业银行一直在谋新求变。在转型变革的时代，我作为一名银行工作者，在为国家社会经济发展取得的成就深感自豪的同时，也常常为中国金融业如何更有效支持经济转型发展而思考。本书有些观点未必都正确，希望能借此与大家交流，共同服务于经济金融转型发展。

农历甲午年二月十六日于北京

目　录

第一篇　金融支持实体经济的宏观思考

创新金融服务支持企业发展 ……………………………… 3

银行应创新管理模式服务实体经济 ……………………… 11

以"转变"突破经济发展中的"三角"难题 …………… 16

市场化环境下商业银行转型发展需要加强能力建设 …… 22

利率改革新演进
　　——商业银行转型攻坚 ………………………………… 27

实现低碳银行要细化行业发展战略 ……………………… 35

对 2008 年金融危机的再认识 …………………………… 39

构建良性消费模式　促进消费健康发展 ………………… 50

积极顺应国际金融监管改革新趋势 ……………………… 54

新兴市场要避免成为新的危机爆发地 …………………… 60

我国货币政策应对通货膨胀的有效性
　　——基于货币主义的视角 …………………………… 65

中国影子银行的特点、风险与治理策略 ………………… 78

第二篇　创新服务支持小微企业

积极创新中小企业金融服务 ……………………………… 85

加大对小微企业的金融支持 ……………………………… 90

大力支持小微企业与实体经济共生共荣 ………………… 95

大型银行做中小企业服务责无旁贷 ……………………… 100

创新"中关村模式"支持科技型中小企业发展 …………… 104

以资本之力助推文化产业腾飞 …………… 115

建设文化产业投资基金　推动文化产业发展振兴 …………… 117

金融服务助力文化产业做大做强 …………… 123

加大银行信贷投放　促进文化产业发展 …………… 128

第三篇　转型攻坚发展贸易金融

贸易金融的趋势与策略 …………… 133

商业银行贸易金融业务的理论体系、发展历程和未来走向 …………… 140

当前贸易金融发展新趋势及应对措施 …………… 148

银团贷款业务未来发展 …………… 152

充分发挥银团贷款优势　促进银团贷款健康发展 …………… 155

提升大宗商品融资竞争力 …………… 157

贸易金融双轮驱动　提升人民币国际化新层次 …………… 162

自贸区的银行服务创新 …………… 171

第四篇　抢抓机遇推进人民币国际化

抢抓机遇　实现跨境人民币业务持续快速发展 …………… 181

大力加快人民币国际化业务发展 …………… 188

迈向全球化的中国银行业 …………… 193

银行业国际化黄金期 …………… 198

打造"国际化"金融力 …………… 205

重塑中美经贸关系 …………… 211

中资银行应适当加大在美国网络布局 …………… 217

人民币在欧洲推广使用潜力巨大 …………… 219

加快推进人民币跨境使用　促进贸易和投资便利化 …………… 225

再谈大力发展跨境人民币业务 …………… 229

加快推动人民币标价产品市场开放 ·················· 235

探索人民币国际化的路径 ······················ 237

要积极培育人民币离岸金融市场 ·················· 243

应通过市场手段促使人民币在海外沉淀下来 ············ 251

积极顺应利率市场化改革　推动两岸金融业合作共赢 ······ 253

推进两岸银行业开放 ························· 260

跨境人民币指数透视下的人民币国际化 ·············· 264

后记 ·································· 268

第一篇

金融支持实体经济的宏观思考

创新金融服务支持企业发展[①]

一、商业银行应以支持实体经济发展为使命

实体经济和商业银行的发展相辅相成，产业兴则经济兴，经济兴则金融兴。现阶段，我国实体经济发展正处在不断发展变化的历史阶段，其金融服务需求特别是融资需求已远远超越了以往的简单模式，这也对作为实体经济发展重要支撑的商业银行提出了新的课题。商业银行如不能与时俱进，在经营理念、客户服务、产品创新和管理模式等方面进行调整，就很难快速应对市场变化、及时响应客户新的需求，难免会出现金融服务与实体经济需求脱节的现象。

从国际方面来看，近几十年来，美国和德国的经济发展道路差异较大，代表着不同的经济发展模式。在美国金融领域衍生产品快速发展的时期，德国对金融机构介入衍生交易设置更为严密的监管体系，其金融衍生市场一直保持着稳步健康的发展态势。

在经历了此次全球金融危机和欧洲主权债务危机之后，我们看到欧美发达经济体中，德国成功抵御了一系列危机带来的巨大冲击，其经济依旧保持着强劲的增长态势，同时成为欧洲国家抵御主权债务危机的核心力量，究其原因主要是高度发达的实体经济发挥了重要作用。"德国发展模式"证明，一个国家只有奠定了坚实的实体经济基础，才能在危机到来时充分应对，在全球社会经济体系中屹立不倒。而商业银行只有通过不断创新产品、提升服务水平来支持实体经济的发展，

---

① 此文发表于《中国金融》2012年第6期。

才能真正走上健康、稳定的发展道路。

二、全面认识实体经济

实体经济既包括物质生产部门也包括精神生产部门。实体经济是涉及物质和精神产品和服务的生产、流通等经济活动。实体经济不仅包括传统概念中的工业、农业、制造业、建筑业等物质产品的生产行业和部门，也包括教育、文化等精神和服务产品的生产行业和部门，是社会财富和综合国力的集中体现，也是改善人民生活的物质基础。实体经济发展对于社会稳定发展具有重要的支撑作用。

实体经济既包含数量众多的中小企业、民营企业，也包括大型央企。中小企业和民营企业是最为活跃的市场主体，在金融危机的巨大冲击下，需要给予更大支持的力度。大型央企是国民经济的骨干力量，在提供基础服务、稳定经济方面发挥着重要作用。几年来，国家通过对大型央企实施并购重组，极大地提高了其风险防范和全球竞争能力。商业银行对于上述两类企业的支持不能偏废，需要统筹兼顾，及时弥补服务短板。

实体经济既包含传统行业，也包括战略性新兴产业。除了要支持制造、商贸等传统行业领域发展外，还要对民生消费、节能环保、信息技术、高端装备制造、新能源、新材料等"十二五"规划确定的重点战略性新兴产业提早布局，引导社会资源的有效倾斜，为新兴产业有效拉动经济增长奠定基础。

三、支持实体经济发展在当前具有重要的现实意义

近年来，我国经济发展面临着来自国内外诸多不稳定和不确定因素的影响，实体经济发展遇到很大的压力。如小微企业融资成本和难度加大，生存面临挑战；外向型企业利润逐年下滑，面临经营困境；资源型企业亟待开拓海外资源和市场渠道；战略性新兴产业和文化等产业发展亟须全方位金融扶持等。

面对上述问题，在全球经济下行和国内经济转型的双重压力之下，实体经济对社会稳定发展的重要支撑作用日益显现。只有牢牢把握发展实体经济这一坚实基础，将社会资源集中到实体经济领域，挤干虚

拟经济中的泡沫，才能有效控制通货膨胀，推动社会经济步入良性运转。

四、完善金融支持实体经济发展的模式

在复杂多变的内外部环境下，只有通过深化金融体制改革，才能引导金融更好地支持实体经济的发展，才能确保金融业在经济转型过程中发挥积极作用。

深化金融体制改革，要完善多层次的资本市场，优化企业融资结构，合理摆布直接融资和间接融资规模，实现商业银行与投资银行的有机融合；要在强化大型商业银行风险管控和抵御能力的同时，大力推进村镇银行的培育和发展，增强金融服务中小企业、民营经济和"三农"的能力，实现大型银行和村镇银行优势互补；要厘清民间借贷在支持实体经济发展方面发挥的积极作用，通过行政立法等手段规范民间借贷行为，在信贷资源紧缩的时期，有效利用社会资源，推动实体经济健康发展。

商业银行也应拓宽视野，全面支持各类实体经济的发展需要，除了要通过"信贷工厂"、村镇银行等新手段加大对于中小企业的支持力度外，还要考虑战略性新兴产业、"三农"和"走出去"等各类企业客户的需要；要努力通过创新服务和产品，提高服务水平，由专注于提供融资转化为提供全方位金融服务；此外还需要通过主动调整组织架构、拓宽服务渠道、借助信息科技等手段不断调整优化业务管理，构建以客户为中心的金融服务模式。

五、创新金融服务

商业银行必须坚持金融服务实体经济的本质要求，不断加强服务创新，提升服务水平，实现金融与实体经济的共生共荣，积极促进社会经济体系的正常运转。

突出工作重点，积极支持中小企业，强化实体经济薄弱环节。目前我国中小企业在实体经济领域中扮演着非常重要的角色。近年来，在国家政策的引导下，商业银行和监管机构共同努力，中小企业融资环境明显改善。目前，解决小企业融资难问题已经进入了攻坚阶段。

商业银行只有针对中小企业的特征和个性化的金融需求，通过全面创新，改变传统服务模式，才能从根本上解决中小企业融资难题。

当前商业银行需将提升对中小企业的金融服务水平纳入集团长期发展战略，在服务中小企业方面已在以下五个方面取得实质性突破：一是创新信贷评审机制以解决银企信息不对称的矛盾。二是创新信贷审批流程以满足中小企业融资时效要求。三是创新客户服务渠道以改善中小企业的客户体验。四是创新金融服务产品以丰富中小企业的服务内容。五是创新风险管理机制以保证中小企业信贷的可持续发展。以上几个方面均需要商业银行在创新服务和管理方面进一步加大力度。

加大扶持"三农"发展，全力支持民生改善。商业银行应积极借鉴农业银行在服务"三农"方面的先进经验，将县域和农村地区作为新的业务增长点，通过加大县域网点布局，根据农业生产周期特点、农村经济发展的特性和农民金融服务需求，开展产品创新，研发多种形式的抵押、质押农业信贷产品；通过与农村信用社、村镇银行开展业务合作，积极支持农田水利建设和农村基础设施建设项目，从根本上解决"三农"融资难题，将有限的金融资源有效配置到农村和基层，充分发挥金融改善民生的积极作用。

六、携手文化产业客户，助力文化产业发展

商业银行支持文化产业发展须坚持市场化原则，要紧密跟进国家文化产业市场化改革，将"有所为有所不为"作为支持文化产业发展的原则，积极支持新闻出版业、广播电视产业；要高度重视文化产业发展动向，将文化产业列为战略发展行业和工作重点；要积极探索创新文化产业金融服务，通过"部行合作"等模式，加强与政府主管部门的沟通协作；要深入研究文化产业特点和风险点，开发有针对性的创新金融产品，解决文化产业融资方面的特殊行业难题。

大力支持"走出去"企业，推动实体经济全球化。伴随着企业客户的"走出去"步伐，商业银行一方面应加快海外机构网点布局建设，另一方面要依托已有海外布局搭建全球金融服务平台和多元化金融产品平台，向"走出去"企业客户提供"全球金融"专属服务。同时，商业银行还应对"走出去"客户清单进行梳理，对"走出去"客户进

行细分，提供灵活的产品组合服务，将有效的金融服务延伸到全球，为"走出去"客户提供全球金融服务方案，切实推动实体经济全球化的发展进程。

七、强化业务创新

推动全面贸易金融，服务进出口企业业务发展。国际结算和贸易融资是贸易活动的血液，目前全球约90%的贸易活动需要贸易融资、担保或保险等贸易金融服务的支持。在当前全球金融危机、欧债危机的背景下，我国进出口企业面临的交易风险加大，迫切需要商业银行提供优质的国际结算和贸易融资服务。

随着外向型企业的转型升级，商业银行根据供应链中企业的交易关系和行业特点，陆续研发了一系列贸易融资产品，设计出基于货权和现金流控制的供应链金融解决方案，满足了不同类型企业的个性化需求，获得市场广泛的认可和好评。在人民币升值预期下，企业规避汇率风险的需求增强，商业银行应发挥在汇率市场的专业优势，以组合产品帮助企业规避风险。针对企业在国别风险方面的考虑，加大与出口信用保险公司的合作，大力拓展代理行渠道和国际组织合作，通过双方合作和产品组合帮助企业规避或转移风险。

紧抓跨境人民币业务契机，满足企业跨境业务需求。在经济全球化的推动下，中国正越来越多地融入全球经济，并发挥十分重要的作用。人民币跨境使用对于金融服务实体经济更是具有重大意义，用人民币进行国际结算，我国企业所承受的外币汇率风险即可大幅降低，可节省大额的货币兑换成本，并缩短结算时间，提高整体资金使用效率。

人民币从境内流入境外和从境外流回境内，连接了离岸和在岸两个市场，是人民币走出国门的关键环节。在这些环节，商业银行应抓住跨境人民币结算试点由贸易项下向资本项下推进的政策机会，发展ODI、FDI资本项目跨境人民币业务，优化跨境人民币项目贷款、买方信贷等产品；针对境内企业赴海外上市、发债以及海外发债回流内地的金融需求，创新海内外联动贸易融资产品，利用境外沉淀的人民币资金满足境内企业贸易融资需求。

加强投资银行产品创新，多渠道满足客户需求。多层次资本市场建设和利率市场化是未来中国资本市场发展的方向，伴随着资本市场的快速发展，预计未来"金融脱媒"现象将集中爆发，直接融资比例将会进一步提高。面对客户多元化金融需求，商业银行必须主动转型，突破传统同质化的产品研发推广模式。

商业银行须不断创新、大胆探索，引入投资银行业务和产品理念，使投资银行业务成为客户服务链条中的重要产品线，开发特色化、差异化和专业化的投资银行产品。对于仍处于快速发展的优质中小企业，商业银行要提供符合其需求的直接投资、上市培育、结构融资等类型的特殊产品。商业银行要通过传统业务和投资银行产品的有机结合，满足客户多层次的融资及顾问业务需求，为实体经济提供多层次、全方位的金融服务。

八、优化业务管理

以客户为中心调整组织架构。新时期，商业银行必须实现各类客户的均衡发展，通过管理创新，强化对不同分层客户的营销效率，依照"流程银行"的理念，构建以客户为中心、以流程为核心的全新银行模式，增强客户营销和产品研发部门的聚合效应，推进客户关系管理、产品管理和渠道管理职能协调统一的业务运作及客户服务模式建设。

客户关系管理方面，商业银行首先应对大型企业、中型企业、小微企业、行政事业机构和金融机构等五类主要客户群体实行细分的管理和服务，针对各类客户的不同金融需求，不断完善对公业务产品线的组织架构，并构建矩阵式的管理模式，有效提升公司金融服务效能。有条件的商业银行要特别提升全球客户的服务水平和服务能力，切实支持中国企业走向全球，支持中国企业对外兼并、收购和资本输出及全球资源配置；同时也支持国际大企业向中国投资，形成有特色的商业银行全球公司金融体系。

行业管理方面，商业银行应结合国家"十二五"规划关于重点发展民生消费、节能环保、信息技术、高端装备制造、新能源、新材料等战略性新兴产业的指导思想，对行业管理和产品研发职责进行梳理和归并，以专业化和集约化为原则，构建"客户经理—产品经理—账户经理联动营销服务模式"，提高行业管理和营销的有效性和针对性，更好地满足实体经济发展需求。

网点网银齐抓拓宽服务渠道。随着实体经济的快速发展，客户的金融需求呈现出多元化、产业链化的特点。商业银行须根据国家区域发展规划，优化网点布局，建立面向实体经济各个层次的金融服务渠道。在控制风险的前提下，将更多的公司金融业务开办权限下放至具备条件的基层网点，进一步延伸服务触角。商业银行还须引导员工提高对中小微型客户的重视程度，推动"走出网点"营销模式，为网点周边的广大中小微企业客户提供高品质服务。

近年来，电子银行渠道以其快捷性和便利性赢得了越来越多企业客户的信赖与支持。商业银行应紧抓电子商务带来的业务机会，遵循规模与质量并重的原则，将丰富产品体系、提升渠道服务能力、提高客户满意度作为电子银行渠道建设的发展目标，针对互联网用户习惯，创新电子商务和在线支付功能，全面提升电子银行对商业银行的效益贡献，进一步提高商业银行服务实体经济的时效性。

以科技为引领提高商业银行服务能力。信息科技改变了人类社会生产生活方式，对商业银行经营模式提出了新的挑战。技术、网络、服务深度融合，正在推动形成新的企业形态和商业生态。传统的加工制造、交通运输、商贸餐饮、影视娱乐等产业在更多地使用电子商务手段；软件、电子、多媒体、通讯等新兴行业快速发展；信息服务、网络游戏、动漫、电子商务、云服务等新的行业领域蓬勃发展；个性化、多样化、小型化的生产消费模式正在成为未来经济活动的主流。

客户经营模式的变化创造了新的金融需求，正在推动商业银行未来营销服务模式的发展变化。几年来，商业银行充分借助信息科技对业务发展的巨大推动作用，建立起了业务与科技的良性互动，信息科技在提高商业银行服务实体经济发展方面发挥了积极的作用。在此基础上，商业银行应进一步深化"以科技为引领"的经营理念，在服务、渠道、流程、创新、管理及风险控制等方面开展科技创新探索，在优化服务模式的基础上再造业务流程，搭建将科技成果转化为生产力的长效机制；紧跟全球市场、客户和技术发展趋势，吸收、借鉴科技进步带来的先进经验，推进管理变革和业务发展，为未来更好地支持实体经济、实现自身持续发展打下坚实基础。

银行应创新管理模式服务实体经济[①]

要真正提升对实体经济的服务水平，未来银行业还需要不断创新管理模式。一方面，要完善组织架构和细分行业，提高营销服务效率，尤其是大型银行在新时期必须实现大型、中型、小型客户的均衡发展；另一方面，随着实体经济的快速增长，客户的金融需求呈现出多元化、产业链化的特点，为此，商业银行应强化网点网银建设，提高基层网点和网银渠道服务能力。

融资成本和难度加大，小微企业遭遇生存挑战；利润逐年下滑，外向型企业面临经营困境；资源型企业亟待开拓海外资源和市场渠道；战略性新兴产业及文化等产业发展亟须全方位金融扶持……在全球经济下行和国内经济转型的双重压力之下，对社会稳定发展起着重要支撑作用的实体经济遇到前所未有的挑战。

事实上，实体经济对于国民经济发展的意义早已毋庸多言，而中国银行业支持的对象也似乎从未离开过实体经济。不过，面对并不乐观的经济现状和前景，如何真正将社会资源集中到实体经济领域，挤干虚拟经济中的泡沫，有效抑制通货膨胀，推动社会经济良性运转，确实值得中国银行业重新审视和思考。

记者：在我国现阶段这样一个仍然以货币为主要推动力的体系中，可以说，实体经济的发展一直以来都依赖着金融，特别是银行信贷的支持。那么，为何现在要特别强调金融支持实体经济？其含义与过去有何不同？

---

① 作者于 2012 年 4 月 23 日接受《金融时报》专访。

陈四清：的确，实体经济和银行发展相辅相成，支持实体经济发展是商业银行的使命。一个国家只有奠定了坚实的实体经济基础，才能在危机到来时充分应对，在全球社会经济体系中屹立不倒。就我国而言，支持实体经济发展具有重要的现实意义。

回顾由 2008 年美国次贷危机引发的国际金融危机，深层次原因正是金融领域和实体经济领域的长期失衡。这种失衡导致资产价格泡沫破裂并释放到整个金融领域，进而通过国际贸易和金融市场等渠道，演变为全球性金融危机，对世界经济和各个国家都产生了巨大影响。

现阶段，我国实体经济正处在不断发展变化的历史时期，金融服务需求特别是融资需求已远远超越了以往的简单模式，这也对作为实体经济发展重要支撑的商业银行提出了新的课题。商业银行如不能与时俱进，在经营理念、客户服务、产品创新和管理模式等方面进行调整，就很难快速应对市场变化、及时响应客户新的需求，难免会出现金融服务与实体经济需求脱节的现象。

目前，我国实体经济发展遇到较大压力。同时由于人口老龄化和人民币持续的内贬外升效应，我国在国际贸易体系中的低成本竞争优势逐步被削弱，外向型经济增长模式面临较大挑战。在经济结构方面，我国正处在经济发展战略转型期，传统的实体经济行业风险攀升，实体经济中起支撑作用的钢铁、建材、房地产、汽车等行业面临着产能过剩和产业升级，需要加快调整和控制；投资产生的需求占比在调整中面临着大幅度调低，消费需求又不能有效启动；原本在实体经济体系中发挥基础性作用的中小企业和民营经济，正经历较为艰难的发展时期。

因此，商业银行必须通过不断创新产品和提升服务水平来支持实体经济的发展。坚持加大服务实体经济的总方向，在确保信贷投放总量适度的前提下，通过优化信贷结构，将有限的信贷资源用于满足实体经济重点领域和薄弱环节的有效需求，积极发挥信贷在产业结构调整、扩大内需和扩大就业方面的积极带动作用。只有这样，商业银行才能真正走上健康、稳定的发展道路。

记者：近日，国务院决定设立温州市金融综合改革试验区，未来还将在全国推广民营资本进入金融领域取得的经验。那么，您认为，未来金融业支持实体经济的模式将会如何改变？银行经营管理如何能够长久满足实体经济发展要求？

陈四清：在复杂多变的内外部环境下，只有通过深化金融体制改革，才能引导金融更好地支持实体经济的发展，才能确保金融业在经济转型过程中发挥积极作用。

深化金融体制改革，要完善多层次的资本市场，优化企业融资结构，合理掌握直接融资和间接融资规模，实现商业银行与投资银行的有机融合；要在强化大型商业银行风险管控和抵御能力的同时，大力推进村镇银行的培育和发展，增强金融服务中小企业、民营经济和"三农"的能力，实现大型银行和村镇银行的优势互补；要厘清民间借贷在支持实体经济发展方面发挥的积极作用，通过行政立法等手段规范民间借贷行为，在信贷资源紧缩的时期，有效利用社会资源，推动实体经济健康发展。

作为商业银行，应拓宽视野，全面支持各类实体经济的发展需要，除了要通过"信贷工厂"、村镇银行等新手段加大对于中小企业的支持力度外，还要考虑战略性新兴产业、"三农"和"走出去"等各类企业客户的需要；要努力通过创新服务和产品，提高服务水平，由专注于提供融资转化为提供全方位金融服务。

而要真正提升对实体经济的服务水平，未来银行业还需要不断创新管理模式。一方面，要完善组织架构和细分行业，提高营销服务效率，尤其是大型银行在新时期必须实现大型、中型、小型客户的均衡发展；另一方面，随着实体经济的快速增长，客户的金融需求呈现出多元化、产业链化的特点，为此，商业银行应强化网点网银建设，提高基层网点和网银渠道服务能力。

此外，信息技术、网络、服务深度融合，正在推动形成新的企业形态和商业生态。客户经营模式的变化，将推动银行未来营销服务模式发生巨大变化。在这种背景下，银行业还应注重以科技为引领，提升银行对实体经济的支持能力。

记者：正如您所说，现在实体经济对金融服务需求模式已经发生了很大变化。特别是全球经济加速融合，实体经济不仅面临着更大的市场也面临着更大的风险。这一点，中国银行的感受可能更深吧？那么，您认为，银行业应当如何适应这种变化？中国银行有哪些经验可供借鉴？

陈四清：是的，作为中国国际化程度最高的大型银行，在经济全球化过程中，我们的确能够比较深刻地感知实体经济的冷暖。这为我们服务实体经济提出了更高要求，同时也提供了创新的机遇。

举个例子，目前全球约90%的贸易活动需要贸易融资、担保或保险等贸易金融服务的支持，因此，银行的国际结算和贸易融资业务被喻为贸易活动的"血液"。尤其是当前，在全球金融危机以及欧债危机的背景之下，我国进出口企业面临的交易风险加大，更加迫切地需要商业银行提供优质的国际结算和贸易融资服务。

在这方面，中国银行积累了一些经验。比如，根据供应链中企业的交易关系和行业特点，陆续研发了以"达"字命名的一系列贸易融资产品，满足了不同类型企业的个性化需求；设计出基于货权和现金流控制的供应链金融解决方案，解决了上下游企业融资难、担保难的问题；针对企业对于国别风险的考虑，先后推出包括国际金融公司、亚洲开发银行等多个国际组织担保项下的贸易融资及转开保函等新产品；而在人民币升值预期下，发挥在汇率市场的专业优势，以组合产品帮助企业规避风险等。

值得一提的是，人民币跨境使用将便利企业开展跨境贸易和投资，对于金融服务实体经济更是具有重大意义。用人民币进行国际结算，我国企业所承受的外币汇率风险即可大幅降低，可节省大额的货币兑换成本，并缩短结算时间，提高整体资金使用效率。而人民币从境内流入境外和从境外流回境内，连接了离岸和在岸两个市场，是人民币走出国门非常关键的环节。因此，商业银行应积极推动跨境人民币业务发展，满足跨境发展需求。

我认为，在这些环节，银行可以抓住跨境人民币结算试点由贸易项下向资本项下推进的政策机会，发展 ODI、FDI 资本项目跨境人民币业务，积极发展跨境人民币项目贷款、买方信贷等产品；还可针对境内企业赴海外上市、发债以及海外发债回流内地的金融需求，创新提供海内外联动贸易融资产品，利用境外沉淀的人民币资金满足境内企业贸易融资需求。

　　此外，为企业"走出去"提供金融服务，也是商业银行支持实体经济发展的重要体现。在这方面，中国银行的做法是，将我国"走出去"企业分为四种类型，有针对性地提供灵活的产品组合服务，同时辅以"全球客户经理制"建设和"全球现金管理"平台开发，将服务有效延伸到全球，为"走出去"企业提供全方位的全球金融服务方案。

以 "转变" 突破经济发展中的
"三角" 难题^①

在当前世界经济的嬗变中，中国如何革故鼎新，既决定了自身的发展，也将决定中国在世界舞台的位置。如果说国际金融危机期间是中国经济发展最困难的时期，那么危机后变革的期间是中国经济发展最复杂的时期。未来一段时间内，中国经济发展中自然减速与主动调控将始终交织，我们只有把握中国经济发展的关键和主动权，在发展中寻求转变，在转变中寻求突破，才能实现经济长期平稳较快发展和社会和谐稳定。

一、立足现实：价格上涨与人民币升值压力并存

金融危机之后我国股市因流通市值迅速增大而上涨乏力，近期政府严厉的房地产调控措施使前期处于楼市的大量投机资金转移方向，快速涌向了农产品以及日用消费品等涉及国计民生的产品领域，造成国内物价上涨。内部资产价格和物价面临上涨压力，外部人民币面临升值压力，这已成为我国当前面临的严峻现实问题。

第一，资产价格上涨。首先是房价，1998 年中国启动了住房制度改革，2003 年出台的《国务院关于促进房地产市场持续健康发展的通知》对住房制度改革进行了重大调整，使得商品房成为住房供应主体，自此以后，中国房价步入了快速上升的轨道。针对房价上涨过快，投

---

① 此文发表于《银行家》2011 年第 3 期。

机性购房活跃，房价远远超过人民群众购买能力的现状，从 2010 年起政府启动了针对房价的调控措施，尤其是 2011 年"国八条"的出台，被认为是迄今为止最为严厉的房地产调控措施。然而目前，房价并未出现整体的下调态势。2010 年 9 月以来的三个月，全国 70 个大中城市房屋销售价格环比重现升势，12 月 70 个大中城市房屋销售价格同比上涨 6.4%，环比上涨 0.3%，其中，十大重点城市平均房价同比上涨 27.7%。其次是股价，当年以"摸着石头过河"姿态出现的中国股市，二十年来已经发展成为拥有超过 2000 家上市公司，市值为全球第二大的资本市场。从近年股市的行情来看，自 2005 年上证综指突破 1000 点的重要心理底线后，市场开始了一轮基于价值回归的反转行情，至 2007 年 10 月上证综指达到最高点位 6124 点。之后中国股市受多方面因素影响而下跌，2009 年至今，上证综指基本在 2500~3500 点的区间徘徊。然而需要注意的是，在股权分置改革的背景下，中国股市流通市值已从 2007 年 10 月的接近 7 万亿元人民币上升到 2010 年 12 月的超过 19 万亿元人民币。虽然近年股指涨幅有限，但流通市值已扩大两倍以上，股市已成为我国重要的流动性吸纳场所。

第二，物价水平上涨。2010 年 8 月以来实体经济增速的反弹缓解了我国对于宏观经济硬着陆的担忧，然而通胀风险却开始显现。自然灾害诱发的农产品价格上涨、美元贬值导致的大宗商品价格飙升、流动性过剩造成的投机炒作、美国量化宽松货币政策引发的资本流入增加和通胀预期上升等一系列物价上行因素，促使 12 月工业品出厂价格指数同比上涨 5.9%，居民消费价格指数同比上涨 4.6%，这一涨幅已经超过了全年宏观调控的目标水平。众所周知，通货膨胀不仅会降低人民的生活水平，也会扰乱国民经济的相对价格结构，导致社会财富的逆向再分配效应，影响社会和谐稳定。针对目前强烈的通货膨胀预期，我国政府不得不采取一系列临时干预措施。

第三，人民币汇率升值压力。从 2010 年年初起，不仅美、欧、日等发达国家，甚至巴西、印度等新兴市场都开始向人民币汇率施压。作为内部基本面改善与应对外部压力的结果，我国中央银行在 2010 年 6 月 19 日宣布重新启动人民币汇率形成机制改革，但人民币汇率面临的压力并未减小。2010 年 9 月 29 日，美国众议院通过了《汇率改革促进公平贸易法案》，此法案可以说是为中国量身定做，强烈要求人民币升值。在2010年10月举行的国际货币基金组织和世界银行秋季年会上，人民币汇率问题再次成为焦点话题，一时间，人民币陷入了国际汇率政策冲突的旋涡中。自2010年6月以来人民币对美元名义汇率升值幅度约3%，升值速度显著加快，前期美国推出的第二轮量化宽松政策更加剧了人民币的升值预期。

二、把握关键：内部价格稳定与外部汇率稳定的冲突

以上严峻现实问题的直接原因在于近年我国的流动性过剩，而流动性过剩的根本原因在于，在当前的汇率体制下，我国对内物价及资产价格稳定和对外人民币汇率稳定之间存在内在冲突，维持汇率稳定造成了我国近年流动性过剩的问题，而流动性过剩助推了资产价格和物价的上涨。

纵观三十多年来中国经济发展的轨迹，经济货币化成为一个显著的现象。从1978年到2009年，中国经济总量增长约90倍，而广义货币数量增长约530倍。广义货币的增长率在多数年份高于名义国内生产总值增长率和商品零售价格指数增长之和。货币化过程初始阶段被经济体系吸收的货币，满足了从计划经济向市场经济转轨的正常货币需要，促进了社会主义市场经济体制的建立。但根据国内学者的研究，我国的货币化进程在20世纪80年代末90年代中已经达到顶点，随之而来的是货币化收益由递增到递减。近年来越来越高的 M_2/GDP 比率（2010年中国 M_2/GDP 达到182%）表明，我国经济增长中的货币化过程已经出现了过度货币化趋势。

我国经济增长中的过度货币化和我国汇率稳定的政策偏好以及面临的外部流动性压力有关。面对近年全球流动性过剩以及我国巨额的经常账户和资本金融账户顺差，为了维持稳定的汇率中国事实上在被动增加货币投放。尤其是在金融危机之后，面对美元供给上升的局面，若要维持人民币汇率稳定就需要增加人民币供给，由此造成了我国流动性过剩的问题。2009年我国广义货币增加量几乎相当于 GDP 的40%。截至2010年10月，中国的广义货币已经接近11万亿美元，同

期美国的广义货币为 8.8 万亿美元，GDP 仅为美国三分之一的中国，却拥有超过美国20%的货币。

然而，是否保持人民币供给持续上升就能维持人民币汇率稳定呢？答案恐怕是否定的。近二十年来，中国劳动生产率年均增速远高于美国，根据巴拉萨—萨缪尔森效应，人民币对美元的实际汇率将升值。事实上，来自外部的政治压力也使得人民币难以保持汇率稳定，这就造成了目前人民币"内贬外升"的不利局面。这对于我国的广大出口制造企业无疑是雪上加霜，内贬意味着生产成本上升，外升意味着出口利润下降，这不仅不利于出口企业的生存发展，也会造成后果严重的失业问题，从而影响改革开放取得的成果。

三、标本兼治：寻求经济长期平稳较快发展的措施

要解决当前我国对内物价及资产价格稳定和对外人民币汇率稳定之间冲突的问题，缓解内外价格上涨的压力，应该做好以下三项工作。

第一，明确货币政策目标，加强和改善流动性管理。只有明确货币政策目标，才能保持流动性适度合理增长，也只有明确货币政策目标，才能增强宏观调控的针对性、灵活性和有效性。宏观经济学理论指出，货币政策有四大目标，即稳定物价、保持充分就业、实现经济增长和平衡国际收支。然而，很少有政府会将这四个目标同时列为货币政策的目标，这是因为这四个目标在实际操作中往往难以同时实现，这就造成理论上的多目标定位与实践中的单一目标导向的偏差。例如，《中国人民银行法》规定，货币政策的目标是保持货币币值的稳定，并以此促进经济增长。在国际金融危机期间，我国的货币政策更多地强调了促进经济增长的目标，在后危机时代，应该让货币政策回归币值稳定目标。这就需要进一步加强流动性管理，处理好保持经济平稳较快发展、调整经济结构和管理通胀预期的关系。可喜的是，在 2010 年底召开的中央经济工作会议上，党中央已经明确提出，把稳定价格总水平放在更加突出的位置……要实施稳健的货币政策……把好流动性这个闸门。

正如凯恩斯在《货币改革论》当中所提出的，币值稳定可以区分为内部稳定和外部稳定，前者是稳定的价格水平，后者是稳定的汇率

水平。开放宏观经济学中著名的蒙代尔—弗莱明模型指出,在资本流动的条件下,固定汇率制下的货币政策缺乏效率,不能持续影响产出和就业。在此基础上,学界提出了不可能的三角定理,即在资本流动的条件下,货币政策可以实现某个内部目标,如稳定的价格水平,或者实现某个外部目标,如稳定的汇率水平,但无法同时实现内外两个目标。既然货币政策要回归到稳定价格总水平这一目标上来,那么进一步改革汇率制度就不能避免。

第二,有序推进人民币汇率形成机制改革,增强人民币汇率弹性。在我国传统的经济发展方式下,为保持出口对经济增长的拉动,我国倾向于汇率稳定。稳定的汇率换来了一段时期内稳定的经济增长,树立了中国负责任大国的形象,但是,稳定的汇率是一把"双刃剑",它对中国经济长期发展的影响是潜移默化的。一方面,它导致国际社会不断向中国施压,要求人民币升值;另一方面,它也使中国难以有效管理流动性,造成了流动性过剩带来的一系列问题。后危机时代,我国将由出口导向的经济发展方式逐步向内需主导的经济发展方式转变,这将是增加人民币汇率弹性的有利时机。短期内,我国应进一步完善人民币汇率形成机制,保持人民币汇率在合理均衡水平上的基本稳定。长期内,我们应调宽人民币汇率双向波动区间,缓解人民币单边升值预期,这样既符合全球汇率制度的演进路径,也有助于未来形成更强劲的人民币。从长远来看,一个强劲的人民币可能比一个疲弱的人民币更有利于中国国际地位的上升,更有利于经济结构战略性调整,也更有利于拓展我国经济社会发展的国际空间。

第三,转变经济发展方式,奠定坚实的宏观经济基础。人民币汇率的变化将会引发贸易结构变化、产业结构调整、劳动力迁移等一系列社会经济问题,更需要我们注意的是,未来一段时期我国将面临中等收入陷阱、刘易斯拐点、资源环境和社会硬约束等经济发展过程中的规律性变化和系统性问题,这更加凸显了转变经济发展方式的重要性。进入 21 世纪以来,随着我国经济实力的进一步提升以及城市化、工业化进程的加速,以前主要依靠物质资源消耗和投资、出口拉动的经济发展方式开始制约我国经济的发展。始于 2008 年的国际金融危机与我国的经济发展方式发生了强烈碰撞,我国原有的经济发展方式暴露出了很多问题，转变经济发展方式已刻不容缓。转变经济发展方式是关系国民经济全局的紧迫而重大的战略任务，是提高我国经济国际竞争力和抗风险能力的根本举措。2010年底的中央经济工作会议已经对未来一段时期我国的宏观调控、结构调整、对外开放等方面的工作进行了战略性部署，以上政策措施可扩大内部需求，优化需求结构，减少对出口市场的依赖，推进产业结构调整，为人民币汇率制度的改革奠定坚实的宏观经济基础，缓解和吸收人民币汇率变化带来结构性问题的负面影响。

总之，我国从应对危机的特殊状态向经济发展的正常状态转变的过程，充满了复杂的问题和较大的不确定性，增大了宏观调控的难度，我们只有把握经济发展中的关键问题，找准突破口，才能实现经济长期平稳较快发展。

市场化环境下商业银行
转型发展需要加强能力建设[①]

在内外环境新变化的驱动下，商业银行承担的任务、发展方式以及商业模式都将发生质的改变，挑战银行的客户服务、定价、风险管理及 IT 支持四大能力，各家银行应根据自身情况的不同，选择转型的方式及路径。

商业银行转型没有完成时，只有进行时。转型是一个持续的、变动的过程。从 2004 年国有商业银行的改革，一直到现在九年的时间，商业银行一直在进行着转型。未来几年商业银行又面临着新的转型。

商业银行转型的驱动因素

一、社会发展形势要求商业银行转型发展

中国已经进入全面建成小康社会的关键时期。从党的十六大提出的"全面建设"小康社会到十八大提出的"建成"小康社会，前后十年国家的经济总量、国家的经济结构、国家的能量都发生了巨大变化，对商业银行承担的任务提出了新的更高的要求。新型工业化、信息化、城镇化、农业现代化未来将同步推进，高度融合。党的十八大要求的加快完善社会主义市场经济体系、加快经济增长方式的转变，都对商

---

① 此文发表于《当代金融家》2013 年第 2 期。

业银行加快转型提出了新要求。

二、金融环境推动商业银行转型发展

银行所面临的金融环境可以概括为两个特征：一是金融脱媒。金融脱媒是与我们的利率市场化的改革同时进行、交叉进行的。在这样一个环境下，银行必须转变发展方式。二是产融结合出现了新的特点，大的集团公司开始自己持有银行的股权，自己筹办财务公司，发展投资理财业务。电子商务通过信息技术的平台和信息化产业的优势，也在转型发展。我们已经看到电子商务和物流企业、"影子银行"的交叉运作。这些使银行的盈利模式、商业模式、银行对客户的选择方式、银行产品的创新在新的金融环境下都将发生深刻的质的变化。

三、银行监管改革促进商业银行转型发展

监管机构对于风险的计量不断地提出一些新的办法和要求，这些监管的办法也是全社会控制风险的一个底线。大型商业银行要遵守这些监管办法、合规经营，就要建立一套严谨的风险管理体系，建设配套的 IT 实施系统，同时不断完善政策制度、优化模型工具、提高数据质量、准确计量风险。在发展过程中，银行面临的信用风险、市场风险和操作风险如何统筹，银行资本、规模、效益怎么平衡，银行的风险偏好如何指导业务发展，都是监管要求中直接或间接包含的命题，监管改革要求银行走资本节约的发展模式，走"算了做"的精细化管理道路。

转型发展中应培养的四大核心能力

一、客户服务能力

首先要"了解你的客户"。建立分析型客户关系管理体系，充分利用数据分析客户的属性类别、行为习惯，对客户进行细分。针对不同客户合理布置渠道和提供产品组合，通过行为预测分析实现对不同阶段不同特征客户提供有针对性的服务。其次，要"满足你的客户"。建

立高效、快捷和强大的运营服务体系。在严格控制运营操作风险的同时，充分利用现代信息技术，加强运营能力整合，精简非必要环节，提高系统智能化程度，加大各种平台、渠道的连通和交互，减少客户等待时间。升级运营服务体系，紧密支持银行新产品、新业务的推广，提供个性化、主动式的运营服务，有力支持客户市场化要求。

二、定价管理能力

定价是一项综合能力，定价的准确性和及时性，对于商业银行能否把握业务机会产生最直接的影响，定价能力和定价结果对于商业银行发展模式、发展方向的选择有非常重要的指导作用。银行亟须在平衡风险、资本、收益的基础上，建立基于客户综合收益的定价机制，准确掌握和衡量客户在银行所有产品组合的综合收益，充分考虑客户生命周期、客户群等因素的影响，从一个较为长期的、整体的视角，结合银行自身战略，实行因客定价，主动运用不同价格策略满足不同客户需求。

三、风险识别和计量能力

风险的识别和计量是银行风险管理工作的一项基本功，但银行业务的日趋复杂和各类风险的交叉传染给这项工作带来很大挑战。特别是在市场化条件下，商业银行面临金融体制改革加快、国内国际市场进一步融合，企业市场化竞争机制逐步形成的局面，银行客户更加趋于自主经营，自负盈亏，商业银行需要根据不同客户、不同业务、不同风险类型，研究分析历史数据，综合最新经济形势，积极探索和优化风险识别和计量工具，及时重检和验证，确保评估结果与业务实际相吻合，进而充分发挥工具结果在授信审批、定价管理、贷后监控等环节的作用。

四、IT 支持能力

一是要以客户为中心，扩建并形成多样并统一的渠道服务体系，大力促进智能终端业务，方便人们购物、支付、出行等各种日常事务的处理。二是要建立银行内部高效快捷的流程系统，形成高度一致的流程体系，打通各业务环节，确保提供随时、随地、随心的金融服务。三是要打造集中统一的企业级数据仓库，梳理发布全行数据字典，给数据"上户口"，积极应用并行数据库、分布式存储、云计算等信息科技技术，为复杂数据分析配备更加灵敏的工具。四是要大力推进管理信息系统建设，尽早建立利润贡献度分析、分析型客户关系管理、资产负债管理、风险管理、平衡计分卡等各类应用。

转型发展的方向和道路

各家商业银行自身情况和所处市场的情况都不同，转型的方式、转型的路径也会有所不同，应走与自身特色结合的转型之路。

资本雄厚、技术先进、具有全球性服务网络的大型银行，应向全社会提供包括商业银行、投资银行、证券投资、保险经纪等广泛的金融服务；在某些特色业务具有优势的银行，应集中精力和资源发展该领域业务，不断提高运营效率，争做单一领域的首选银行。

一、向"风险、资本、收益"统一的内涵型增长转变

由于本地公开融资渠道受限，我国商业银行未来将在很大程度上依赖内部的资本积累，同时应重新考虑引入境外投资者。在发展模式上，我国商业银行必须改变资本消耗过大的传统经营模式，调整业务结构，重视"风险、资本、收益"的匹配，大力发展中间业务、零售等轻资本业务。在内部管理上，以经济资本等风险管理工具为核心，推动资本管理、风险管理和资产负债管理的协同和融合。

二、加快业务结构和客户结构优化调整

业务和客户是商业银行经营的基础。一方面，为避免利率市场化后带来利润的大幅下滑，商业银行应逐步推进综合经营，促使收入多元化，在证券、保险、咨询顾问等重点领域取得突破，以发挥协同效应为目的，积极开展整合重组。另一方面，在"金融脱媒"背景下，大力发展中小企业客户是商业银行客户结构调整的主要方向，实现从

"垒大户"为主向优质大中小型客户并重的转变。

三、商业银行转型发展中应重视科技引领

随着移动互联技术和智能手机 iPad、智能电视接入终端的发展，客户日益虚拟化，其对金融服务需求的多样化、碎片化和随时性日益上升。中国银行业要走智能化发展道路，充分利用科技发展成果，顺应信息技术变革形势，按照全新的商业模式特征和用户行为习惯提供全流程、全链条的综合金融服务解决方案，为客户提供随时、随地、随心的金融服务，创造最佳的客户体验，提高银行及其银行产品的美誉度。

利率改革新演进

——商业银行转型攻坚[①]

2012 年是"十二五"规划开局的第二年，恰逢国内外经济形势复杂严峻。国际上，美国经济复苏并不稳固，欧洲仍然深陷经济衰退和债务危机的泥潭。国内方面，出口增速因外需减退而大幅下降，消费的启动又难以在短期内有成效，经济增长减速已是各方的共识，金融体制改革中累积的各种矛盾不断放大：民间借贷静水流深，中小企业融资困难，社会各界频频质疑国有企业的效益增长等。在此背景下，政府和监管机构出台了一系列措施进行应对，包括温州金融综合改革试验区和人民币汇率扩大浮动幅度等。这些措施释放出一个共同的信号，那就是"十二五"时期我国金融体制市场化改革会全面提速。

利率市场化是金融体制市场化改革最重要的内容之一，也是对商业银行经营影响最大的改革之一。利率是资金要素的价格，对市场经济下的资源配置起着基础性的调节作用。放松利率管制，使利率能真正反映资金供求关系，是优化资源配置、减少金融抑制、提高金融效率的重要途径。

从 20 世纪 90 年代中期开始，我国就按照"先外币后本币，先贷款后存款"的路线，循序渐进推进利率市场化。到目前为止，除人民币存款利率上限、贷款利率下限以外，其他利率已全部实现市场化定价，外币存贷款利率也早已完全市场化。未来利率市场化的推进重点

---

① 此文发表于《财经》（增刊）2012 年 5 月 28 日。

将是如何打破人民币贷款利率下限和存款利率上限,这也是整个利率市场化进程中最为关键、最为核心的环节。事实上,由于理财产品和信托产品的出现,存款利率上限和贷款利率下限已经在变相突破中。可以说,利率市场化改革已进入攻坚阶段。

当前我国深化推进利率市场化改革有深刻的现实背景。一是民众对通过推进利率市场化打破中小企业融资困局有很高的期待。二是利率市场化对规范民间融资行为有积极作用。三是当前我国处于通胀较高的时期,持续负利率影响了资源配置效率,社会对通过扩大利率浮动范围改善实际利率水平的需求也较为迫切。四是人民币国际化的进一步发展需要市场化的利率环境作为基础。五是我国大型商业银行都完成了股改上市,初步具备了按照风险成本差别定价的能力,深化推进利率市场化改革,有助于促进商业银行的进一步改革和转型。

银行面临的挑战

从国际经验来看,利率市场化进程完成以后,商业银行经营环境会发生巨大的变化,日趋复杂的经营环境将给商业银行带来诸多挑战。

第一个变化是,存款的稳定性可能会降低。利率市场化后,由于各家银行的存款利率将会出现差别,出于追逐利润的目的,资金会频繁地在银行间、银行体系和资本市场间、货币市场与证券市场间不断流动,出现储蓄分流风险。

过去三十年中,美欧商业银行的主要资金来源从传统的储蓄存款转变为短期批发融资,正是"金融脱媒"和利率市场化对银行资金来源综合影响的体现。20 世纪 70 年代初美国开启利率市场化进程时,银行业负债中存款占比接近 92%,同业拆借占比不足 4%;1986 年美国废除 Q 条例、取消存款利率上限时,存款在银行业负债中的占比已经下降到不足 83%,同业拆借占比则上升至 13%;到发生次贷危机的2007 年,美国银行业负债中存款占比降低到历史最低水平,约占72%,同时同业拆借占比也上升至历史最高水平,接近 19%。

存款稳定性的降低,会带来潜在的流动性风险,也会使银行需要更多地借助批发融资,对银行流动性管理提出了更高要求。这种变化使金融体系流动性表现出极大的脆弱性，也是次贷危机中大批金融机构出现流动性困难乃至破产倒闭的重要原因之一。

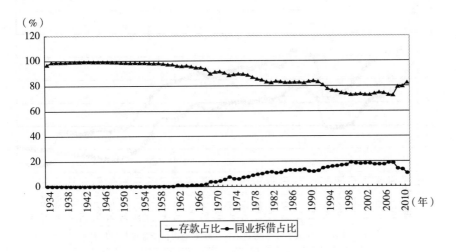

资料来源：FDIC。

图1　美国银行业负债结构变化（1934—2010 年）

　　第二个变化是，名义利率通常会出现先升后降的情况。研究机构曾经对 20 个国家和地区利率市场化前后的名义利率变化情况进行研究，结果显示名义利率在完成市场化后的短期内上升的有 15 个国家，下降的有 5 个国家。但从中长期来看，名义利率基本上是稳定回落的。

　　中国台湾利率市场化前后名义利率的波动情况，是对上述规律的一个完美印证。中国台湾在 1989 年取消了对存贷款利率的所有管制，实现了存贷款利率的完全市场化。1989 年前的五年中（1984—1988 年），台湾本地银行平均存款利率在 5% 左右，平均贷款利率在 8% 左右；1990—1991 年，平均存款利率大幅攀升至 7% 左右，平均贷款利率上升至 10% 左右。从 1992 年到现在的二十年中，尽管有各种因素影响着中国台湾本地银行存贷款利率的波动，但总体趋势是回落的。2011 年中国台湾本地银行平均存款利率不足 1%，平均贷款利率也仅略高于 2%，存贷款利率的整体波动区间已经大大低于二十年前。

　　第三个变化是，存贷款利差普遍会收窄。利率市场化完成以后，由于不再有管制，利率对金融机构之间的竞争反映得更加充分，存贷款利差不可避免地会收窄。仍然以中国台湾为例，1989 年前的五年中，

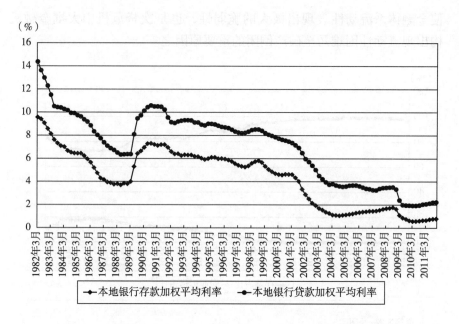

资料来源：Wind 资讯。

图2 中国台湾本地银行存贷款加权平均利率（1982—2011 年）

中国台湾本地银行平均利差大约在 3.11%；1990—1991 年，由于金融机构普遍提高了名义利率，利差暂时得以保持，大约在 3.14%；1992—2002 年，利差尽管没有出现大幅度下降，但波动区间明显下降，平均水平在 2.9% 左右；2003 年以后，中国台湾本地银行利差出现了直线收窄的趋势，到 2011 年，名义利差仅有 1.41% 左右。

第四个变化是，部分金融机构可能会出现经营困难。从国际经验来看，利率市场化进程中或完成后，商业银行由于经营管理不能适应环境变化而面临经营困难的情况比比皆是，即使在金融市场较为发达、金融监管较为完备的国家和地区也不例外。例如，美国 20 世纪 80 年代中期出现的储贷协会危机就与利率市场化进程密切相关。当时美国储贷协会的资金来源主要是期限较短的储户存款，资金用途主要是发放长期住房抵押贷款。存款利率上限取消后，由于向储户支付的利率超过了住房抵押贷款收益率，储贷协会出现大面积亏损。在这场危机中，美国有 1300 多家小银行和 1400 多家储贷协会破产，约占同期美国商业银行和储贷协会总数的 14%。中国台湾的信用合作机构也曾在利率市场化进程中出现经营危机。1989 年中国台湾修改"银行法"后，银行业务经营范围大幅放宽，但农村信用合作机构仍然仅能经营传统存贷款业务并仅能在原有地域经营。利率市场化后，由于利差逐渐收窄，又不能大力拓展中间业务收入，农村信用合作机构经营状况恶化，1994—1998 年爆发的 83 起挤兑事件中有 74 起是农村信用机构，约占当时台湾农村信用机构总数的 21%。

战略转型的方向

利率市场化带来的环境变化，将对商业银行的经营管理、业务发展和盈利能力产生深远的影响。面对利率市场化带来的挑战，顺势而为的转型是商业银行的必然选择。这种转型主要表现在能力提升和结构调整等方面。

提高风险定价能力是银行业应对利率市场化挑战的关键。利率市场化后的一段时期内，价格竞争将成为商业银行竞争的主要内容。这将促使商业银行建立完善的成本约束机制，健全利率定价机制。商业银行需要按照风险与收益对称的原则完善利率定价的各个环节，遵循贷款利率必须覆盖资金成本、管理成本、风险溢价和资本回报要求等要素的定价准则，全面梳理并健全资产风险定价、风险成本定价、管理成本定价、内部资金转移定价等各方面的定价机制，以及与之相关的绩效考核机制。

需要提升的第二个能力是利率风险管理能力。利率风险管理是市场风险管理中的重要内容之一。由于长期处于利率管制的环境下，国内商业银行大多仅使用缺口、久期等简单工具对利率风险进行计量。利率市场化后，利率波动会更为剧烈，商业银行必须使用更加先进的手段和工具应对和管理利率风险。目前部分国内商业银行在内部资金转移定价机制上已经取得了很大的进展，对建立内外部关联的利率体系、促进利率风险在系统内的集中起到了积极的作用，也为应对利率市场化奠定了基础。除此之外，商业银行还要调整资产负债结构或运用衍生工具，更加主动地进行利率风险控制。

需要提升的第三个能力是产品创新和差异化服务能力。利率市场化后，当价格竞争趋于稳定时，产品创新和差异化服务能力对银行间竞争格局的影响就会变得格外重要。商业银行要不断调整、组合和创新金融服务产品，通过推出新业务和新产品来改善资产、负债业务的结构，促进业务经营多元化，减少对存贷款利差收入的依赖。同时，商业银行还要培育差异化的服务能力，通过在特定产品和特定领域的领先优势，更加有力地维系客户关系，降低客户对利率价格的敏感程度。

此外，商业银行还需加快业务转型和结构调整。从国际经验来看，利率市场化后，利差收窄趋势会对银行传统经营模式带来冲击，促使银行经营行为发生一系列变化。从客户结构上看，银行将会更加重视能够带来更高回报的中小企业客户和个人客户，贷款资源将会向这些领域倾斜；从业务结构上看，银行将更加重视非利息收入业务，通过非利息收入的提高弥补利差收窄带来的盈利缺口。已实现利率市场化的国家和地区，商业银行非利息收入占比大多达到30%～50%，有些甚至超过70%，目前，我国商业银行这一比重一般还不到20%。商业银行在新的环境下调整客户结构和业务转型的成效，是实现可持续发展的重要保障。

新的市场机遇

尽管要谨慎对待，但也不必将利率市场化看得过于悲观。利率市场化带给商业银行的并非只有挑战，也有机遇。首先，市场化的利率环境下，社会储蓄向社会投资的转化会更有效率，资源配置也会更加优化，对经济持续健康发展有积极的促进作用，从而也会为改善商业银行经营环境作出贡献。

其次，利率市场化后，商业银行将被赋予更大的自主定价权。商业银行能够根据市场基准利率水平、业务性质、客户资质等自主决定存贷款利率，使定价水平更加真实地反映业务实质，提高成本收益管理的精准度。商业银行还可以根据自身战略定位、市场环境、财务目标等，有意识地选择目标业务品种、客户群，实现对客户结构、资产负债结构的主动管理与优化。

　　再次，利率市场化将对商业银行的风险管理和定价能力构成挑战，迫使各家银行在经营管理上体现出差异。那些财务约束能力强、风险管理和定价水平高的银行能够更好、更快地发展业务，财务约束能力弱的银行很难在市场上取得竞争优势。长期来看，只要市场秩序良好，经营好的银行在市场化的利率环境下将可以取得比管制利率下更高的净息差。

　　中美银行业净息差之间的差距，很好地说明了利率管制并不是银行业净息差高的充分条件。2003 年以来，我国银行业净息差整体波动区间一直大大低于美国银行业。2003—2005 年，我国银行业净息差在2.1% 左右波动，同期美国银行业净息差大约在 3.5%。2006—2008 年，美国银行业净息差持续回落，但仍在 3.3% 左右，2008 年第三季度创下近三十年最低净息差水平，仍然高达 3.15%；同期，我国银行业受惠于国有大型商业银行的陆续上市和宏观经济的持续向好，净息差持续攀升，到 2008 年第一季度时达到历史最好水平，但也仅有 3.23%。当前，美国银行业净息差在 3.5% 左右，仍然高于我国银行业净息差水平（2.7%）。

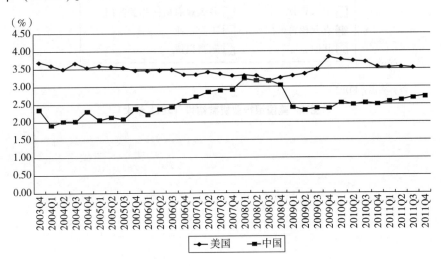

　　资料来源：美国银行业净息差来源于 Federal Financial Institutions Examination Council；我国银行业净息差为 16 家上市银行平均水平。

图3　中美银行业净息差比较（2003—2011 年）

　　美国银行业较高的净息差，正是其在市场化的利率环境中不断调整业务结构和客户结构的结果。一是高风险资产在美国银行业贷款中占比较高。2011年末房地产相关贷款在美国银行业贷款中约占52%，其次是工商企业贷款和个人贷款，合计接近40%。二是由于资本市场和金融脱媒的深化发展，大企业更多地借助资本市场工具进行融资，美国银行业的客户结构以中小企业和个人客户为主，定价水平相对较高。

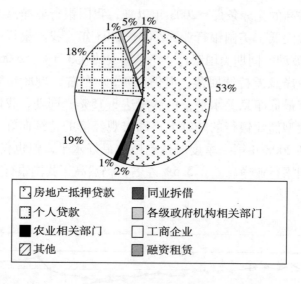

资料来源：FDIC。

图4　美国银行业贷款结构（2011年末）

实现低碳银行要细化行业发展战略[①]

当前国际经济金融环境正在发生深刻的变化，以清洁能源、节能减排为代表的绿色技术革命方兴未艾，以气候变化、能源安全为核心的环境保护问题正在聚焦全球的目光。实现经济增长与环境保护的协调发展已经成为各国政要探究的重要课题，在这个时候我们更能看到绿色金融非常重要。

第一，绿色工业是国民经济持续健康发展的重点。从世界来看发展绿色工业是顺应经济发展趋势的必然选择。世界各国在气候变化、生态环境、可持续发展等问题上不断形成共识，以低能耗、低排放、低污染为原则的发展战略成为不可逆转的潮流。以美国为代表的发达国家正在积极倡导新型产业和新型能源，将成为绿色经济作为后金融危机时代重新崛起的重要因素。积极抢占下一轮全球经济增长的产业制高点。清洁能源、节能减排等绿色产业已成为各个国家发展的重要产业。从国内来看发展绿色工业是转变经济发展方式的需要，也是加快构建"两型"社会的迫切要求。大力发展绿色工业能够缓解我国经济发展中外部的压力和内部的压力，实现能源结构与产业结构有利调整，将有力推动循环经济的发展，全面提升能源资源的利用效率，显著改善资源生态环境，有效促进我国加快构建资源节约型、环境友好型社会，推动经济社会和资源的全面协调可持续发展。

第二，绿色金融是实现绿色工业发展的推动器。绿色工业具有资

---

① 作者于2010年6月27日在"2010中国绿色工业论坛"（由工业和信息化部、科学技术部、国务院参事室联合主办）上的发言。

本密集型、技术密集型和知识密集型的运行特点，对金融依赖更强，对金融要求更高。一是绿色产业依靠高标准积极创新推动，需要结构性金融工具和高级化的金融市场加速发展。二是对产业互助的要求更高。绿色行业链条长，子行业更多更复杂，需要风险投资等高端投融资工具同步发展。三是对市场互动的要求更高。需要金融市场打破之前的局面，增加金融交易的维度。四是对投融资路径要求更高。这个项目具有投资大、起点高、返款来源多样性、审批流程规范等运行特点，需要政策性金融与商业性金融的合作发展。随着我国加快实施绿色工业发展的战略，我国金融业将迎来重要的发展机遇。作为我国金融体系的核心，商业银行既要成为绿色金融理念的推广者，更要成为绿色金融服务的创新者，这既是我国银行业在新世纪的社会责任，也是适应世界潮流的必然所在。

当前我国有多家商业银行，创新推出一些新项目，以及一些金融理财产品。可以说我国银行业在绿色金融领域方面已经迈出了难能可贵的一步。我国绿色金融的体系建设从起步阶段到低碳银行还存在很大差距，真正实现低碳银行的转化任重道远，迫切需要我们进一步加快绿色金融体系的建设，迅速提升银行业服务绿色经济的水平。需要在以下几个方面作出努力。

一是学习借鉴国际经验。我们要借鉴国外的经验，集中发展有梯次分层次的区域交易市场，允许中外资适当参与，扩大碳交易。

二是要做到信贷产品创新与延伸工具创新等五个方面的平衡。支持绿色经济发展。

三是创新低碳金融产品。我们要学习国际银行在这方面的做法。

四是加强低碳银行的基础设施建设。我们要打好低碳银行建设的基础，不断丰富绿色金融文化的内涵，将国际理念融入其中。

中国银行是我国国际化、多元化外汇资产占有最多的商业银行，中国银行认真贯彻落实国家宏观调控的政策，积极倡导节能减排、环保等绿色金融理念，认真履行社会责任，将自身发展与经济发展和社会进步有机结合，积极发挥银行信贷对经济结构调整的牵引作用，大力发展低碳金融和绿色信贷。至 2009 年，中国银行投资于这方面的信贷资源非常多，超过 1600 亿元，2009 年当年新增信贷超过 400 亿元，比上年增长 41%，其中投资于环保、节能、新能源汽车都有很大增长。2010 年以来中国银行集中加大循环经济、绿色工业的信贷支持力度，有力推动了绿色金融发展。我们要抓住新的业务增长点，实现持续健康发展的战略，特别是要将绿色工业发展作为重要的业务战略长期发展下去。

一是加强宏观分析和行业研究，细化行业发展战略。2010 年上半年中国银行就风电、环保、新能源汽车九大行业进行研究，总结了行业发展状况，认真分析了行业发展的前景，率先提出了绿色金融的信贷策略，下一步将继续关注国家的规划动向，进一步细化相关的信贷资源。

二是将清洁能源和节能环保作为支持绿色产业的重点。重点扶持水电、风电的发展，重点扶持节能领域和相关设备的制造，积极支持城市生活的污水处理，工业污水处理等，促进清洁能源和节能环保产业的规模化发展。

三是对促进绿色工业发展的城市要重点支持，积极支持产业链完整、集群效益突出的地区，在服务配套等方面给予大力支持。

四是采取灵活的信贷政策满足绿色工业居民差异化的需求。对于清洁能源、节能环保产品及相关装备制造等行业，要采取积极增长的信贷策略，对符合国家产业导向，具备健康发展综合实力和长期核心竞争力的企业加大信贷力度，支持改造升级以及产业链整合等项目。

五是完善风险管理的模式。充分考虑各方面因素，采取区别对待、有保有压的信贷策略，对支持节能减排的企业要设置严格的信贷标准。

六是创新产品与服务，提升企业服务水平。我们将发挥中国银行多元化、海内外一体化发展、国际化程度高的优势，通过风险投资，帮助企业解决问题。我们要把握行业特点挖掘金融服务的需求，积极创新金融产品和服务，充分发挥中国银行在贸易融资、出口信贷等领域的专业优势，全力支持优势企业引进技术。积极推动企业"走出去"，大力拓展项目融资、贷款等业务链，支持大型企业投资建设关键技术的项目。

七是支持中小企业信贷资金需求。中国银行对此要加快产品创新、提升效率，改善对中小企业资金需求难以满足的状况。

　　绿色工业发展道路是世界能源低碳化发展的必然趋势，是我国调整产业结构和落实节能减排目标的内在要求，是我国转变经济发展方式实现可持续发展的客观之路，中国银行将顺势而为大力开展工作，实现自身又好又快发展。

对 2008 年金融危机的再认识[①]

　　自 2008 年国际金融危机爆发五年来，国际形势风云变幻，各种新现象、新问题和新规则不断涌现。在此过程中，以美国为代表的发达国家在救市措施方面主要以恢复和重振"金融力"为着力点，而以中国为代表的发展中国家的着力点主要是"推动内需、振兴产业"，这种差异将影响未来全球经济金融新格局的形成。随着中国融入全球经济的程度日益加深，国际金融形势变化对中国的影响越来越大，因此很有必要重新梳理和认识 2008 年的金融危机，剖析各国救市措施的差异及其影响。

一、2008 年金融危机的基本过程和特征

　　2008 年的金融危机大致经历了美国次贷危机、全球金融危机和欧洲主权债务危机三个阶段。

　　第一阶段：美国次贷危机（2007 年 2 月至 2008 年 9 月）。21 世纪初，在美国长期的低利率政策刺激下，房地产市场呈现繁荣发展趋势。同时诸多高风险的金融创新产品不断扩张，进一步催生了房地产市场的泡沫。到 2007 年第一季度，美国房屋抵押贷款余额高达 10.4 万亿美元，次级贷款在房屋抵押贷款的比重也从 1999 年的 2% 上升到 2004 年的 12%。在经济过热的背景下，美联储连续 17 次加息，致使房价大跌，购房者难以将房屋出售或抵押获得新融资，而违约情况逐渐增多，次级抵押贷款机构也相应亏损和破产，投资基金被迫关闭暂停发债，

---

　　①　此文发表于《国际金融》2013 年 4 月总第 382 期。

次贷危机由此产生。2007年3月底，美国新世纪金融公司因无力偿还债务，宣布申请破产保护，成为次贷危机中第一个倒下的美国大型金融机构。随后，标准普尔和穆迪分别一次性调降高风险抵押贷款支持的债务评级，引发全球金融市场大震荡，次贷危机正式爆发。

第二阶段：全球金融危机（2008年9月至2010年2月）。次贷危机的爆发，导致诸多大型金融机构纷纷倒闭破产，危机升级为全球金融危机。到2008年9月底，美国五大投行在这次金融危机中深受重创。随后危机进一步蔓延至全球。在欧洲，以英国、德国、比利时、荷兰等国的诸多知名银行为首的大型金融机构频频告急，欧洲各国金融市场出现剧烈震荡和波动，2009年9月，英、法、德股指较2008年底平均跌幅在25%左右；在新兴市场，很多国家的股市、债市和汇市均向下出现剧烈波动，2008年12月，MSCI新兴市场股价指数累计下跌64%。次贷危机演化为全球金融危机，反映出了发达国家金融体系中诸多监管问题，尤其是在混业经营模式下的监管主体缺失，金融机构在金融市场中存在异常复杂的关系，相互之间存在多个传染链条，这是次贷危机迅速蔓延至全球，引发全球金融市场大震荡的重要因素。

第三阶段：欧洲主权债务危机（2010年2月至今）。在债务危机前的几年，欧元区国家特别是非核心国家的银行大量投资于本国房地产项目和美国次级债券，全球金融危机期间房地产泡沫的破灭和美国次贷危机对这些银行造成极大损害。相比美国政府而言，欧元区国家为救助银行，只好运用财政收入对银行注资，这无疑会使财力有限的非核心国家进一步加大了财政负担，导致政府负债率明显上升，债务违约风险增大。以爱尔兰为例，截至2010年底，政府已将4家银行收归国有，共向本国银行业注资近400亿欧元，结果2010年该国的负债率达到93%，比2007年上升68个百分点，财政赤字率超过30%。在欧债危机过程中，固然存在欧盟货币政策和财政政策不协调的因素，但更为重要的是，政府所采取的应对政策的方式、力度和时机都存在较大偏差。当政府注资银行导致自身债务风险的同时，很多银行也持有政府的债券，这存在相互风险暴露。欧元区各国银行大量持有本国发行的债券头寸，例如意大利、西班牙、葡萄牙等国政府发行债券的四分之一都被本国银行持有。这意味着本国政府的债务危机同样会造成银行的资产损失，使银行陷入困境，银行危机不断恶化。在"银行—政府"相互传染的机制下，欧债危机不断升级，至今仍未出现好转势头。

二、四大经济体在这次危机中的表现

（一）美国：从衰退到温和复苏

受金融危机影响，美国经济迅速衰退。从 2008 年第三季度开始，GDP 连续四个季度出现负增长，最低经济增速跌至 -8.9%。比 20 世纪 70 年代中期石油危机时的最低点还要低。随着美国连续采取一系列救助措施，不断降低短期利率和长期利率来刺激经济生产，2009 年下半年，美国经济开始呈现复苏态势，经济增速保持在 2% 左右的水平。从失业情况来看，危机以来的美国失业率不断攀升。从 2008 年 12 月的 7.3% 一直上升到 2009 年 12 月的 9.9%，创历史新高；2010 年全年失业率平均在 9.5% 以上；进入 2011 年，失业率稍有缓和，但仍然在 9% 左右徘徊。随着 2012 年美国经济开始缓慢复苏，失业率也开始下降，数据显示 2012 年 11 月失业率为 7.7%，尚未达到 6.5% 的目标。

（二）欧洲：陷入持续低迷

欧洲是除美国以外受金融危机打击最严重的地区。欧洲过度膨胀的金融业受全球金融危机冲击巨大，仅次于美国。一方面欧洲金融业在经济体系占据相当重要的地位；另一方面欧洲内需较为疲弱，经济发展对出口贸易依赖度较高，而美国是其第一大出口目的地，并以高端出口为主。欧盟统计局的数据显示，从 2008 年第二季度开始，连续四个季度负增长，最低跌至 -10.7%。随后在德国、法国等核心大国的强力拉动下，欧洲经济复苏较快，2010 年实现了 2% 的增长。此后，受中东地缘政治危机、欧洲央行加息、"欧猪五国"债务危机恶化的冲击，欧洲各国内需普遍趋向停滞，外贸疲软，经济增长超预期下滑，从 2011 年第四季度开始，连续负增长，到 2012 年第四季度仅为 -2.3%。伴随着经济的萧条，欧元区的失业率也是居高不下，一直保持 10% 左右的水平。

（三）日本：遭受重创，波动加剧

金融危机以来，美元、英镑、欧元等主要货币大幅贬值，同时日本长期的低利率政策催生了大量套利平仓交易，使日元不断升值。BIS的统计数据显示，按照贸易加权平均的日元实际有效汇率（扣除通货膨胀因素）在2008年间的升值幅度高达30%。作为一个内需长期疲弱并以高端制造业出口为导向的经济体，日元升值及外需下降导致日本出口受到严重打击，经济随之陷入连续负增长。与实体经济相比，日本的金融机构受到危机的影响较小。主要是由于日本的房地产金融泡沫程度较低，再加上日本的金融机构经过长期的海外战略收缩，对次贷产品参与较少，因此日本经济受到金融危机的影响较小。为应对危机，日本通过短期刺激政策，恢复出口，拉动经济复苏；但随后的欧债危机、大地震又拖累了经济，陷入复苏后的又一轮衰退，此后日本又掀起了新一轮的量化宽松，短期内使经济呈现新一轮复苏态势。

（四）**新兴经济体：成功应对冲击，增速放缓不改强劲动能**

危机伊始，资本外逃与进出口波动导致新兴经济体经济增速下滑，一些承受能力较弱的经济体出现了经济与金融的双重危机。由于外资撤离，本币大幅贬值，很多国家货币对美元汇率跌幅超过了10%，同时外汇储备也出现急剧下降；随着欧美金融机构的"去杠杆化"，一些外债较多的国家甚至走在了国家破产的边缘。但是，总体来看新兴市场的基本面较好，财政体系稳健，保证了充足的财政扩张空间和放贷能力，足以实施大规模经济刺激计划，支撑经济实现V形反转。以中国为例，在4万亿元投资计划的刺激下，经济在一年间迅速拉升，从2009年第一季度的6.6%的最低点迅速升至2010年第一季度的12.1%。随着外部资本流入大幅增长，对国内需求形成更大推动，导致资产泡沫积聚，通胀压力快速上升，政策操作空间收窄，前期的刺激政策效应递减，再加上受欧债危机拖累，随后的经济增长开始逐步放缓。2012年新兴经济体的全年经济增长率约为5.3%，较2011年下降1.1个百分点。

三、演进中的危机救市政策：中美的比较分析

美国应对危机的措施呈现出"提高金融市场流动性—稳定金融市场—提振宏观经济"的演进逻辑。美国反危机措施的主要特点有：一是危机救助的重点是金融行业和金融市场。通过购买金融资产、零利

率政策、直接对金融机构进行救助等方式增强市场流动性，恢复金融市场秩序。二是经济刺激的计划以提振消费者信心为宗旨，且规模庞大。据不完全统计，其经济刺激计划的规模约为 1.5 万亿美元，占GDP 总值达到 1.1% 左右。三是为重新巩固美国在科技、高端制造业的优势地位，其产业发展的重点以新能源、基础设施、汽车产业为重点。

由于中国金融体系尚未融入全球金融市场领域，金融危机对中国经济的冲击主要在实体经济。因此，中国应对危机措施按照"提振实体经济—调整经济结构"的方式进行演进。总的来看，中国反危机措施的特点是：一是以"内需增长"为重点，通过扩大保障房投资建设、加快汽车和住房消费为主要手段。目前，内需增长政策已取得较好的效果。2011 年，消费对 GDP 增长的贡献率首次超过投资，达到55.5%。二是以"产业发展"为导向，通过加大对基础设施、房地产等领域的投资，以促进产业发展。三是经济刺激计划以"财政政策"为主要手段。4 万亿元的经济刺激计划约占 2010 年度 GDP 总值的9.96%，即使按三年分期投入，每年的经济刺激规模也高达 3% 左右。

由于中美经济发展模式不同，金融体系和受危机影响程度存在很大差异，因此，中美两国反危机措施在政策的着力点、重点、效果上也呈现很大不同。

（一）政策着力点比较

美国危机措施着力点，以恢复和重振"金融力"[①] 为核心。20 世纪以来，美国以"金融力"为国家战略导向，通过以下三方面的战略措施，形成了"美元霸权"。推动了美国政府居民的过度消费，造成全球经济不断失衡。

第一，通过高新技术产业立国获得相对竞争优势。建立了在互联网、信息科技等高端领域的竞争优势，对其他国家形成技术壁垒。同时，有意识地向发展中国家转移劳动密集型和资源与环境消耗型产业，这不但赚取了高额利润，还实现了资本项目下的美元对外输出。通过建立发达的金融市场，实现金融兴国。金融业占 GDP 的比重由 1947 年

---

① 金融力，包括两个方面：一是金融的硬实力，包括金融体系的完善程度、金融机构的数量多少、金融市场的规模大小等。二是金融的软实力，包括货币的国际化程度、在国际组织中的话语权、产品和服务的创新能力等。

的 10.4% 上升到 2010 年的 21% ，纽约等成为了世界金融产品的生产中心，吸引着全球大量的资金流入。回流的美元使得美国居民能够不断实现负债消费，进一步推动美国经济的增长。数据表明，近十年来，私人消费在 GDP 中占比长期保持在 70% 左右甚至更高。

第二，主导全球经济、金融秩序，确保美元回流和美元发行不受约束。一方面，通过对中东等产油国进行政治上的结盟、军事上的打压，确保石油用美元定价，为美元回流奠定基础；另一方面，通过垄断在国际货币基金组织、世界银行等国际金融组织的话语权，使"美元"失去约束，不断转嫁风险。

危机使美国的综合经济实力和全球金融霸主地位相对下降，为恢复和重振"金融力"，其反危机措施主要围绕三方面展开。一是促进经济恢复和增长，维护世界对美元的信心，防止各国抛售美元带来的"金融恐怖再平衡"。二是注入流动性和加大金融监管改革力度，以重建金融市场秩序、恢复投资者信心。需要注意的是，美国在实施金融监管改革，促进金融体系稳健运行的同时，还非常注意保护美国金融机构的竞争力。2012 年 10 月，美国表示将推迟实施更加严格的巴塞尔新资本协议Ⅲ，目的就是维护美国金融机构的竞争优势。三是继续维护美国在国际货币基金组织等全球经济金融治理平台中的重要作用。在 2012 年 10 月的国际货币基金组织年会上，美国表示将推迟向国际货币基金组织增加注资就是美国绝不肯放弃其对国际货币基金组织否决权的体现。

中国反危机措施的着力点主要是"推动内需、振兴产业"。"工业化"和与之相联系的投资和出口一直是推动中国经济增长的最主要动能，这使得我国的工业迅速发展，净出口快速增长，形成了大量的外汇储备。危机使中国意识到，依赖于欧美发达国家的"出口导向"型经济增长模式难以为继，必须把促进国际收支平衡作为保持宏观经济稳定的重要任务。因此，反危机措施的重点也主要围绕推动内需、振兴产业展开。

（二）政策重点比较

美国反危机措施以量化宽松货币政策为主。由于美元的特殊地位，美国可以通过印制纸币来偿还国际债务，转移风险。在此背景下，美国推出一轮又一轮的量化宽松政策，至 2012 年底，三轮半量化宽货币政策的总额已高达近 2.8 万亿美元，占 GDP 的比值约为 20%。

中国则更多采用财政政策，以促进产业发展。由于金融危机对中国经济的冲击主要体现在实体经济领域，尤其是贸易领域。因此，中国反危机措施的重点是通过大规模的财政支出扩大内需，促进产业发展。

（三）政策效果比较

美国经济走向复苏，但对世界经济产生了较大负面溢出效应。大量超常规货币政策的运用，使得美国经济在 2009 年第三季度开始触底复苏，但这导致了全球量化宽松货币政策的竞赛，对短期资本流动和物价上涨都将埋下重大的风险隐患。宽松的货币政策还使得美元不断呈贬值趋势，其他持有大量美国国债的国家不得不被动承担美元贬值带来的巨大储备资产缩水损失。

中国为全球经济增长和再平衡作出了积极贡献，但也加大了自身风险隐患。2009 年中国 GDP 同比增长 9.2%，占全球 GDP 增长的贡献超过 50%，成为拉动全球经济复苏的主要动力。中国贸易顺差占 GDP 的比重已由危机前（2007 年）的 10% 下降至 2011 年的 2% 左右，全球经济有所平衡。与此同时，信贷大规模投放却带来了地方融资平台规模迅速膨胀、房地产价格的快速上升等问题，这成为当前经济发展中的重要风险隐患。

四、展望和应对

由于金融危机对全球经济造成重大冲击，各国政府迅速采取联合行动，利用货币政策、财政政策等手段暂时缓解了流动性危机。但是，各种政策工具并没有真正解决世界经济的结构性难题，全球经济失衡带来的风险和损失不断增加，影响范围越来越大。因此，全球经济再平衡是实现世界经济健康、平衡、可持续发展的关键保障。

（一）积极推进多边贸易进程，反对贸易保护主义

金融危机以来，贸易保护主义的趋势没有得到根本遏制，甚至出现了愈演愈烈的情况。一些发达国家以反倾销、反补贴为名推行保护主义措施，在环保技术、绿色标准等方面出台大量歧视性条款，对发展中国家的出口造成不利冲击。中美贸易是发展中国家与发达国家贸易关系的典型代表，美国在对华高新技术产品出口方面施加了诸多限

制，人为压低了美国对华出口需求。

世界各国尤其是发达国家应当积极推动多哈回合谈判取得实质性进展，最终达成全面、平衡的一揽子协议，共同营造自由开放、公平公正的全球贸易环境，更多关注落后的发展中国家的贸易利益和诉求。发达国家应避免利用各种形式的保护主义措施解决单边经济诉求，减少施行各项"以邻为壑"的贸易壁垒，尽早取消对发展中国家的不公平待遇，切实履行支持开放贸易和投资的承诺，继续支持世界贸易组织、联合国贸发会议等国际机构加强对贸易和投资限制措施的监督。只有努力实现全球贸易再平衡，发达国家和发展中国家才能取得共赢。

（二）主要发达国家应调整国内不合理的经济结构，增强应对风险的能力

发达国家不能继续以"高杠杆"为特征，以超前消费来驱动经济增长。无论是美国还是欧洲，都要逐步推进政府、银行、企业、家庭的去杠杆化，增加储蓄、降低消费，同时严格财政纪律、削减福利支出。无论是美国次贷危机还是欧债危机，要从根本上解决，都需要进一步调整经济结构，不要一味追求虚拟经济，要重视持实体经济发展。尽管结构调整在短期内不利于经济增长，但如果一味依赖财政刺激和货币宽松，真正的经济复苏和持续发展将难以实现。

广大发展中国家也需要进行结构调整。不论是出口导向型、投资依赖型还是资源密集型经济体，都要转变经济发展方式，逐步增加消费，努力转向以内需和消费为主要动力的经济发展轨道，不断提高经济增长质量和竞争力，推进以效益、质量和环保为导向的可持续发展，并且尽快建立广泛覆盖的社会保障体系。

（三）继续推进国际货币体系改革，增加发展中国家的话语权，向多元化国际货币体系迈进

在保证全球化趋势不中断的前提下，稳步推进国际货币体系改革，对于实现全球金融稳定及其再平衡十分重要。由于国际货币体系改革涉及有关国家的切身利益，其推动将会面临一些意料之中的阻力。国际货币体系改革的最大阻力是美国，但美国不愿意主动让渡自己的利益。然而，世界经济向多元化国际货币体系的迈进是大势所趋，如何在此基础上寻求建立完善的国际货币体系是实现国际金融再

平衡的当务之急。

要使国际货币体系从美元主导向多元化过渡，就要在保持欧元区稳定发展的同时，支持发展中国家逐步摆脱对美元的过度依赖，通过开展多边的货币互换机制，促进发展中国家货币合作的开展。在推进国际货币体系改革的过程中，还要注重发挥国际货币基金组织应对危机和实行紧急救助的重要作用，提高发展中国家的代表性和发言权。

（四）主要发达国家要实行负责任的货币政策，减少负面溢出效应

金融危机暴露了一个不容忽视的问题，就是主要储备货币的超发倾向。无论是美国相继推出的四轮量化宽松政策，还是欧洲央行主导推出的直接货币交易（OMT）等变相量化宽松政策，都给世界各国特别是新兴经济体和发展中国家带来很大的负面溢出效应。主要储备货币发行国有责任也有义务合理控制流动性总量，保持币值相对稳定，尽量减小币值剧烈波动对世界经济和贸易复苏的不利影响。

（五）建立健全全球范围内的金融预警系统和风险防范体系，增强各国监管机构的信息共享和执行配合

要发挥国际货币基金组织、G20峰会、金融稳定理事会（FSB）等国际组织在加强国际金融监管中的积极作用，加强监管信息的交流与沟通，协调各国的金融监管政策，制定合理有效的金融监管标准。要加强国际金融监管协调与合作，定期开展多双边的金融监管机构会晤，可以考虑成立跨国金融稳定小组等合作机制，加强对国际资本流动的监管和监测，提高各国跨境金融监管水平。要强化对具有系统重要性金融机构的监管，建立有效应对系统性风险的政策框架和跨国机制。

（六）中国宜加快经济结构调整，积极主动适应全球经济再平衡的大趋势

金融危机提醒我们，完全照搬西方国家的发展模式是不可取的，过去传统的发展道路也同样难以为继。作为全球第二大经济体的中国，面临着许多新情况、新问题和新变化，我们需要吸取这次国际金融危机的教训，结合实际走出一条具有中国特色的发展之路，促进国内经济金融稳定发展。

1. 深化收入分配改革，积极扩大国内需求。要坚持扩大内需这一战略基点，从收入分配改革入手，逐步增加居民收入在国民收入分配中的比重，增加劳动收入在初次分配中的比重。通过机会均等化和收入均等化，刺激国内居民消费，平衡储蓄和投资，在继续完善社会保障体系、增加农民实际收入等基础上，强化教育、就业、创业和公共服务，逐步推进遗产税、赠予税的征收，适时适度减免民众实际税负，提高低收入阶层收入水平。

2. 强化创新驱动发展，建设创新型国家。要坚持走中国特色自主创新道路，将经济增长的驱动力由主要依靠生产资料、劳动力的投入向技术创新转变，实现产业结构和价值链的不断升级。要着力增强创新驱动发展新动力，注重发挥企业家才能，加快科技创新，加强产品创新、品牌创新、产业组织创新、商业模式创新。要以全球视野谋划和推动创新，提高原始创新、集成创新和引进消化吸收再创新能力，更加注重协同创新。

3. 优化调整产业结构，推动实体经济发展。要坚持实体经济这一坚实基础，深化产业结构战略性调整，把化解产能过剩矛盾作为工作重点。要实行更加有利于实体经济发展的政策措施，强化需求导向，推动战略性新兴产业、先进制造业健康发展，加快传统产业转型升级，推动服务业特别是现代服务业发展壮大，合理布局建设基础设施和基础产业。

4. 加快转变外贸发展方式，增强与各国的经贸政策协调。要坚持出口和进口并重，强化贸易政策和产业政策协调，形成以技术、品牌、质量、服务为核心的出口竞争优势，促进加工贸易转型升级，发展服务贸易，推动对外贸易平衡发展。要稳定和扩大国际市场份额，发挥进口对结构调整的支持作用，促进国际收支趋向平衡。要继续推进多双边经贸合作，加快实施自由贸易区战略。要加强与欧美的经贸政策协调，逐步改变对欧美市场的高度依赖，大力发展与亚非拉国家的经贸关系，实现出口市场多元化。要不断扩大进口，为他国提供新的出口市场，增强他国与中国经济的黏合度，实现互利共赢。

5. 增强"金融力"建设，稳步推进人民币国际化。要继续深化金融体制改革，增强金融机构的竞争力、影响力和免疫力，健全促进宏观经济稳定、支持实体经济发展的现代金融体系，加快发展民营金融机构。要高度重视金融领域存在的风险隐患，坚决守住不发生系统性和区域性金融风险的底线。要稳步推进人民币国际化进程，逐步提高应对浮动汇率制下的风险管理能力，积极参与推进国际货币体系改革，加强与各国的货币合作。

6. 发挥对内对外政策合力，促进中美经济合作再平衡。对内，要加快提升产业竞争优势，降低对劳动密集型产品的依赖，大力发展国家扶持的新兴产业、高科技行业，正确处理投资与贸易的关系，更加合理有效地利用外资。对外，要鼓励有条件的企业到美国投资，大力发展中美技术贸易，推动美国放松对华出口管制，特别是减少美国在对华高新技术产品出口上的限制。

构建良性消费模式
促进消费健康发展①

扩大消费无疑是我国经济持续增长的必由之路。金融危机后的实践也表明，在出口面临较大冲击的条件下，我国更应高度重视消费对经济增长的拉动作用。近些年来，我国扩大消费战略取得了一定成效，消费年均增长 10% 以上，最终消费对经济增长的贡献率显著提高，2012 年达到 51.8%。然而，在我国消费领域也存在一些问题，尤其是奢侈消费、过度消费问题还比较严重，显然这与我们一直以来所倡导的勤俭节约作风相左，也与习近平总书记最近所指出的"厉行勤俭节约、反对铺张浪费"精神相背离。

合理、节约和绿色是各国良性消费的共同特征

美国属于典型的高收入、高消费和低储蓄国家，这一消费模式主要是过度消费的结果。美国发达的经济水平、强大的综合国力、丰厚的资源基础，以及完善的征信体系，都是美国人维持这种奢侈型消费的充分条件。然而，近期发生的次贷危机使美国对这种消费模式进行了深刻反省，对于正在建立健康消费模式的发展中国家也有着重要的警示作用，提醒人们在扩大消费的同时要注重适度和节约。

瑞典的消费水平也处于发达国家前列，但与美国不同的是，瑞典

---

① 此文发表于《银行家》2013 年第 4 期。

形成的是建立在高福利基础之上的高消费、低储蓄模式。瑞典经济的最大特色就是社会保障和福利政策，而这一高福利下的消费模式产生的逆效应，导致了著名的"瑞典病"。对于正在完善社会保障制度并扩大消费的中国来说，瑞典消费模式具有重要的实践意义，建立一个完善的社会保障体系是扩大消费的重要前提。

日本作为发达国家，尽管总体消费水平接近发达国家，但其较高的储蓄率、不愿借贷消费和强调绿色消费，使日本形成的可持续消费模式明显不同于欧美国家。对于同为深受东方文化传统影响以及与日本发展轨迹有相似点的中国，日本的消费模式具有至关重要的借鉴意义，健康的消费模式应兼具合理、节约和绿色的特征。

奢侈消费和过度消费
是当前我国消费面临的主要问题

诺贝尔经济学奖得主弗里德曼曾说过，"花自己的钱办自己的事，最为经济；花自己的钱给别人办事，最有效率；花别人的钱为自己办事，最是浪费；花别人的钱为别人办事，最不负责任。"这较好地描述了我国消费的现状和存在的问题。就实际情况来看，第一种消费最为常见，也是有效消费中最重要的部分，应大力倡导。第二种消费主要来源于社会关系，比如托人办事、受人之托等，是一种需要被引导和规范的消费方式。如果说第一、第二种消费主要为个人消费，易于控制，那么第三、第四种消费则突出表现为公款消费，最容易出现问题。

在宏观经济学的诸多消费理论中，收入始终是影响消费的首要因素。2012年我国人均GDP已达到上中等收入国家水平，但同年消费率仅为50%左右，与全球平均70%的消费率仍存在很大差距，这说明当前我国消费依然相对不足。未来扩大消费的空间依然广阔，扩大消费仍是我国未来经济增长的突破点。

心理效应对于消费者行为也有着重要的影响。行为经济学研究具有偏好和预期的消费者而非理性的经济人，特别地，消费偏好的时间不一致性以及预期的强大影响，对于正确引导有效消费的增加具有重要影响。《左传·庄公二十四年》古语曰：俭，德之共也。中国人受儒家思想和文化传统影响，消费偏好在于节俭；但随着改革开放后人们收入水平的逐步提高，部分人开始偏好消费奢侈品。在考虑人们偏好变化和对未来收入积极预期的基础上，引导人们消费的良性发展将应更侧重构建健康可持续的消费结构。

扩大消费应首先促进消费转型升级

目前，我国所面对的外部经济发展环境，在较长时间内依然存在诸多不确定性，同时我国经济也步入中速增长的新时期。因此只有扩大消费、促进消费的转型升级，中国经济才能实现"真正"的持续增长。但在坚持扩大消费的同时，我国也应厉行节约、反对铺张浪费，提倡适度消费、合理消费。

第一，构建具有中国社会主义特色的健康消费模式。比较世界主要国家或地区的消费模式可以发现，美国实行的是一种高收入、高消费的过度消费模式，日本长期形成的是一种资源节约型的消费模式。我们应学习美国的消费理念和方式，从思想观念上改变对储蓄的过度依赖，倡导合理适度的消费；同时借鉴日本的资源节约型消费模式，虽然日本和中国都是高储蓄率国家，不愿借贷消费，但日本的消费水平却能达到世界平均水平，重要的一点就是其居民消费理念的正确树立。我国未来理想的消费模式应当是一种具有中国社会主义特色的可持续消费模式，提高消费效率和消费质量，更好更快地完成消费的转型升级以实现经济增长目标。

第二，提高人均收入水平，完善社会保障体系。收入是影响消费的首要因素。近年来我国十分重视收入的结构性调整，通过初次分配和再分配来调整收入差距，避免贫富差距加大。收入的持续提高和均衡分配对于扩大消费将产生重要影响。与此同时，我国应继续完善社会保障和社会福利体系，提高政府公共服务支出，提升居民消费信心，使居民真正敢于消费。

第三，增加有效消费，提高消费效率。有效消费是弗里德曼所说的第一、第二类消费，不是过度消费，更不是奢侈品消费，是"把钱花在刀刃上"，而不是"挥金如土"。未来随着我们收入水平的逐步提高，提升有效消费以达到理想的效用水平，不仅对于个人生活质量的提高至关重要，对于我国经济的持续增长更是举足轻重。

积极顺应国际金融监管改革新趋势[①]

大型金融机构在全球和地区金融经济环境中往往发挥着核心作用，承担着重要的功能，有着举足轻重的影响。纳入全球系统重要性银行（G-SIFIs）对中国银行业来说机遇与挑战并存。与目前入选 G-SIFIs 的外资银行相比，中资银行在全球综合金融服务能力方面尚有差距，在同样的监管标准下将可能面临巨大挑战。

加强全球系统重要性银行（Global Systemically Important Financial Institutions，G-SIFIs）监管是危机后国际金融监管改革的重要内容，是宏观审慎监管政策框架的重要组成部分。正是由于 G-SIFIs 对全球金融体系产生的影响举足轻重，经二十国集团领导人戛纳峰会批准，金融稳定理事会（以下简称"FSB"）于 2011 年 11 月发布了 G-SIFIs 监管框架和首批 29 家 G-SIFIs 名单。全球大型银行集团基本上都进入了名单，中国银行是我国乃至新兴市场国家唯一列入该名单的银行。对中国金融体系而言，以中国银行为代表的 5 家大型商业银行都具有系统重要性地位，必将面临国际金融监管变革带来的巨大挑战。

一、金融危机后的国际金融监管改革新趋势

金融危机以来，按照二十国集团领导人确定的金融监管改革目标，在 FSB 和巴塞尔委员会（以下简称"BCBS"）主导下，全球主要经济体系携手共建金融监管新框架，在巴塞尔协议 II（Basel II）基础上出台了巴塞尔协议 III（Basel III），并提出了全面加强金融监管的一揽子

---

① 此文发表于《当代金融家》2012 年第 7 期。

政策建议。各国监管部门为维护本国金融安全，纷纷加快了金融监管改革步伐。2010 年 7 月 21 日，美国出台《多德—弗兰克华尔街改革与消费者保护法案》(又称《多德—弗兰克法案》)，2010 年 9 月 12 日，英国银行业独立委员会公布了银行业改革最终报告，要求银行设立不同业务风险隔离的"围栏"(ring – fencing)；新加坡金管局要求银行资本充足率仍必须在 12% 以上。中国银监会 2007 年以来积极推进 Basel II 实施，在 2010 年"腕骨监管体系"(CARPALs)、2011 年《新四大工具实施要求》、2011 年《中国银行业实施新监管标准指导意见》的基础上，于 2012 年 6 月获国务院常务会议审议批准，凝结 Basel II 和 Basel III 的纲领性文件《商业银行资本管理办法（试行）》，几天后发布实施。

总体来看，全球金融监管改革呈现以下六大趋势。一是全球监管趋严，在提高资本要求的同时增加其他监管要求：重新定义监管资本，突出了普通股的重要性，引入留存额外资本、逆周期额外资本、G – SIFIs 额外资本和杠杆率要求。二是监管标准趋于统一，各国积极实施并持有一定自由裁量权：从 Basel I 到 Basel II，再到 Basel III 的不断完善，逐渐成为国际标准，同时具有一定灵活性，充分体现不同国家或地区的监管差异性。三是风险监管全面化，强化监管重大实质性风险兼顾其他风险：Basel II 在第一支柱强调资本对信用风险、市场风险、操作风险的覆盖，在第二支柱监管银行账户利率风险、集中度风险等其他重大风险，Basel III 进一步扩大对资产证券化风险、银行交易账户交易对手信用风险的覆盖。四是监管趋于多层化，强化微观审慎监管兼顾宏观审慎监管。不但关注单个银行持续审慎经营，同时要求加强金融业系统性监管，确保在保持个体银行稳健经营的基础上，实现整体金融体系稳定。五是抓大带小分类监管，以系统重要性银行为主兼顾其他机构。国际监管组织以及各国金融监管机构对危机进行了反思，认为必须改进对系统重要性金融机构的监管，增强系统重要性金融机构的抗风险能力。六是各国监管属地化加强，同时国际监管协调成监管改革主流。整顿金融竞争秩序，共同维护金融稳定，贯穿了金融监管变革的全程。

金融监管改革涵盖了宏观、中观和微观三个层面，三个层面的监管要求各有侧重，相互支持，有机结合。宏观层面改革的核心内容之一，是将系统性风险纳入金融监管框架，对具有系统重要性的金融机构，制定更高的监管标准，实施更严格的监督检查，建立危机处置机制，降低风险的传染。G－SIFIs 是 Basel III 监管改革的重要内容，这一概念的提出，是当前背景下国际金融监管改革从注重微观审慎监管到宏观审慎监管与微观审慎监管相结合，有效防范全球银行业系统性风险的重要举措和必然措施。

二、G－SIFIs：概念、识别标准和监管要求

系统重要性金融机构（SIFIs）指业务规模较大、复杂程度较高、发生重大风险事件或经营失败会对整个金融体系带来系统性风险的金融机构。按监管属性，SIFIs 分为两类：一是全球系统重要性金融机构（G－SIFIs），指对全球经济和金融体系有重要影响的金融机构，其中，银行业评估标准和名单由 BCBS 确定。二是国内系统重要性金融机构（D－SIFIs），指对国内经济和金融体系有重要影响的金融机构，由各国监管部门确定名单并建立相关政策框架。

G－SIFIs 的定量评估标准包括全球活跃程度、规模、关联度、可替代性、复杂性五个方面；定性方面标准由监管部门掌握。两方面结合，最终确定银行排名顺序。

2011 年 11 月经二十国集团戛纳峰会审议通过，FSB 发布了首批 29 家 G－SIFIs 名单，其中，美国 8 家，英国、法国各 4 家，日本 3 家，德国、瑞士各 2 家，荷兰、西班牙、意大利、瑞典、比利时、中国各 1 家。

根据 G－SIFIs 监管总体政策框架，如被纳入 G－SIFIs，相比未纳入的银行，监管资本要求增加 1% ~ 3.5%，银行将面临更高的监管资本要求、更大的资本压力；同时需要开展一系列改革与调整，并加强与母国和东道国的监管沟通，建立恢复和处置计划等。

按 BCBS 时间表，附加资本要求将从 2016 年 1 月 1 日开始逐步实施，经过 2016—2018 年三年过渡期之后，从 2019 年开始正式实施。中国银监会的要求较为严格，从 2013 年 1 月 1 日开始实施，2016 年底达标。

三、系统重要性银行面临的挑战和机遇

大型银行因其固有的潜在系统性风险，在本次全球金融危机中起到"推波助澜"的作用，从而成为宏观审慎监管重点和当前讨论的热点，而大型银行对经济、金融的贡献与价值被各国监管所忽略。

毋庸讳言，SIFIs 有其固有风险。一是政府对大型金融机构的救助成本高昂，而这些成本最终只能由社会承担。二是大型金融机构通常处于网络的中心节点（central station），一旦出现危机，风险传染性极强，对金融体系和实体经济都会产生溢出效应。三是大型金融机构的业务复杂、业务范围广、管理链条长，风险管控难度较大。

但事实上，大型金融机构在全球和地区金融经济环境中往往发挥着核心作用，承担着重要的功能，有着举足轻重的影响。第一，大型银行起到促进和支持经济增长的作用，是贯彻一国货币政策和产业政策的主渠道。第二，大型银行有利于国家掌握金融话语权，促进其在政治上占有重要地位。第三，大型银行是金融创新的主要力量，其产品创新往往走在监管的前面。第四，大型银行跨地区、跨业务经营有利于分散风险，也有利于形成规模效益，降低融资成本。第五，大型银行对宏观经济长期平稳运行发挥着非常重要的作用。因此，应该辩证看待 SIFIs 的风险和贡献。

纳入 G–SIFIs 对中国银行业来说机遇与挑战并存。与目前入选 G–SIFIs 的外资银行相比，中资银行在全球综合金融服务能力方面尚有差距，在同样的监管标准下将可能面临巨大挑战。首先，监管合规成本大大提高。中国银行业的海外资产占比较少，资本基础相对薄弱，业务类型比较传统，经营模式和发展阶段与国际同业有着较大差异，面临同样严格的国际监管标准，将大幅增加合规成本。其次，创新能力、全球服务能力及风险管理能力亟待提高。国际领先银行多为已建立起多元化经营的金融集团，服务遍布全球，业务横跨货币、资本和信贷市场。中国银行业创新业务和管理模式、加快全球金融服务、实现跨境跨业风险管理，成为与欧美大型银行比肩的先决条件。最后，动荡的国际经济、趋严的监管环境、日益复杂的客户需求，对银行基础设施建设和人才培养提出了更高的要求。国际金融货币体系的变化、

全球银行业竞争格局的改变以及金融监管改革的新趋势，将影响和引导银行业经营战略、经营和管理模式的不断转变。

机遇与挑战相伴，G-SIFIs 成为系统重要性银行强化品牌、提升管理水平的契机。首先，提升中国银行业品牌的全球认知度。随着几家大型国有银行陆续股改上市，多家中资银行已在全球市值排行表中榜上有名，中国银行入选 G-SIFIs 更是为增强我国金融业的国际话语权提供了一个重要平台，使得中国的银行品牌受到全球更为广泛的认知与关注。其次，成为大力发展国际化业务的新契机。中资银行的经营主要依赖于国内市场，海外化推进方面还有很大的提升空间。背靠快速成长的中国大市场，中国银行业的国际化发展面临前所未有的良好机遇，必将重审海外布局战略，强化自身的品牌形象，更积极地参与到全球市场竞争中。最后，支持加快人民币国际化的步伐。目前欧元区的一些国家深陷债务危机，相比之下，快速、平稳发展的国内经济背景为人民币创造了国际化的良好时机，中国企业不断"走出去"为银行的跨境人民币业务开拓了更加广阔的市场。中国银行业应大力发展清算渠道、产品创新和相应技术，为人民币国际化进程提供强大的支持。

四、顺应国际金融监管改革新趋势的对策建议

在本次金融危机和监管改革的影响下，欧美许多大型银行无论是在业务范围上还是地域网络布局上，纷纷步入战略收缩阶段，这为中国银行业加快推进国际化、综合化经营提供了难得的历史机遇。

第一，构建以银行为主体的综合性金融集团，充分发挥协同效应，保持金融体系的稳定。在本次全球金融危机中，业务结构单一的投资银行、保险公司受到的冲击相对较大，而综合性的银行如摩根大通、美国银行等，则因业务结构的多元化而受危机的冲击较小，抗风险能力较强。在推进综合化经营过程中需注重防火墙建设，有效隔离不同业务间的风险，避免局部的风险蔓延成为系统性风险。同时，要加强内部资源整合，在不同门类金融业务之间、不同经营机构之间建立市场化、规范化的业务合作机制和利益分配机制以及透明的信息披露机制，促进资源共享、交叉销售，形成对外营销服务的整体合力。最后，

要加强人才引进和培养。着眼于国际、国内两个市场，加大各类专业人才的引进和培养，注重不同金融业务领域的专业化经营和专业化管理，实现"专业的人做专业的事"。

第二，注重分析国际化经营的路径选择，积极"走出去"。随着人民币国际化的推进，人民币存贷款结算、托管等业务需求将快速增长。中国银行业在满足国内企业"走出去"的同时，自身也应积极"走出去"，加强海外分支机构的建设和管理，为人民币海外业务提供机构支持。中国银行业在推进跨境发展和海外布局过程中，除应积极拓展业务需求、深入了解客户，注重产品与技术创新之外，还要从东道国的经济形势、市场环境、文化环境、法律环境、监管要求以及与我国经济的紧密性等多个维度，深入研究，认真分析，根据具体情况，灵活采用新建投资或跨国并购的方式，有效实现中国银行业的全球化发展与布局。

第三，顺应监管趋势，以结构调整为导向，推进信贷结构转型。积极抓抢战略性新兴产业和现代服务业，在传统信贷业务的广度和深度上下功夫，提升金融服务效率和信贷质量，积极调整资产、业务和客户结构，走均衡发展之路。运用资产证券化手段改变信贷资产持有到期管理模式。通过资产证券化，使低流动性资产转变为流动性高、可在资本市场上交易的金融产品，帮助银行提高资产的运用效率，从而达到分散银行体系风险的目的。特别是在商业银行依然占据金融市场中心地位的中国，银行信贷风险分散化更有利于金融体系整体安全。这在经济转向、经济放缓、银行体系不良资产可能上升的宏观背景下，更具有显著的现实意义。

新兴市场要避免成为
新的危机爆发地^①

在美欧相继出现金融危机和主权债务危机之后，新兴市场必须采取若干组合政策和监管措施，以避免成为新的危机爆发地。

新兴市场：第三波危机的焦点

自 2007 年美国次贷危机爆发后，全球经济结束了此前的"大稳健"（Great Moderation），进入了危机此起彼伏的新周期。对于危机演变阶段的划分见仁见智。国际货币基金组织将其划分为五大阶段，即私人债务危机（次贷危机）、银行业危机（雷曼兄弟危机）、主权债务危机（"欧猪五国"危机）以及目前的政治危机（各国在财政整顿和结构调整上难以达成共识）。笔者倾向于将此前的危机按地域简单划分为两个阶段，即美国的系统性金融危机和欧洲的主权债务危机。如果要展望危机的下一波，那么新兴市场将是最值得关注的焦点。

新兴市场的主要风险

总体来看，除了东欧部分国家外，新兴市场在本次全球金融危机中一直相当稳健。在外部需求急剧衰退的背景下，通过积极的扩张性

---

① 此文发表于《中国金融》2011 年第 21 期。

政策刺激内部需求，配合稳健的国内金融体系，实体经济迅速复苏，并返回到趋势性的增长水平上。那么，新兴市场还有什么风险点值得担忧呢？

首先，新兴市场最大的问题来自结构转型依旧太慢，内需不足以强劲到抵消发达国家可能陷入长期不景气的风险。危机中，新兴市场内需高增长主要得益于财政与货币政策的积极扩张，但这是不可持续的。随着赤字和通胀风险增加，政策必然会转向。持续、强劲的内需必须来自增长模式和经济结构的深层次转型，新兴市场在社会安全网建设、收入分配改革、金融体系改革等诸多方面尚需强化，从而支持这种结构转型。从目前趋势看，发达国家很可能陷入了长期不景气的增长困境，新兴市场将日益感受到这种风险带来的冲击。

其次，新兴市场同时面临滞胀与资产泡沫风险。发达国家为刺激经济，开始不惜代价，维持长期接近于零的低利率政策，并辅以数轮量化宽松举措。这些政策的外溢效果正在对新兴市场产生通胀和资产泡沫压力。未来，如果新兴市场国家经济增长率低于5%、通胀率高于5%、房地产价格居高不下，这种局面将对其宏观政策带来巨大挑战。由于新兴市场国家年轻人就业需求、贫困人口基本生存需求压力较大，这种风险的恶化将会进一步演化为各种社会危机。

再次是资本流动风险。尽管新兴市场官方资本大规模流向发达国家，但因技术差距、资源禀赋、增长率差异等原因，新兴市场对国际私人资本的依赖度依然非常高。一旦国际资本意识到新兴市场高增长不能维系，高通胀正在损害新兴市场经济前景和社会稳定，势必会发生大规模的集体撤资。欧美银行业发生流动性危机也会引发资本撤出新兴市场、回流本国救急，导致新兴市场国家的货币和金融稳定面临巨大挑战。

最后是银行业危机风险。从历史资料看，新兴市场银行业在过去十多年中日益稳健，盈利和资本实力大幅提升。但是，在本次全球金融危机中，新兴市场巨大的资本流入和宽松的货币政策，推动国内信贷和流动性急剧扩张，产生了经济过热压力，积累了过度金融失衡，恶化了信贷质量。未来，如果全球经济增长疲软、资本流向逆转和融资成本大幅上升，新兴市场银行业资本充足率将会大幅下降并可能遭遇危机冲击。这种危机冲击可能既包括信用风险，也包括流动性风险，甚至还有其他风险的叠加。

危机的可能爆发点

在21世纪之前，新兴市场的金融危机爆发次数要多于发达国家，从拉美的债务危机到亚洲金融危机，都给新兴市场留下了惨痛的教训。如果新兴市场再次发生危机，波及范围可能会更广，危机形式也会更加复杂。由于各国发展动态具有很大的不确定性，精确预测新兴市场危机具体爆发时间、爆发地点和爆发形式是很难的。但如果将新兴市场最新的经济金融数据梳理一下，以下几类国家值得高度关注。

其一，贸易依赖度高的新兴市场国家可能面临滞胀危机。一方面，发达国家经济衰退以及贸易保护主义抬头，将进一步对出口导向型的新兴市场国家经济增长造成巨大冲击。另一方面，全球大宗商品价格高位震荡，输入性通胀压力持续增加，部分新兴经济体陷入滞胀的风险加大。2011年第二季度，印度、俄罗斯、巴西、南非的经济增长率分别放缓至7.7%、3.4%、4.2%和1.3%，均创近期新低。与此同时，印度最新的通胀率已接近10%，越南7月的通胀率更高达22%。新兴市场还有许多国家处于经常账户赤字和财政赤字并存的"双赤字"状态。国际货币基金组织预测越南和印度两国2011年经常账户赤字占GDP的比重将分别为4.7%和2.2%。新兴市场国家"双赤字"的产生既是一个单个累积的过程，又是一个相互叠加的过程。以越南为例，"双赤字"引起越南国际收支长期失衡，官方外汇储备大幅减少，主权信用风险上升。持续的贸易逆差和不断恶化的通胀局势又导致越南盾贬值压力持续增加，政府不得不消耗大量外汇储备和财政开支用于维护汇率稳定，使越南陷入"双赤字"的恶性循环。

其二，外资依赖度高的新兴市场国家将面临资本外逃危机。危机冲击可能从贸易层面向资本层面渗透，新兴市场资本大规模流入流出的风险加剧。长期低利率环境导致机构投资者转向投资高风险资产的压力增大，2011年9月以来，新兴市场出现了大量资本从股票和债券基金流出的迹象。与此同时，欧洲银行业有大量资金在亚洲，国际清算银行数据显示，截至 2011 年 3 月，欧洲银行对亚洲（除日本外）的债权余额为 1.4 万亿美元，远高于美国银行业在亚洲 0.5 万亿美元的债权水平。一旦欧洲国家债务危机转化为银行业危机，资金急速流出亚洲新兴市场将成为必然之举。对于那些经常账户赤字而外汇储备又比较低的国家（如越南），资本净流出将引发严重的国际收支问题并造成金融市场剧烈动荡。

其三，金融监管和市场发展滞后的国家将面临货币与银行危机。随着欧洲债务危机愈演愈烈，美债和美元作为全球"无风险资产"的效应再次凸显，全球资金流入美债市场，包括美国国债及其他机构债券在内的美元资产大受追捧。美联储卖短买长的"扭转操作"，进一步加剧了欧洲和全球市场的"美元短缺"，其结果导致美元对欧元和一些新兴市场国家的货币持续升值，印度、巴西、俄罗斯等新兴市场国家货币一改以往持续升值的态势而转向大幅贬值。可以预见，随着国际金融市场对美元避险需求的增加，今后一段时间新兴市场国家货币贬值的压力还将持续增加，新兴市场国家货币和金融的稳定都将面临新的更大的挑战，不排除部分国家出现因货币危机引发的银行业倒闭风潮。

对策与出路

当前，新兴市场国家的宏观政策面临进退维谷的处境。在通胀持续高企和经济减速放缓并行的新挑战下，新兴市场国家中央银行货币政策调控的工具和空间日益减少，各国政策都面临遏制通胀与确保经济增长的两难困境。近期韩国、印度尼西亚、俄罗斯、墨西哥等新兴市场央行均宣布不加息，土耳其和巴西央行率先开启了降息的步伐，印度尼西亚和马来西亚也透露了未来降息的可能性，这些都是货币政策两难困境的体现。新兴市场国家经济增长和货币政策调整不可能与发达国家脱钩，未来新兴市场很有可能与发达国家一起共同采取宽松政策。

如果以购买力平价衡量，新兴市场目前的经济总量已经与发达国家不相上下，而且新兴市场目前仍然是拉动全球经济复苏的主动力。

新兴市场为了避免与发达国家同步衰退从而导致全球经济出现"大萧条",未来必须采取若干组合政策和监管措施,全力避免金融危机发生。首先,新兴市场国家应密切跟踪形势变化和发展趋势,充分研究发达国家应对危机措施可能产生的影响,适当提高本国宏观经济金融政策的灵活性,防止发达国家将金融危机严重后果向新兴市场国家转嫁。其次,应加快推进经济结构转型,摆脱过度依赖发达经济体的经济增长模式,降低经济增长的脆弱性。最后,应稳步推进金融改革,提高货币政策作为反周期工具的能力,降低大规模资本流动引发的金融风险,增强金融市场功能,提高金融机构防范和应对风险的能力。

我国货币政策应对
通货膨胀的有效性^①

——基于货币主义的视角

2009 年，受益于积极的财政政策和适度宽松的货币政策，我国经济克服经济危机不利影响，重新回到快速发展的轨道。伴随经济高速增长，2009 年下半年起，我国物价水平持续攀升，通货膨胀预期抬头，逐渐引起社会各阶层的广泛关注。为抑制经济过热与通货膨胀，2010 年开始，中央银行先后 5 次上调基准利率、12 次上调存款准备金率，但 CPI 涨幅持续上升的态势仍未扭转。截至 2011 年 6 月末，CPI 涨幅已达 6.4%，为 2008 年 7 月以来的最高水平。短短半年时间内，如此密集地使用货币政策手段控制货币供应量，却没有达到平抑物价的政策目标，现行的货币政策出了什么问题？要抑制通货膨胀又该采取怎样的政策措施？

货币主义视角下我国货币政策的主要逻辑

货币主义理论框架

20 世纪 70 年代，约翰逊、弗兰克尔等人从货币主义视角分析国际

---

① 此文发表于《银行家》2011 年第 12 期。

收支问题，开创了国际收支的货币分析体系。根据该理论，假定人们没有"货币幻觉"，且货币流通速度不随收入和利率而变化，在货币供需均衡的状态下，一国货币存量的变化取决于国内、国外两方面因素：一是国内信贷投放量变化（包括国内信贷及支持货币供给的国内资产两部分），二是受国际收支影响的外汇储备变化。即当一国信贷投放持续宽松，或当国际收支不平衡持续存在导致外汇储备持续增加时，价格水平会出现持续的上涨，进而形成通货膨胀。换言之，要抑制通货膨胀，货币当局不但要控制信贷投放，也要积极关注被动的国际收支失衡，如图1所示。

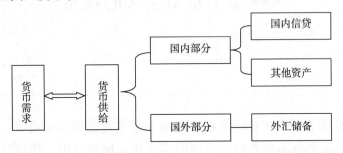

图1 国际收支的货币主义体系理论框架

国际收支失衡是我国基础货币增发的主要渠道

事实上，正如货币主义国际收支理论所述，国际收支失衡对货币供应和物价水平的影响在我国十分突出。进入21世纪以来，我国内外需结构长期不平衡，进出口贸易一直处于净出口状态。在维持多年的强制结售汇制度下（2008年以前），我国外汇储备快速增长，贸易顺差已成为国内基础货币增发的主渠道，在多数年份，新增外汇占款远远超过当年的新增基础货币额（见表1）。

表1　　　中国 GDP 结构及国际收支失衡下的货币超发

年份	消费增速（%）	投资增速（%）	净出口增速（%）	新增外汇占款（亿元人民币）	新增基础货币（亿元人民币）	CPI 增速（%）	新增外汇储备（亿美元）
2001	50.2	49.9	-0.1	3565	4254	0.7	466
2002	43.9	48.5	7.6	5367	5000	-0.8	742
2003	35.8	63.2	1.0	11624	8400	1.2	1168

续表

年份	消费增速 （%）	投资增速 （%）	净出口 增速（%）	新增外汇占款 （亿元人民币）	新增基础货币 （亿元人民币）	CPI增速 （%）	新增外汇储备 （亿美元）
2004	39.5	54.5	6.0	17746	8500	3.9	2066
2005	37.9	39.0	23.1	18618	6000	1.8	2090
2006	40.0	43.9	16.1	27769	15000	1.5	2474
2007	39.2	42.7	18.1	29397	25000	4.8	4619
2008	43.5	47.5	9.0	40054	25000	5.9	4178
2009	45.4	95.2	−40.6	24681	23000	−0.7	4531
2010	37.3	54.8	7.9	32683	35000	3.3	4481

资料来源：Wind 资讯。

2004 年开始，我国净出口高增速长导致外汇储备增速加快，新增外汇占款规模不断扩大，CPI 也保持正向增长且涨幅不断提升。尽管受严厉紧缩货币政策及美国次贷危机等因素影响，2008 年下半年国内物价开始出现下降，但在新增外汇占款 4 万亿元的推动下，当年 CPI 增速仍达到近十年最高的 5.9%。2009 年，全球经济危机导致我国外贸顺差骤降 40.6%，新增外汇占款较 2008 年下降 1.6 万亿元人民币，月度 CPI 增幅最低曾达到 −1.8%，全年 CPI 增速也因此保持在 −0.7% 的低位。危机过后，在欧美等国实施多轮宽松货币政策引发全球性通胀、我国实行扩大内需的经济刺激政策大背景下，国际收支持续不平衡，外汇储备持续上升引发的货币超发仍在很大程度上推动国内物价水平不断攀升，如图 2 所示。

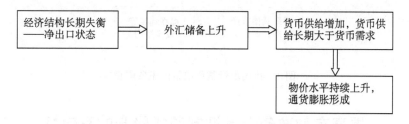

图 2　近年来我国通胀的形成过程

我国现行货币政策的主要逻辑

根据前述货币主义理论框架，国际收支失衡引发的物价上升，可通过降低外汇储备、紧缩银行信贷及支持信贷的其他资产两种方式加以控制。这正是近年来我国货币政策的主要逻辑与出发点所在。

在当前经济形势下，降低外汇储备可从调整经济和贸易结构、推进跨境贸易人民币结算、推动国内企业对外投资和改革结售汇制度等多个方面着手，但由于经济和贸易结构调整是一项长期的改革内容，其他几项改革措施涉及面极广，需稳步推进，短期内对解决国际收支失衡引致的货币超发问题作用有限。

因此，为尽快取得显著调控效果，中央银行不得不更多倚重紧缩信贷的货币政策。但在几项政策工具中，提高利率波及面广，市场反应大，对实体经济具有深层次影响，使用必须慎重，而发行央票，一方面对市场预期的干预作用过弱，另一方面利息支出成本大于外汇资产的利息收入，会增加货币政策成本。因此，短期内，中央银行将更多通过提高存款准备金率收紧商业银行信贷，达到紧缩信贷的政策目标，如图3所示。

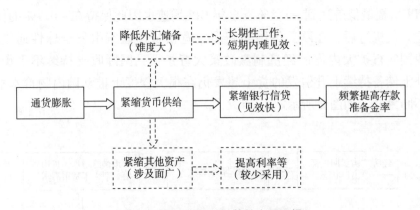

图3 我国现行货币政策的主要逻辑

提高存款准备金率抑制通货膨胀的有效性

如前所述，以提高存款准备金率为主要手段的信贷紧缩措施成为目前我国回收货币供应量，进而抑制通货膨胀的主要"武器"，但此货币政策工具的有效性值得探讨。

提高存款准备金率政策效力的测算

为验证存款准备金率上调的政策效果，本文借助国内相关研究的计算方法，对 2011 年我国存款准备金率上调空间进行测算，发现即使在不考虑外汇占款影响因素情况下，单纯提高存款准备金率将难以达到理想的货币政策效果。

具体测算过程为：第一，假设 2011 年货币传导机制保持稳定，货币乘数效应与往年相当。则根据中央银行公布的历史数据，2007—2010 年年末货币乘数分别为 3.97、3.68、4.11 和 3.92，2011 年 3 月底的货币乘数为 3.94，因此粗略假设 2011 年货币乘数为 4。第二，假设中央银行公开市场操作、利率、窗口指导等除存款准备金率以外的调控手段，及 2011 年外汇占款对货币发行量的综合影响与往年相当。假设库存现金短期内保持稳定，根据 2005—2010 年中国人民银行的 M_0（流通现金）数据测算，货币发行量（流通中现金和库存现金）每年增长约 0.4 万亿元，则可假设 2011 年年内的货币发行量为 0.4 万亿元。第三，根据中国人民银行 2011 年 1 月 30 日发布的《2010 年第四季度中国货币政策执行报告》，假设 2011 年广义货币供应量（M_2）同比增速控制目标为 16%。第四，假设商业银行用于满足日常需求的库存现金比例保持稳定，根据四大行（工、农、中、建）2009—2010 年年报库存现金比例，可假设商业银行库存现金占金融机构在货币当局存款比例为 2.85%。

具体测算结果为：基于上述假设条件及中国人民银行 2010 年末公开数据，存款准备金率和货币供应量之间的关系可作如下计算：首先，按货币投放增速 16% 测算，2011 年末货币供应量（M_2）约为 84.2 万亿元；其次，将 2010 年末金融机构在货币当局存款（13.67 万亿元）、M_0（4.46 万亿元）及年初库存现金估算数据加总后，可得 2010 年末基础货币量约为 18.52 万亿元（年初库存现金量根据前述 2.85% 的库存现金占比倒推得出）；再次，结合货币乘数及年初基础货币量可算出当年基础货币增量为 2.53 万亿元，剔除货币发行量 0.4 万亿元后，2011 年存款准备金（即金融机构在货币当局存款）增量约为 2.13 万亿元，加入年初数据后，年末存款准备金约为 15.8 万亿元；最后，年末商业银行各项存款（"$M_2 - M_0$"）剔除存款准备金后，得到年末商业银行一般性存款 63.54 万亿元，用年末存款准备金除以商业银行一般性存款可得到 24.86% 的存款准备金率。

测算结果表明，若不考虑外汇占款的大幅变动，且中央银行采用公开市场操作、利率、窗口指导等除存款准备金率以外的调控手段力度与往年大致相当，仅单一加大存款准备金率调整力度，则存款准备金率只有达到或超过 24.86% 时，才能实现 2011 年广义货币同比增长率不超过 16% 的货币控制目标。这意味着，按目前 0.5% 的存款准备金率上调幅度，2011 年内我国存款准备金率应至少上调九次，才可能实现既定的货币政策目标，单次上调存款准备金率对吸收流动性的作用较为有限。

上调存款准备金率有效性降低的原因

除通过上述基于比较理想的假设条件测算得出的存款准备金率上调空间较大，进而得出货币政策有效性较弱的分析以外，在现阶段，上调存款准备金吸纳流动性的低效还可以从货币分析理论的观点加以印证。

第一，存款准备金率上调的货币净回收效应有限。以贸易顺差为主体的外汇占款是当前我国货币超发的主渠道，新增外汇占款的持续增加影响了存款准备金率上调作为货币政策的独立性。截至 2011 年 5 月，中央银行先后五次上调存款准备金率，冻结银行体系资金约 1.9 万亿元，而 1~5 月新增外汇占款累计增加 1.8 万亿元，占银行冻结资金的 95%，上调的存款准备金基本相当于被新增外汇占款对冲，其发挥货币乘数效应回笼商业银行信贷投放资金的基础功能受到削弱，更谈不上吸收上年的存量货币供应量。尽管中央银行也会采取发行央票或公开市场操作抑制外汇占款增长，但考虑到央票的期限较短，锁定流动性的时效性有限。从结果上看，上调存款准备金率几乎没有形成货币的净回收效应，因而控制通胀的效果不明显，如表 2 所示。

表2　　　　　　　存款准备金率变动与新增外汇占款对冲效果

变动日期	上调幅度 （%）	A 冻结资金 （亿元人民币）	B 当月新增外汇占款 （亿元人民币）	对冲效果 （B/A）（%）
2011 年 1 月 20 日	0.5	3638.27	5016.48	137.88
2011 年 2 月 24 日	0.5	3705.23	2145.23	57.90
2011 年 3 月 25 日	0.5	3841.85	4079.11	106.18
2011 年 4 月 21 日	0.5	3858.66	3107.18	80.52
2011 年 5 月 18 日	0.5	3914.19	3764.14	96.17
1～5 月合计	2.5	18958.2	18112.14	95.54

资料来源：Wind 资讯。

　　第二，上调存款准备金率难以控制非存款性金融机构信贷扩张。货币主义理论体系中的国内信贷包括银行信贷和支持货币供给的国内资产两部分，上调存款准备金率只能作用于存款性金融机构，无法有效控制银行体系以外的融资与货币供应。事实上，在利率市场化程度不高的情况下，存款准备金率、利率、公开市场操作、窗口指导等传统的货币政策对非银行融资"鞭长莫及"。可以预计，随着银行信贷渠道的收紧，越来越多的企业将不得不转向银行系统外获取资金，通过控制银行货币发行渠道的紧缩政策的有效性会越来越低，主要体现在如下两个方面。

　　一是大型企业直接融资增加。在银行体系资金日趋紧张情况下，一些有实力的大中型企业纷纷通过直接融资扩大资金来源。中央银行2011 年 7 月发布的"社会融资规模"数据显示，2011 年上半年社会融资规模为 7.76 万亿元，其中，人民币贷款增加 4.17 万亿元，同比少增加 4497 亿元，占比降至 53.7%，较上年同期下降 3.2 个百分点；企业债券发行规模占比为 8.5%，较上年同期增长 0.5 个百分点；企业各类股权融资占比达 3.4%，较上年同期上升 0.5 个百分点，企业直接融资占比逐步提高。在企业资金来源渠道日渐丰富情况下，调整存款准备金率对整体经济运行中货币增长的影响大打折扣。

　　二是中小企业积极参与民间借贷。除"社会融资规模"统计的正规金融活动外，民间借贷规模也在迅速扩张。既缺乏有效担保获得银行信贷支持，又没有实力在直接融资市场举债的中小企业成为民间借贷的主要服务对象。"根据'民间'估计,江浙一带的民间资金在8000 亿~10000 亿元。除江浙地区以外,其他地区至少有2000 家以自有资本开展信贷活动的小额信贷金融公司"(左小蕾,《社会融资总量管理别漏了民间融资》,载2011 年4 月27 日《上海证券报》)。假设每家小额信贷金融公司的资本金为1 亿元,那么江浙以外地区民间资金也有数千亿元之巨。因此保守估计,全国民间资本应在1 万亿元以上。民间资本较银行体系资本逐利性更强,其活跃的借贷行为源源不断地进行着银行体系外的货币创造,上调存款准备金率对此类货币供应更是无能为力。

非货币因素阻碍通胀调控效果

货币供应增多是引发通货膨胀的重要原因,但货币供应之外的结构性与周期性问题也是物价水平攀高的重要推手。美国实施量化宽松货币政策导致以美元计价的原材料价格上涨,趋利热钱的不断流入进一步推高了输入性通货膨胀水平;以不合理的公路超期收费、商店及超市昂贵的入场费为代表的物流成本上升,抬高了商品流通的中间环节成本,进一步拉高了物价水平;以生猪周期性减产为代表的季节性、周期性因素也在左右商品价格的走势。仅仅提高存款准备金率,而不配套采取财政或行政手段调控物价内在形成机制,显然无法取得治标又治本的效果。

综上所述,由于外汇占款对冲、直接融资与民间借贷渠道扩大、物价的自主性与输入性增长,在现阶段,以调整存款准备金率为主的货币政策,难以有效实现控制国内信贷和抑制通货膨胀的政策目标。

上调存款准备金率对商业银行的影响

商业银行作为货币政策传导的"中枢"和间接融资的主要载体,在我国现行以间接融资为主的金融体系中居于核心地位。根据2011 年第一季度中央银行"社会融资规模"统计数字,超过85%的社会融资规模是通过商业银行间接融资创造的。商业银行对实体经济的稳健运行与持续增长发挥着极为重要的作用。

通过收紧银行体系信贷资金回收市场流动性是上调存款准备金率

的最主要目标。然而，根据前述测算结果，如保持其他货币政策相对稳定，且市场环境没有显著变化，2011 年内应连续九次上调存款准备金率至 24.86%，才能实现调控目标。值得注意的是，虽然逐次上调存款准备金率的货币政策效果不明显，但对商业银行的影响却可谓立竿见影。

2011 年上半年，中央银行逐月上调存款准备金率，平均每次冻结银行体系资金近 3700 亿元，约占全部金融机构月均存款新增额的 36%，使原本就不宽松的商业银行流动性面临更大的压力。最近一次的 6 月 20 日存款准备金率上调后，6 月 22 日，7 天期 Shibor（上海银行间同业拆放利率）高达 8.835%，而银行间市场 7 天期质押式回购利率一度触及 9.5%，创三年半以来的新高。以往资金相对充足的中国工商银行、中国建设银行等国有大型银行也在同业拆借市场上频频出手，银行间市场资金的紧缺程度可见一斑。此外，在监管层面，自 2011 年 6 月 1 日起，银监会已对商业银行进行日均贷存比考核，进一步限制了商业银行资金配置的灵活度。在这种市场环境下，存款准备金率上调确实给商业银行经营管理带来了较大困难。

正是由于商业银行在金融体系乃至实体经济中发挥着核心作用，存款准备金率上调在影响商业银行的同时也不可避免地影响着实体经济的运行。

首先，流动性稀缺影响了商业银行的信贷资金投放水平与信贷结构调整。一方面，存款准备金率持续提升精准有力地回收了银行系统的可贷资金，紧紧禁锢住了商业银行的流动性"闸门"，在流动性收紧和贷存比考核的双重压力下，各家商业银行纷纷采取"以存定贷"的贷款投放原则，信贷投放受到显著抑制，中小银行尤为明显。为满足企业旺盛的资金需求，银行转而通过发行贷款类信托理财产品向企业提供资金支持。近几年来，理财产品发行规模同信贷调控紧缩程度呈明显正相关关系，这种"变通方式"在一定程度上弱化了货币政策调控效果。另一方面，2009 年金融危机后，商业银行信贷投向逐步向中长期贷款倾斜，同时，存款的活期化趋势也日渐明晰，资产负债期限结构的错配问题在当前流动性紧张的市场环境下显得更加突出，迫使商业银行调整信贷结构，加大短期贷款配置比例，提高信贷资产的周转效率（见表3）。

表3   2010 年下半年四大行贷款期限结构变化（％）

银行名称	短期贷款占比			中长期贷款占比		
	6 月 30 日	12 月 31 日	变动	6 月 30 日	12 月 31 日	变动
工商银行	27.61	28.7	1.09	72.39	71.3	−1.09
农业银行	41.05	40.47	−0.58	58.95	59.53	0.58
中国银行	28.81	30.84	2.03	71.19	69.16	−2.03
建设银行	28.38	29.13	0.75	71.62	70.87	−0.75

资料来源：各银行年报。

目前，商业银行放宽提前还贷条件的现象日渐普遍，与此不无关系。当银根继续收紧，或居民获得新的投资机会，或贷款风险加大产生不良贷款时，期限错配使银行面临流动性风险，将可能导致银行亏损、破产等严重后果。最后，流动性紧缺使信贷资源成为商业银行营销的主要筹码，顺理成章地被优先运用于与核心客户、综合贡献度高的大型客户的合作中。相应地，商业银行对中小企业信贷投放的比重受到影响。

其次，存款价格战抑制了商业银行收益水平的提升。在现阶段，存贷利差仍是我国商业银行的主要收入来源。理论上，存款准备金率上调使商业银行将原本用于高收益信贷投放的资金转化为低收益的存放中央银行存款，会在一定程度上恶化商业银行的净息差水平。

从现实情况来看，在当前较高的法定存款准备金率和存贷比的刚性约束下，商业银行要扩张信贷，必须大量吸收存款。在清晰且严厉的存款考核导向下，高成本争揽银行同业及金融机构存款、大量发行高收益理财产品、打政策"擦边球"争揽贴息存款已成为商业银行存款大战的主要方式。以理财产品为例，据不完全统计，2011 年第一季度我国商业银行各类理财产品销售余额达 1.9 万亿元，利率报价从 5%～7% 不等，收益率平均高于同期限存款利率 2.25 个百分点，多数高收益理财产品一面世就被抢购一空。尽管商业银行不断提高贷款定价水平，但存款价格战显著抬高了商业银行的付息成本，给商业银行净息差和利润率带来较大不利影响。

最后，市场资金紧缺恶化了商业银行的经营环境。从商业银行自身来看，信贷资金收紧可能导致银行现有客户资金链紧张或信贷项目后续资金短缺，提高了存量客户的信用风险，这会影响商业银行自身的资产质量，进而影响对实体经济货币供给的稳定性。

从宏观层面来看，货币政策对银行信贷渠道的限制催生了直接融资的快速发展与民间借贷的非理性繁荣。一方面，大企业频繁的直接融资加剧了证券市场资金紧张，不利于股票市场与债券市场的发展；另一方面，中小企业民间借贷增加进一步推高了借贷成本（融资利率高达30%或更高），加之银行信贷的大企业偏好，中小企业的经营负担和破产风险加剧。由于中小企业占全部企业总数的99.8%，创造了近60%的经济总量和近50%的财政税收，提供了近80%的城镇就业岗位，中小企业如大面积破产将严重降低实体经济的活力。

更为严重的是，由于民间借贷利率远超过近年来房地产市场或股票市场的平均收益率，不断吸引更多的新资金加入到民间借贷的行列，其有望成为继股票市场和房地产市场后的又一个投机领域。如商业银行信贷监控缺位，将有可能造成银行信贷资金通过中小企业或小额信贷公司流入民间借贷市场，这将大大增加银行系统乃至整个实体经济的运行风险。

结论与政策建议

在货币主义的国际收支框架下，货币供应量的减少有赖于外汇储备和国内信贷的双重作用，单纯调整存款准备金率无法有效解决物价上涨问题，反而会给商业银行经营造成较大压力，进而给整个实体经济带来负面影响。基于上述结论，本文提出如下政策建议。

第一，建立更为合理的外汇核销和外汇储备运用长效机制。要从减少外汇储备存量和控制外汇占款规模入手，从根本上控制住货币超发的源头和渠道。一是调整我国目前的出口导向发展策略，适当限制资源类、高污染行业出口，降低对低附加值产品出口退税激励，鼓励大型设备、高新技术设施等进口，对各地招商引资设置门槛，避免外资过度流入。二是不断改革现行的外汇结售汇制度，鼓励企业与个人的外汇留存，深入推进企业出口收入存放境外政策，减少外汇占款的被动增加。三是不断拓宽外汇储备运用渠道，通过设立专项基金或贷款，支持"走出去"企业有效运用外汇储备进行对外投资或购买原材料和大宗商品等，丰富外汇储备资产配置模式。四是推进人民币国际化，继续出台便利企业使用人民币进行贸易和投资的政策，大力发展离岸人民币市场，鼓励离岸人民币产品创新，提高境外对人民币的接受程度。

第二，注重货币政策与财政政策、行政手段的配套组合。合理地运用货币政策、财政政策、行政法规"组合拳"，有效降低物价水平。一是减少存款准备金率调整、公开市场操作等货币数量调控措施的使用频率，主动通过加息手段，特别是仅调整存款利率的单向加息等货币价格调控手段，抑制通货膨胀。二是适当运用税收杠杆调节财政政策：一方面，有导向性地选择一些行业适度降低出口退税力度，下调进口关税；另一方面，适度降低食品等生活必需品生产、销售的税收压力，缓解物价紧张态势。三是下大力气理顺国内商品流通环节：一方面，严厉打击物流渠道中的乱收费现象；另一方面，建立高效、稳定的现代化物流环境，减少商品物流成本。四是做好牲畜、粮油等生活必需品生产周期的研究与规划，在存量下行周期加大国家储备的市场投放，降低生产周期对商品稀缺性的推动效应。

第三，加强非银行融资体系监管。商业银行监管在我国早已形成相对完整的体系与成熟的运行机制，但对非银行融资体系的监管仍存在不同程度的缺位，不利于货币市场的健康发展。政府应高度关注企业直接融资渠道与民间借贷市场的发展与变化：一是不断完善证券市场、债券市场，打造健康、高效、风险防范措施完备的直接融资平台。二是出台具体措施规范民间借贷市场，引导民间借贷资金形成相对稳定、合理的价格形成机制。三是建立银行机构、非银行机构与民间渠道资金流动与监测体系，严格防范银行信贷资金被转用于民间高息贷款。

第四，提高商业银行经营管理水平。作为整个金融体系的核心，商业银行自身要坚持科学发展，在练好"内功"，减轻政策变化对自身经营管理冲击的同时，积极履行社会责任，促进实体经济稳健发展。一是通过产品创新与业务结构调整，加大中间业务发展力度，寻找新的收入增长点，减少对通过存贷利差推动业务发展的传统模式的依赖。二是主动调整信贷资产结构，加大对中小企业信贷投放的倾斜力度，如通过议价能力提升带动收益水平的上涨与积极扶持中小企业做大做强，为经济发展提供新鲜血液与活力。三是持续加强对客户信用风险的控制与管理，确保资产质量不断提升，同时做好信贷资金流向监控，未雨绸缪，防范银行体系的系统性风险，确保实体经济平稳、健康发展。

中国影子银行的特点、风险与治理策略[①]

金融危机以来，影子银行成为备受关注的金融热点问题。鉴于金融市场环境及发展阶段的差异，对国内外影子银行不宜进行简单比较。中国以间接融资为主，银行机构在金融体系中扮演着重要角色，在影子银行体系中也随处可见银行的影子。影子银行快速发展蕴含风险，针对有中国特色的影子银行现象，我们要把握本质、辨证施治、对症下药。

中国式影子银行的基本特点

一般认为，影子银行指在银行体系以外从事信用中介的机构和行为，其特征表现在期限/流动性转换、有缺陷的信用风险转移和杠杆化，潜在的危害在于可能引发系统性风险或监管套利。

中外影子银行在功能及业务特征上虽有一些共同之处，但也应看到，由于金融体系结构、金融监管方式及金融市场发展阶段均有所不同，中西方影子银行业务在机构实体、活动类型和表现形式等方面具有较大差异，二者有神似更形异。

（一）国外的影子银行是"平行银行体系"

影子银行始于美国，是一套与银行存贷款业务平行的信用中介体系，涵盖了投资银行、对冲基金、私募股权基金、结构性投资载体、

---

① 此文发表于《金融时报》2013 年 8 月 27 日。

保险公司、货币市场基金等非银行金融机构。这套体系以金融市场为基础，以资产证券化为主要内容，资金来源主要依赖货币市场，投资资产主要是证券化资产，而资产管理的主体则是各种类型的基金。

（二）中国的影子银行是"银行的影子体系"

目前国内对影子银行业务的界定标准存在一定分歧，综合来看，大致可分为三个层面：一是银行直接参与的表外业务，包括银行理财产品、委托贷款。二是非银行类机构的融资活动，包括信托公司、小贷公司、担保公司、融资租赁公司和典当行等。三是民间借贷。

在业务模式上，影子银行利用高回报吸引企业和居民的资金，以债券、票据、信贷资产、股票、各类收益权等作为投资标的，由中介机构进行简单的包装，最终使资金流向使用方，形成对商业银行信用中介功能的替代。

在中国的影子银行体系中，银行仍然是核心，整个体系的资金来源和信用支撑主要靠银行，因此可以认为是"银行的影子体系"。

（三）银行介入影子银行体系的四个渠道

具体来讲，银行主要通过四个渠道融入影子银行体系，从而形成了影子银行与传统商业银行相互影响、相互依存的局面。一是机构介入。国内大中型银行基本上设立了证券、保险、信托、租赁等子公司，这些附属机构介入了影子银行业务。影子银行业务快速增长，银行系机构扮演着重要的角色。二是资金介入。银行通过对租赁公司、小贷公司等机构提供授信资金支持，把自己的资金带入了影子银行体系。部分大企业开展的委托贷款，其资金也来源于银行。三是客户介入。银行把自己的储蓄客户发展为理财客户，并通过影子银行渠道满足原有公司客户的融资需求，把自己的客户带入影子银行体系。四是信用介入。银行在开展表外理财，代销信托计划，代销券商理财产品时，客观上搭进了自身的信誉，把自己的品牌和信用带入了影子银行体系。

关注中国影子银行的潜在风险

总体而言，与欧美相比，国内银行影子系统的总量不大，按宽口径计算约为 25 万亿元，与国内生产总值之比为 50%，远远低于欧美国家的水平。从运作方式看，国内的"银行影子系统"在业务构成、运作机理等方面与美国的"平行银行系统"也不相同，目前影子银行业务较少借助金融衍生工具进行信用创造，本质上是在融资需求驱动下对商业银行信贷的部分替代，大部分投入了实体经济。

中国式影子银行结构相对简单，总量也不算大，总体风险可控。但是，影子银行快速发展背后的潜在问题也应当高度重视，具体表现为"三个风险"和"一个不足"。

（一）流动性风险

由于期限不匹配较为普遍、现金流稳定性较差、资金投向监控较弱，影子银行业务流动性风险很高。例如理财产品，通常发售产品平均期限在3~4个月，1年以上占比很小，而资金投向期限一般为1~2年以上。在项目资金流滚动筹集的过程中，往往需要筹集更高成本、更大金额的后续资金归还到期融资和利息。最近货币市场出现一些流动性紧张问题，短期利率大幅波动，既有客观因素，同时也暴露出管理上的缺陷，给影子银行业务的流动性管理敲响了警钟。

（二）信用风险

一些实体项目不符合国家产业政策和宏观调控政策，从传统银行难以获得贷款，用高回报方式从影子银行系统融资，将资金投向产能过剩或者低水平重复建设项目，既不利于宏观调控和经济结构调整，又可能带来信用风险。据国家审计机构报告，一些地方通过信托、BT（建设—移交）和违规集资等方式变相融资现象突出，这些融资成本普遍高于同期银行贷款利率，蕴含新的风险隐患。目前，国内已经出现个别信托及理财项目违约的情况，不仅承诺的高回报无法兑现，本金也要打折，风险苗头已经出现。

（三）传染性风险

由于隐秘性强、结构相对复杂、与传统银行的关联度较高，影子银行风险具有较大的传染性。尤其是在当前流动性总体偏紧的情况下，影子银行业务可能出现资金链条断裂的情况，从而将金融市场的流动性风险演化为实体经济的信用风险，对整个金融系统造成更加复杂、严重的威胁。以温州为例，在民间借贷问题集中爆发后，温州银行业不良贷款率由2011年6月的0.37%猛增到2012年12月末的1.36%，增长了近3倍。

（四）风险防范和保护机制不足

影子银行业务透明度差，目前国内还没有一个对影子银行业务种类及规模的权威统计，难以做到事先预警。虽然信托和理财业务都在表外，但考虑事实上的隐性担保，普遍都会"刚性兑付"，而相应的机构对此类业务并没有安排足够的准备金和资本，一旦事后补救不力，容易导致风险扩散。

虽然影子银行的上述风险因素尚未集中触发，但对当前出现的风险苗头须高度重视。未来，随着外部市场环境变化、国内经济增长速度放缓，企业因经营困难、再融资不畅而出现违约的可能性增加，或将波及金融机构，进而影响金融系统的稳定。

厘清中国影子银行的治理思路和对策

（一）总体思路

对影子银行业务要辩证分析。它既是规避金融管制的结果，在某种程度上绕开了利率上限、信贷规模和信贷政策的管制，形成了潜在的风险隐患；同时它又是金融创新的产物，在促进金融市场化方面发挥着独特的作用。因此，对有中国特色的影子银行现象不应当"一刀切"，而是要在促进金融创新与规范市场秩序之间取得平衡，以达到趋利避害的目的。

总体思路是要分类处理，疏堵结合，在发展中进行规范。对于包括银行理财产品、委托贷款等银行直接参与的表外业务，应建立监测及信息披露机制，及时全面掌握有关数据，有效评估系统性、区域性金融风险；对非银行类机构的融资活动，应加强监管制度体系建设，完善风险防范机制，增设流动性备付和损失准备基金；对民间借贷行为应进行规范和疏导，在建立健全相关法规、制度的基础上，逐步纳入监管体系。

（二）具体策略

在具体策略上，短期措施是要加强金融机构的自律和监管部门的规范和引导，长期举措是要进一步深化金融改革，构建差异化、多层次的金融体系。

1. 银行要建立防火墙，注意隔离风险。银行在影子银行体系中扮演着重要的角色，要充分认识并全面评估参与影子银行活动的各种风险，在银行与附属机构之间建立防火墙，严格进行风险隔离，防止风险传染；规范表内外理财产品，要与信贷业务分离，单独建账管理，提高业务的透明度，做到账目清楚，风险可控；对代销业务，要清楚界定各方责任，并向客户充分提示风险。

2. 非银行机构要增强风险防范的意识和能力。非银行金融机构要加强行业自律，居安思危，在业务发展与风险控制上取得平衡。要对高风险的客户进行严格的信用风险审查，控制融资总量；主动控制杠杆倍数，提足拨备，增强吸收损失和防范风险的能力。针对期限结构普遍严重错配的情况，要提高流动性风险管理的意识和能力。

3. 逐步完善监管制度，规范业务发展。首先是摸清底数，探索建立新的金融市场信息披露制度，如对理财业务建立登记公示制度，以简洁易懂的形式让投资者充分了解相关信息。其次是规范发展，将影子银行体系纳入监管，合理控制融资渠道和比例，限制杠杆率，及时纠正违规经营行为。最后是加强监测预警，做好应对风险发生的方案准备，及时消除风险苗头，防止小事件演变成大风险。同时，密切监测影子银行的发展变化，适时调整完善监管政策。

4. 深化金融市场改革，给业务创新提供一个良好的环境。从根本上讲，具有中国特色的影子银行体系的产生及发展，与国内利率管制及金融市场不发达的情况密切相关。要从根本上化解影子银行风险，就要进一步深化金融体制改革，加快发展多层次资本市场，提高直接融资比例，优化社会融资结构；稳步推进金融市场化改革，如允许商业银行开展资产证券化、发行大额存单等，培育不同类型、不同层次的金融市场产品，健全支持实体经济发展的现代金融体系。

第二篇

创新服务支持
小微企业

积极创新中小企业金融服务[①]

后国际金融危机时期，世界经济在缓慢复苏中寻求新的平衡，国内正加快推进经济结构调整，全球金融业监管思路发生深刻变革。经营环境的这一系列变化，推动中国银行业进入一个转型时期。对于大型商业银行来说，将中小企业金融作为自身业务转型和经营创新的重要领域，开创大型银行服务中小企业的新模式，将是加快转变经济发展方式的一个努力方向和有效途径。

中小企业金融是大型商业银行业务转型的重要内容

国内金融市场的成长趋势要求商业银行必须对客户结构作出战略调整。"十一五"时期，我国境内股票市场筹资 2.8 万亿元，债券市场托管量增加 12.9 万亿元，直接融资渠道迅猛发展。2010 年，国内企业类机构向金融系统融资 11.11 万亿元，其中贷款 8.36 万亿元，占比75.2%，较 2009 年下降了 6 个百分点；企业债和股票融资 1.78 万亿元，占比 16%，较 2009 年上升了 3.5 个百分点。直接融资市场对大型企业的融资功能日益凸显，不断压缩商业银行的市场空间。同时，随着利率市场化改革的稳步推进，大型企业客户的融资议价能力愈发增强。目前，债券市场利率（包括国债、金融债、企业债等）已实现市场化，货币市场利率（包括同业拆借市场、银行间债券市场、贴现市场等）也已基本实现市场化，外币利率市场化基本到位，贷款利率的

---

① 此文发表于《经济日报》2011 年 4 月 18 日。

上浮限制已取消。

从发达国家的经验看，利率市场化之后，银行存款利率将整体上浮，而对于大企业的贷款利率下浮比例将显著扩大，存贷利差将趋于缩小。因此，银行传统上依靠"大客户"、"大项目"的盈利模式将不可持续，必须加快调整和转变，扩大业务范围，寻求差异化竞争策略。

国内金融市场的格局迫切要求中小企业金融服务解决供给与需求矛盾。中小企业具有庞大而旺盛的金融需求。按现行中小企业划分标准测算，目前我国中小企业达到 1023 万户，超过企业总户数的 99%，创造的最终产品和服务价值相当于国内生产总值的 60% 左右，缴税额为国家税收总额的 50% 左右。中小企业群体整体上仍面临金融服务资源匮乏的局面，银行贷款依然是中小企业最为主要的融资渠道。截至 2010 年末，我国中小企业贷款余额 17.7 万亿元，占同期企业类贷款余额的 46%。中小企业通过债务融资工具累计募集资金 64.77 亿元，占企业发行债券总量的比重小于 1%。根据世界商业环境调查的数据，我国中小企业融资处于"较大困难"状态的企业占比较高，这意味着我国中小企业金融具有十分广阔的发展空间，是国有大型商业银行大有可为的业务领域。

国际先进银行的发展轨迹充分证明中小企业金融服务是金融深化阶段银行价值创造的重要来源。从发达国家金融发展历程来看，银行盈利模式和业务结构逐渐发生重大变化，变化主要来自业务结构和客户结构的调整，一方面针对大企业提供贷款之外的多元化服务，另一方面着力拓展中小企业客户，将中小企业客户作为利差收益的重要来源。根据波士顿咨询公司对全球银行业务的研究，全球银行中小企业客户群的平均税前经济资本回报率为 54%，而规模较大的企业客户群仅是这一数字的一半。同时，发达国家商业银行的成功实践显示，中小企业金融是分散经营风险、实现稳健成长的重要手段。在国际金融危机当中，美国有数百家金融机构破产倒闭，花旗银行、美国银行等大型金融机构也遭受重创，但富国银行却经受住了国际金融危机的冲击，并得以发展壮大，市值超过美国银行和花旗银行，跃居美国第二位。其成功的重要原因之一，就在于它是美国最大的小企业贷款银行，其议价能力显著高于花旗银行和美国银行，而且由于小企业客户非常分散，有效规避了集中性风险，从而成功抵御了此次危机。此外，国际金融危机以后出台的巴塞尔协议 III 对大型银行的监管要求更加严格，过度依赖贷款快速增长的简单、粗放、外延式的发展模式已经不可持续，商业银行必须回归稳健经营本源，走内涵式集约化发展道路，加快推进自身的业务转型，从注重服务大型企业转变为大中小企业兼顾的发展模式。

大型商业银行在创新中增强服务中小企业能力

不断创新服务理念以满足中小企业多样化的金融需求。根据企业金融成长周期理论，伴随着企业成长而发生的信息约束条件、企业规模和资金需求的变化，将深刻影响着企业融资结构变化。在企业创立初期，由于资产规模小、缺乏业务记录和财务审计，外源融资的获得性很低，主要依赖内源融资（留存收益与业主追加投资）；当企业进入成长阶段，规模扩大，资金需求猛增，可用于抵押的资产增加，信息透明度有所提高，开始更多地依赖金融中介的外源融资，银行贷款显著增加；在进入稳定增长的成熟阶段后，企业的业务记录和财务制度趋于公开化，主要通过债券市场和资本市场等外部渠道进行融资。中小企业融资需求复杂多样且变化频繁的特点，要求商业银行在服务理念上不断创新，为其提供私募、债券、贷款、上市等全方位金融服务。

不断创新管理方式以适应中小企业独特的行为模式。中小企业融资期限短、发生频率高、需求急迫，需要银行建立一种从上至下的专业化运作和垂直化的业务管理体系，实现中小企业服务的专业性、独立性。中小企业融资单笔金额小、单位经营成本高，需要银行突破固有的服务大企业的管理模式，通过集中式、规模化的批量客户拓展摊薄业务成本，发挥规模经济效应。中小企业是一个庞大的客户群体，地域和行业分布都比较分散，传统上层层审批的业务流程很难适应中小企业的需求，需要银行再造业务流程，形成流水线、工厂化运作体系，并辅以 IT 系统简化手工环节，提高运行效率。

不断创新信贷技术以防范中小企业独特的风险特征。首先，中小企业经营规模小，资本实力弱，抵御市场风险的能力也相对较弱。其次，中小企业内部管理不规范，对外信息披露不完整，银企之间信息不对称。再次，很多中小企业都不能提供有效的抵押物，同时又缺乏信用中介的支持。所有这些，都将导致中小企业具有较高的信用风险，而银行采取传统的风险管理模式开展中小企业金融业务，容易出现"药不对症"的现象。因此，根据中小企业的风险特征，商业银行必须加快风险管理机制创新，创新风险管理技术，改造传统的信贷管理模式。

实践证明，银行单一方面的改革或者推出某个产品，无法从根本上解决中小企业融资难题，必须从根本上改革传统服务模式，建立长效机制，寻求综合解决方案。通过在组织架构、业务流程、金融技术、运行机制等方面进行整体创新，才能将"高成本、高风险"业务转变为"成本可控、风险可控"的业务，并为中小企业提供高效、便捷、全面的金融服务。

积极探索大型商业银行服务中小企业的有效形式

近期以来，作为国有大型商业银行的中国银行主动适应内外部经营环境的变化，提出坚持以科学发展为主题、以加快转变发展方式为主线，大力推进创新发展、转型发展和跨境发展，将强化中小企业业务纳入全行战略规划，积极履行社会责任，在提高风险防范能力和客户关系管理能力的前提下，加快拓展中小企业客户，实现从大客户为主到大中小客户并重的业务转型。2011年，中国银行将继续调整贷款结构，扩大对中小企业尤其是小企业的贷款比重，构建大中小型客户平衡发展的客户结构。

中国银行于2007年起推出了适合中小企业融资特点的"中银信贷工厂"模式。该模式具有以下主要特点：一是没有走简单放权到基层行的老路，坚持统一经营，集约管理。二是实现"机构专营"，突破了传统的"部门银行"设置，将原来分散在各个部门的职能集中于一个独立的机构，实现业务运作的专业化。三是打造"流程银行"，借鉴"工厂化"运作模式，制定标准化操作规范，重塑信贷流程和管理体制，提高服务效率与水平。

与传统公司业务服务模式相比，信贷工厂服务模式按照"流程化"、"批量化"和"工厂化"的理念，根据中小企业客户的行为特征，在六个主要方面进行了创新。一是客户评判标准的转变，以往单纯强调企业规模和财务指标，而新模式运用财务模型并考察企业非财务信息后综合决策，强调收益覆盖风险和经营成本的原则。二是营销管理的转变，新模式改变传统的单户、点式营销方式，先行市场调查，确定目标客户名单，进行名单营销，批量拓展客户。三是审批机制的转变，由传统"三位一体"决策机制转变为双人专职审批，将信贷提案标准化、表格化，提高专业审批效率。四是贷后管理的转变，由传统偏重依靠企业财务信息的被动式管理，转变为以专职预警人员为主的主动管理，设置全面的预警指标体系，实时监控企业经营活动。五是问责机制的转变，由过去出现不良授信逐笔问责，转变为强调尽职免责、失职问责。六是对企业信用管理的转变，对遇到暂时性经营困难的企业，设立信用恢复期，帮助企业渡过难关。

信贷工厂服务模式推行以来，取得了明显成效。截至 2010 年底，中国银行信贷工厂模式下授信客户数达到 16000 家，授信余额超过 1000 亿元人民币，不良率保持在 2‰ 以下，受到客户和社会的广泛好评。2009 年，"中银信贷工厂"被评为"最佳中国中小企业融资方案"。2010 年，中国银行获得包括国际中小企业服务商大会评选的"银行类优秀服务机构"和"银行类优秀服务产品"在内的 44 个奖项，客户满意度达到 94.3%。另外，中国银行还发挥自身的多元化平台优势，为客户提供了商业银行、投资银行、保险、证券等全方位金融服务。

在大力服务中小企业的过程中，我们深刻地感受到，建设一套完整的中小企业融资服务体系，需要各方共同努力，采取"统筹协调、齐头并进"的系统性解决方案。当前有两个核心问题需要迫切得到解决，一是尽快建立和完善中小企业信用信息共享平台，建立全国统一的中小企业信用信息中心，解决中小企业信息不对称的难题。二是针对中小企业实行差异化的监管和货币政策，提高商业银行开展中小企业金融服务的积极性。大型银行应进一步加快自身转型，创新金融服务和发展模式，全面提升金融服务能力，促进中小企业健康发展，为国民经济发展作出新的贡献。

加大对小微企业的金融支持①

2012 年政府工作报告中多次提到小型微型企业。小微企业关乎促进就业、改善民生、经济发展和社会稳定的大局。推进金融体制机制改革和组织制度创新，努力破解小微企业融资难题，是发展壮大实体经济的迫切需要。

一、小微企业对于实体经济发展意义重大

首先，小微企业是促进经济增长的重要力量。根据 2011 年修订的企业划型标准规定，目前我国小微企业数量已占到全国企业总数的 99% 以上，广泛分布在城市乡村，基本涵盖了国民经济的所有行业，是我国多元化实体经济的重要基础。目前小微企业创造的最终产品和服务价值相当于国内生产总值的 60% 左右，缴税额为国家税收总额的 50% 左右。小微企业已经成为我国实体经济发展的主要动力。

其次，小微企业是改善和服务民生的重要渠道。小微企业准入门槛低，创办速度快，以劳动密集型产业为主，能创造大量的就业岗位。数据显示，小微企业从业人员占到全部企业从业人员的 38% 以上。在小微企业蓬勃发展的东南沿海地区，居民的可支配收入普遍高于全国平均水平，充分体现了小微企业对于增加收入、改善民生的重要作用。小微企业所集中的行业多属于服务民生的工业品、消费品生产和服务行业，所创造的产品和提供的服务对提高城乡居民生活质量作出了重要贡献。

---

① 此文发表于《经济日报》2012 年 3 月 5 日。

最后，小微企业是促进经济结构调整的重要载体。经过多年的发展，小微企业已经从一般加工制造、商贸服务等传统领域，向包括高新技术和新兴产业、现代服务业在内的各行各业延伸。在发展过程中，小微企业充分发挥决策机制灵活的优势，通过吸收引进新技术、新工艺、新设备增强市场竞争力，在带动我国电子信息、生物科学等高新技术成果实现产业化的同时，也成就了自身的快速发展，不断涌现出成功掌握领先技术的领军企业。同时，小微企业也为锻炼经营管理人才、培养企业家精神提供了平台。可以说，小微企业的拼搏创新，为带动产业生产技术升级、促进实体经济结构优化发挥了重要作用。

我们还要看到，小微企业对市场变动比较敏感，在经济波动中受到的冲击最大，但也往往率先复苏，成为判断一国实体经济是否真正复苏的重要标志。在当前我国经济增长由政策刺激向自主增长有序转变的关键时期，加强对小微企业的金融支持，对于从根源上促进实体经济发展具有重要作用，是金融业提高服务实体经济的质量和水平的现实要求。

二、把握小微企业的经营特征与金融需求

小微企业融资难是一个世界性课题，特别是当一国经济水平发展到一定程度以后，这个问题更加突出。究其原因，根本还在于小微企业固有的经营特征与金融行业传统的经营理念之间存在冲突，小微企业个性化的金融需求对金融行业传统的经营模式构成挑战。因此，不管是发达国家还是发展中国家，小微企业从金融机构获得的贷款与其需求相比总是存在差距。

一般而言，小微企业经营具有三个显著特征。一是规模小，轻资产。小微企业的核心竞争力往往表现为知识产权和品牌价值等无形资产，可用于抵质押的固定资产相对较少。二是经营波动大，抗风险能力弱。大多数小微企业处于竞争程度较高的行业，易受经济周期波动影响，存续期较难预料。三是公司治理机制不尽完善。小微企业主要实行个人化或家族式管理，公司治理机制普遍不完善，企业经营管理机制的科学性和约束性较弱。同时小微企业财务制度不健全，透明度低。上述特征与商业银行"稳定的现金流预期"等基本风险管理理念之间

存在冲突。

上述经营特征决定了小微企业具有独特的金融服务需求。在融资期限上，多为临时性周转资金需要，对短期信贷需求较多。在融资额度上，单笔所需资金不大，通常在 500 万元以下。在抵押担保上，缺乏土地等传统抵押物，期望获得金融机构的信用贷款。在产品种类上，对产品的个性化需求较多。在融资时效上，小微企业对稍纵即逝的商机很敏感，融资时效性要求很高。这些独特的金融服务需求，对银行传统的经营模式提出了很大挑战。

三、用创新的办法破解小微企业融资难题

近年来，在国家的政策引导和大力提倡下，商业银行和监管机构共同努力，我国小微企业融资环境明显改善，直接融资市场逐步向小微企业开放，商业银行小企业专营机构建设基本完成，全国新成立了数千家小额贷款公司和村镇银行，小微企业获得的信贷总量及占比持续提高。应该说，社会各方面为解决小微企业融资难题作出了巨大的努力，也取得了可喜的成果。

然而还要看到，根据小微企业的经营特征和金融需求，要进一步解决小微企业融资难问题，关键在于继续通过全面创新，尽快在重点领域和关键环节取得突破，从根本上解决小微企业行为特征与金融行业传统经营理念之间、小微企业个性化的金融需求与金融行业传统经营模式之间的矛盾。

第一，要创新信贷评审机制以解决银企信息不对称的矛盾。传统上银行通过分析企业财务指标等定量数据，来判断企业生产经营情况和偿债能力，以此作为贷款审批的重要依据。面对小微企业财务信息不充分的特点，银行要加强对企业的实地调查，了解客户生产、营销、资金运转状况；加强对企业主个人信用状况的评估，衡量个人声誉、信用历史及所处社会环境；加强对各种原始凭证的采集，依据所能收集到的各种账单，如原材料进货凭证等，通过非财务信息还原企业经营真实情况，更加准确地判断向小微企业贷款的可行性。

第二，要创新信贷审批流程以满足小微企业融资时效性要求。要按照标准化、专业化和无缝对接的"端对端"操作流程设计思路，借

鉴"工厂化"运作模式，重塑信贷流程和管理体制，将原来分散在银行各个部门涉及小微企业信贷的职能逻辑集中，实现专业化业务运作；简化信贷审批材料要求，减少审批层级。对客户服务人员进行专业化分工，在风险可控前提下，提升服务效率和水平。

第三，要创新客户服务渠道以改善小微企业的客户体验。与大中型企业主要集中于省会城市、中心城市不同，小微企业在全国各地星罗棋布。商业银行服务小微企业仅仅依赖少数分支机构是不够的，必须搭建多层次的客户服务体系：既要建立专职的小微企业客户经理队伍，为小微企业提供专职服务，又要发挥遍布全国的网点优势，为小微企业提供就近服务，同时充分借助电子渠道，发展电子银行业务，通过网络和电话银行提供远程服务。通过立体式的服务渠道，银行与小微企业客户建立互动、广泛的联系，密切关注其生产经营变化，及时满足小微企业的需求。

第四，要创新金融服务产品以丰富小微企业的服务内容。商业银行需要深入研究小微企业客户的金融需求，根据区域特点和行业特色灵活开展产品设计，提供更有针对性的金融服务。积极采用大宗商品、存货等担保方式，破解小微企业担保难或押品不足的"瓶颈"；依托客户链、资金链、产业链、供应链，以细分客户群体的特定需求为出发点，研发批量服务型创新产品；针对高新科技产业和电子商务领域小微企业的经营特点，充分考虑企业经营记录和未来成长空间，量身定制金融产品。

第五，要创新风险管理机制以保证小微企业信贷的商业可持续性。基于小微企业信息不透明、经营波动大等特点，小微企业信贷的风险管理需要分解并贯穿在信贷流程的各个环节，形成包括区域信贷政策、客户准入与初选、实地尽职调查、信贷审批与发放、授后管理、问题信贷管理在内的一整套风险管理体系，实施全流程风险监控，把握小微企业信贷资金流向，使信贷资金真正流向实体经济。

这里有一个如何看待小微企业风险的问题。小微企业个体的确存在许多风险，但是作为一个群体，有的风险是可以转移的，有的风险是可以避免的，有的风险是可以缓释的。金融机构只要采用和创新合适的方法是可以控制和承担这些风险的。当然，金融机构支持小微企业也需要有政策、标准和方法，只要将两者有机地统一起来，运作的空间是很大的。

四、为小微企业提供全面优质的金融服务

近年来，中国银行认真贯彻落实国家关于支持小微企业发展的各项政策措施，将提升小微企业服务能力作为全行战略性重点工作之一，率先成立中小企业部，统筹管理全行中小微企业客户的业务拓展，创新推出专门针对小微企业的服务模式，出台并完善了支持小微企业发展的相关制度措施。截至2011年末，中国银行服务的小企业超过3.8万户，小企业贷款余额超过3800亿元，客户数和贷款余额分别比2008年增长247%和404%，贷款余额年均增长71.49%。

面对新的市场形势和发展要求，中国银行将从三个方面进一步提升对小微企业客户的服务水平。一是加强客户细分，扩大小微企业服务范围。根据小微企业分布地区广泛、个体差异大的特点，对不同地区、不同行业、不同类型和不同规模的小微企业区别对待，分层分类支持，形成多层级的融资服务体系，进一步完善小微企业服务渠道。二是发挥综合优势，提高小微企业服务深度。在为小微企业提供贷款的基础上，全面提供包括账户服务、贸易融资、财务顾问、"走出去"、上市中介推荐、上市后资金管理、保险在内的全面增值服务，拓宽服务领域，扩大服务深度，帮助小微企业提高自身管理水平和发展能力，增强小微企业持续发展的内生动力。三是以科技为引领，提高小微企业服务效率。当前，科技进步和技术创新极大地改变了人类社会生产生活方式及行为习惯，移动互联等新技术飞速发展，引发客户经营模式的深刻变革。中国银行将紧跟市场、客户和技术发展趋势，及时学习、消化、吸收科技进步和技术创新的成果，强化客户关系管理、产品管理和渠道管理的职能整合、工作协同和流程再造，满足信息时代小微企业客户对金融服务的需求。

大力支持小微企业
与实体经济共生共荣[①]

　　小微企业数量占全国企业总数的 99% 以上，创造产值相当于国内生产总值的 60%，缴税额为国家税收总额的 50%。目前，小微企业已经成为我国实体经济平稳较快发展的主要动力。

　　然而，多年来融资难始终困扰着小微企业的成长和发展，更重要的是，小微企业作为实体经济的重要力量，在当前国内外经济形势复杂多变的情况下，破解这一难题显得更加紧迫。

　　那么，如何加大金融支持小型微型企业力度，实现金融与实体经济的共生共荣？近日，记者就银行业支持小微企业发展的相关问题，与中国银行副行长陈四清进行了一次深度对话。

　　记者：小微企业融资难是社会各界一直关心的热点话题，近年来政府和银行已经作出了很多努力，但目前这一问题尚未得到根本解决。您认为，小微企业融资难到底难在哪里？

　　陈四清：小微企业融资难并不是中国所独有的，它是一个世界性的难题，背后隐藏着复杂的系统性原因。我认为，问题的根源在于小微企业具有较为独特的经营特征和金融需求，而这些特征和需求又与金融行业传统的经营理念以及经营模式存在矛盾。

　　小微企业的经营具有小规模、轻资产的特征，可用于抵质押的固定资产相对较少；经营波动大，抗风险能力弱，易受经济周期波动影

---

　　① 作者于 2012 年 3 月 3 日接受《金融时报》专访。

响，我国民营小企业平均寿命不足三年；公司治理机制不尽健全，缺少高质量的财务报表，企业经营管理的科学性和约束机制较差。上述特征导致银行难以清晰判断企业的真实经营情况和未来发展，与金融企业"了解你的客户"、"稳定的现金流预期"等基本风险管理理念之间存在冲突。

上述经营特点导致了小微企业独特的融资需求，如融资期限短、融资额度小、周转频率高、抵押担保少、产品需求特殊、融资时效急等。这对银行传统的"统一规范"、"控制成本"等经营模式提出了很大挑战。

近年来，在国家的政策引导和大力提倡下，商业银行和监管机构共同努力，我国小微企业融资环境明显改善。直接融资市场逐步向小微企业开放，商业银行小企业专营机构建设基本完成，全国新成立了数千家小额贷款公司和村镇银行，小微企业获得的信贷总量及占比持续提高。根据银监会的数据，小企业信贷投放增速已经连续三年显著高于全社会的贷款增速，增量也逐年提高。目前，解决小企业融资难问题已经进入了攻坚阶段。对于商业银行而言，进行单一方面的改革，或者推出某个产品，无法从根本上解决小微企业融资难题。

记者：近一段时间，小微企业融资收费问题引起社会的广泛关注，中国银行在这方面情况如何？

陈四清：百业兴，才能金融兴，只有实体经济繁荣活跃，银行业才能持续健康发展。为小微企业提供信贷支持的根本目的在于帮扶小微企业成长，实现银企共同发展。做小微企业成长伙伴，是中国银行小微企业金融服务的基本理念，在有关小微企业融资收费问题上，中国银行严格执行银监会的有关规定，实现差别定价、合理收费、质价相符。中国银行还制定了《中小企业业务从业人员"十要十不要"》和《客户告知函》，在与客户初次见面时即交予客户，要求客户监督，保障客户与中国银行合作"零公关成本"，消除小微企业融资的隐性费用。中国银行还搭建了小微企业融资平台，降低了小微企业客户的审计费、担保费等融资过程中中介机构的相关费用。

近期，银监会全面开展银行业金融机构"不规范经营"整治工作，中国银行对此高度重视，迅速行动，将针对小微企业的收费作为专项治理的重点，全面落实银监会各项要求。我们将以这次专项整治工作为契机，进一步加强内部管理、规范经营行为，降低小微企业融资成本，提升服务水平。

记者：我们了解到，最近几年来，中国银行小微企业业务发展力度持续加大，目前成效如何？

陈四清：中国银行 2008 年开始就将中小企业服务纳入长期发展战略，几年来发展力度持续加大。2008 年率先在总行层面成立中小企业部，统筹管理全行中小企业客户的业务拓展，推出专门针对小微企业的"中银信贷工厂"业务模式，从市场调研、业务流程、产品服务和风险管理等方面积极探索创新；2010 年又设计"中关村模式"破解科技型中小企业融资难题，开发"影视通宝"产品助力文化产业跨越式发展，推出"农贷通宝"强化"三农"服务；2011 年又进一步出台了支持小微企业发展的十项措施，从战略导向、资源保障、激励约束、授信政策、产品开发、渠道建设、风险防控等方面完善了支持小微企业的相关制度措施。

中国银行还根据小微企业的特征和个性化的金融需求，持续加大产品研发力度。目前已经向市场上推出了 100 多项适合小微企业的专属创新产品，有效促进了小微企业业务发展。截至 2011 年末，中国银行服务的小企业超过 3.8 万户，小企业贷款余额超过 3800 亿元，客户数和贷款余额分别比 2008 年增长 247% 和 404%，贷款余额年均增长 71.49%。

记者：都说小微企业贷款"高成本、高风险"，对此您怎么看？中国银行是如何防范小微企业授信风险的？

陈四清：对于小微企业贷款，社会普遍有"高成本、高风险"的看法，这里有一个如何看待小微企业风险的问题。小微企业个体的确存在许多风险，但是作为一个群体，有的风险是可以转移的，有的风险是可以避免的，有的风险是可以缓释的。金融机构只要采用和创新合适的方法是可以控制和承担这些风险的。当然，金融机构支持小微企业也需要有政策、标准和方法，只要将两者有机地统一起来，这里面运作的空间是很大的。

在具体操作中，中国银行创新推出适用于小微企业融资的"中银信贷工厂"差异化服务模式，着力提升风险管理能力，以"工厂化"的经营理念打造流程银行，强调全流程的风险控制和管理。确定了"情景分析先导、审批预警并重、资产组合配置、收益覆盖风险和成本"的风险管理原则，强调对每笔授信进行全流程、多环节的风险控制，形成包括区域授信政策、客户准入与初选、实地尽职调查、授信审批与发放、授后管理、问题授信管理在内的一整套风险管理体系，有效控制了小微企业的信贷风险，确保了小微企业业务发展的商业持续性。

记者：您认为，作为商业银行，应该如何进一步破解小微企业融资难问题？未来包括金融业在内的社会各界还需要做哪些方面工作？

陈四清：对商业银行来说，要进一步解决小微企业融资难问题，关键还要根据小微企业的经营特征和金融需求，继续通过全面创新，尽快在重点领域和关键环节进行创新。当前尤其需要在五个方面取得突破：一是创新信贷评审机制以解决银企信息不对称的矛盾。二是创新信贷审批流程以满足小微企业融资时效要求。三是创新客户服务渠道以改善小微企业的客户体验。四是创新金融服务产品以丰富小微企业的服务内容。五是创新风险管理机制以保证小微企业信贷商业可持续性。

中国银行将针对不同地区、不同行业、不同类型和不同规模的小微企业进行分层分类支持，形成多层级的融资服务体系。同时积极发挥综合优势，在为小微企业客户提供贷款支持的同时，帮助小微企业提高自身管理水平和发展能力，增强其发展的内生动力。以科技为引领，充分发挥技术优势，加强产品和管理整合、工作协同和流程再造，满足信息时代小微企业客户对金融服务的需求，持续提升对小微企业客户服务水平。

不过，帮助小微企业解决融资难问题并不是光靠商业银行就能做到的，还需要社会各界的共同努力。首先，应加快改革，健全与企业构成及需求相匹配的融资体系，拓宽企业融资渠道，缓解小微企业融资"缺口"。其次，要在深化财税体制改革、减轻企业税费负担的同时，加大面向小微企业的公共服务供给，政企联手应对高成本困境。

最后，要强力推进垄断行业改革，建立平等准入、公平竞争的市场环境，引导民企进入战略性新兴产业，拓宽民间资本的投资渠道，引导社会游资热钱回归实体经济。

大型银行做中小企业服务责无旁贷^①

"加强和完善中小企业金融服务，大型商业银行责无旁贷"。截至2010 年底，中国银行实现中小企业本外币授信新增 1000 多亿元，其中小企业新增近 300 亿元，中小企业表内外授信近 1 万亿元，逾 9000 亿元资金支持中小企业发展。

虽然目前阶段中国银行仍是以服务重点大型优质公司客户为战略，但同时也明确了中小企业业务是公司金融业务的重要组成部分，并致力成为高效专业、能够满足中小企业全面需求的合作伙伴。

大银行和中小银行面临相同的机遇

从战略高度强化中小企业业务是银行发展的必然选择。这里的银行不仅是中小银行也包括大型商业银行。因为大型银行做中小企业金融服务，不仅是落实监管机构要求和履行社会责任的需要，更是实现自身可持续发展的内在要求。尤其是在大企业融资渠道多元化，议价能力强，不断压缩银行利润空间的情况下，大型银行寻找新的利润增长点已经成为必需。而中小企业金融服务市场潜力巨大，显然满足了这种需求。

当然对于大型商业银行而言，没有中小银行那样"船小好掉头"的灵活便利。但随着监管力度的不断加强和上市的完成，大型银行在公司治理、内部控制、资本充足率和贷款质量等方面有了很大的改善，

---

① 此文发表于《中小企业投融资（SMEIF）》2011 年 8 月 10 日。

并正在实施从部门银行到流程银行、从区域格局到条线管理的过渡，开拓中小企业金融服务领域有利于整体竞争力的提升。而事实上，大型商业银行也已经开始从战略高度对中小企业业务进行准确、明晰的定位和规划，进而驱动执行层面在业务流程、组织架构、营销模式、风险管理、产品服务、定价机制、绩效考核等各个环节产生综合性变革。

针对单个中小企业客户的金融需求和抗风险能力有限的特点，大型银行也在探索适合自己特点的发展模式。如只有把中小企业业务实现规模经营，才能有效覆盖风险，获得经营优势。不可忽视的一个情况就是以目前阶段看，中小企业业务暂时还不可能成为大型银行利润的主要来源，依靠既有的内部资源配给机制无法给予有效的资源保障，因此大型商业银行还必须用战略眼光给予这个潜力巨大的业务领域前瞻性的资源投入。

在这方面，中国银行确定了"强化中小企业服务在本行业务发展战略中的重要支持作用的同时，也明确了中小企业金融服务的战略地位。可以预期，在发展战略的牵引下，中小企业业务一定会形成提速、提质的蓬勃发展态势"。

专营化商业模式的再突破

不可否认，由于中小企业贷款经营成本高、风险大，再加上监管层对银行不良贷款的税前核销政策比较严格，经营问责和绩效考核以及投资者和监管机构的评价压力，银行尤其是大型商业银行在开展中小企业金融服务上的积极性受到影响。

尽管如此，中国银行在全面审视、充分调研的基础上，把中小企业信贷增长列入了经营计划，并通过设立指标，纳入绩效考核体系等方式使所属各机构高度重视中小企业金融服务工作。目前中国银行已经推出了专门针对中小企业的"快富易"产品，完善了"融易达"、"融信达"和"融货达"等产品。并且已经开始把中小企业业务经营管理分散在各部门的职能，集中于中小企业模块，强化条线管理，具备条件的分行已设立中小企业信贷中心，向专营化商业模式迈进。

中国银行近两年来从事中小企业服务的实践也证明，发挥专业化经营优势，将资源整合并集中服务于中小企业市场，提高业务效率和运营水平是构建服务中小企业的长效机制。该机制一方面可以通过相对独立的运营机制保证银行人力资源和信贷资源投入中小企业细分市场，另一方面专营机构本身也具有更强的身份识别效应，有利于中小企业客户方便地找到适合自身需要的金融服务机构。

流程和风险管理再造助推转型

大型银行在构建中小企业金融服务体系过程中必须实施变革，建立服务于中小企业业务的"流程银行"，通过再造业务流程、组织流程、管理流程，突破传统的服务大公司业务的既有运作模式，形成以服务中小企业客户需求为核心的全新业务体系。

具体就是在中小企业"短、频、急"的融资特点基础上，强调业务流程的标准化作业，通过无缝对接的"端对端"工厂化流水线管理技术，优化授信发起和审批流程，提高审批效率，及时满足客户需求。中国银行正在实施"钻石团队"专业营销和"信贷工厂"标准化流水作业的中小企业业务新模式，对业务流程进行了大力改造。从实施效果来看，授信项目审批时间为 3～5 个工作日，与以往授信需要 1～2 个月的审批时间相比具有明显时效性。

另外，中小企业授信风险管理的原则是"收益覆盖风险和成本"。银行信贷要根据市场环境及经济状况，细分目标行业和目标客户，设立清晰、可操作、易执行的授信标准，从业务发起即实施对风险关口前移的控制。在授信审批阶段，通过评级、定价、评估担保品等环节对单笔授信风险进行有效控制。在授信发放之后，通过预警、信用恢复等工作对客户和授信进行追踪式管理。

中国银行为将中小企业授信的风险控制在合理水平，事先设定中小企业业务资产质量监控指标，基于测算的监控指标，下设若干业务监控线，形成梯度风险控制指标，并结合独立的考核机制和概率问责制度，监测各级机构在开展业务时风险控制和资产质量控制的情况。一旦机构的授信不良率或资产质量的迁移波动幅度超过业务监控线，将视触发情况采取收紧审批标准、降低审批权限、人员调离岗位、暂停业务、检讨业务流程等措施予以整改，控制中小企业授信整体风险。

研发新产品实行差异化经营

产品研究与创新是中小企业业务发展的助推器。产品创新应根据中小企业的产权制度、业务性质和经营特点，有针对性地开展。如果要形成一个有机的整体，还需要在研究中小企业公司业务需求的基础上，同时研究中间业务产品和针对企业主个人金融服务方面的产品。

在这些方面，大型银行有人才优势。如果能集中众多研发方面的专业人员推出拳头产品，并根据中小企业为大企业提供配套服务的特点，研发包括供应链融资、动产抵押等金融产品，更好地契合市场需求，将是大型银行很好的发展方式。而中国银行经过这么多年的研发，已经快速推出了"保贷通达"、"融链通达"、"选择通宝"、"典石通宝"、"货贷通宝"等"通宝"、"通达"系列产品，并接受了广大中小企业客户的检验。

另外，大型银行介入中小企业金融还必须发挥自身优势，实现差异化竞争。如大型商业银行有着强大的自有品牌，并通过品牌影响可以很有效地贴近中小企业客户。在这个基础上只要大型银行认真区分、细分市场和目标客户，就能实现服务和产品的差别化。随着中小企业金融服务的不断深入，银行会形成一批专门针对中小企业客户的特色产品，再依托业务整体品牌和遍布全国的网点，大型银行做中小企业服务的优势也会逐渐体现出来。

中国银行具有良好的品牌美誉和全球知名度，中国银行的中小企业业务也秉承了中华民族优秀的传统文化，发扬"变则通、通则久"、"己欲达而达人"的精神，打造了"中银通达"的品牌，致力于成为中小企业高效、专业、满足全面需求的合作伙伴。

创新 "中关村模式"
支持科技型中小企业发展[①]

科技型中小企业是我国技术创新的主要载体，是建设创新型国家的重要力量，也是政府、社会和民众共同关注的对象。由于种种原因，科技型中小企业普遍面临外部融资缺乏的困境，成为制约科技成果转化以及高新技术产业做强做大的"瓶颈"。中国银行深入研究科技型中小企业特征，以中关村国家自主创新示范区为切入点，发挥自身综合经营优势，探索金融与科技的结合，开创性地推出"中关村模式"，履行国有大型商业银行的社会责任，以切实行动加大对科技型中小企业的金融支持。

背景：科技型中小企业融资难，
成为地方经济发展的"瓶颈"

中小企业融资难，科技型中小企业融资更难，是个世界性难题，学术界将科技型中小企业面临紧急资金需求的情况称为"死亡谷"。据科技部和国家统计局资料显示，中国每年专利技术有 7 万多项，取得省部级以上科技成果的达 3 万多项，但专利技术实施率仅为 10% 左右。根据对上海 2700 家科技型中小企业的调查，反映融资困难的占 68%，反映融资很困难的占 14%，反映融资无困难的仅占 18%；在对停产的

---

① 此文为作者在哈佛大学肯尼迪政府学院学习的研究报告，载《和谐社会的治理之道》，2011 年 6 月。

科技型中小企业调查中，有47%的企业是因为资金短缺而停产，占停产原因的第一位。

科学技术是第一生产力，历次产业革命的实践都充分证明，科技创新是人类社会变革生产方式和生活方式的重要引擎，科技产业是推动经济增长和发展方式转变的重要支柱。作为全国技术创新和产业创新中心，北京市提出了"人文北京、科技北京、绿色北京"的发展战略，转变经济发展方式，促进产业结构调整，科技产业占比不断提升，北京的高技术产业、科技服务业和信息服务业增加值从"十五"末的1573.3亿元增至2010年的3021.6亿元，年均增长14.0%，占同期地区生产总值的21.9%，在形成服务主导型的产业结构中发挥了"中流砥柱"的作用。

中关村作为北京市高新技术企业聚集区，对北京地区经济社会发展发挥了巨大作用。2009年，中关村企业实现总收入超过12600亿元，同比增长23.7%，实现增加值2182亿元，以占全市6.8%的企业数量，实现了占全市地区生产总值18.4%的增加值，是北京区域经济重要的增长点。

2009年3月13日，国务院批复建设中关村国家自主创新示范区，要求将中关村建设成为具有全球影响力的科技创新中心，做强做大一批具有全球影响力的创新型企业，先行先试，深化科技金融改革创新试点。《北京市国民经济和社会发展第十二个五年规划》提出，未来五年，北京市要全力以赴抓好中关村国家自主创新示范区建设，把北京建设成为国家创新中心。中关村园区拥有近2万家科技型中小企业，如何为具有成长性、创新性的中小企业提供服务，尤其是科技金融服务，提升企业核心竞争力，促进北京地区产业结构调整，已经成为北京市政府着力解决的重要问题。

中国银行作为大型商业银行，以支持经济和社会进步为己任，将解决科技型中小企业融资难作为中国银行"创新发展、转型发展、跨境发展"的重要内容之一，以中关村为试点，积极探索支持科技型中小企业金融服务方案。

战略分析："三圈理论"下科技型中小企业金融创新战略分析

根据哈佛"三圈理论"，任何一项好的公共政策都是由价值、能力和支持三方面达成某种结构性平衡的结果：首先，政策要具有公共价值；其次，政策的实施者要具备足够能力提供管理和服务；最后，需得到相关对象的支持。只有当公共政策处于三个圆圈交集范围内时，才是最有价值、最可能获得成功和最应当积极推行的，才能得到有效执行，实现既定目标，达到预期效果。

作为中国银行的一项战略决策，创新模式支持科技型中小企业发展在公共价值取向、组织实施主体的能力以及作用对象的支持三个方面是否位于"三圈理论"中价值圈、能力圈、支持圈的交集区域，决定了此战略在多大程度上具有合理性和科学性，也就从根本上决定了该战略在操作层面能否有效执行。

首先是支持科技型中小企业蕴含的公共价值取向。科技进步是推动我国经济社会发展的根本动力之一，党的十七大、国家"十二五"规划都提出了增强科技创新能力、促进科技成果向现实生产力转化、强化科技与金融的结合的要求。科技型中小企业是科技创新的主要载体，解决好科技型中小企业融资难问题，有助于进一步推动技术的产业化，促进国家产业结构调整，提升国家创新能力，是实施"十二五"规划和全面建设小康社会的重要内容。科技型企业是北京地区经济产业的重要组成部分，科技型中小企业的发展对北京地区经济建设和社会进步起着至关重要的作用。中关村作为国务院批复的第一个国家自主创新示范区，具有优惠的投融资政策，拥有良好的企业成长环境，科技创新型中小企业聚集，信用环境良好，是中国银行发展中小企业客户的重要阵地，创新模式服务科技型中小企业有利于中国银行扩大客户基础，是中国银行转变发展方式、优化信贷结构、调整收入结构、拓宽服务领域、培育新的利润增长点的必然选择，也是中国银行落实科学发展观和"十二五"规划重要内容。

其次是支持科技型中小企业的能力条件。中国银行作为国有大型股份制商业银行是中国国际化和多元化程度最高的银行，拥有商业银行、投资银行、保险、基金、租赁等综合经营优势，在国际结算、资金业务等方面处于同业领先地位，按核心资本计算，2009 年中国银行在英国《银行家》杂志"世界 1000 家大银行"排名中列第十一位。中国银行经过多年的信贷业务经营，已经形成了有针对性、差异化的授信审批模式，对大型企业采用"三位一体"授信模式，对中小企业采用"信贷工厂"模式，培养了一批熟悉信贷、法律、财务等领域的专业人才。尤其在对中小企业的金融服务方面，中国银行在借鉴国外同业先进经验的基础上，根据中小企业融资特点，创新推出了"中银信贷工厂"模式，有效解决了中小企业融资"短、小、频、急"的问题，两年多的时间内，成功为超过 2 万家的中小企业提供金融服务，得到了社会各界的认可。中国银行多元化的经营平台、雄厚的资金实力、丰富的信贷服务经验和聚集的金融专业人才为中国银行创新模式支持科技型中小企业提供了能力保障。

最后是相关主体的支持度。中关村是世界上少有的科技智力聚集区，党中央、国务院和北京市委、市政府高度重视，支持中关村"先行先试"，加强科技金融平台建设。北京市政府将中关村作为北京城市经济建设的龙头，北京市政府明确表示举全市之力建设中关村，在 2009 年中国银行总行党委与北京市政府领导会谈时，北京市政府提出希望中国银行为中关村具有成长性、创新性的 1 万多家中小企业提供服务，促进科技和资本相结合，以推动产业结构调整。中国银行总行内部对科技型金融服务已经达成共识，并将其作为银行"创新发展、转型发展、跨境发展"的重要内容之一。由此可见，中国银行支持科技型中小企业发展是各相关主体的共同愿望，得到了各主体的支持。

制订方案：创新模式，解决科技型中小企业融资难

根据"三圈理论"，为提升中国银行支持科技型中小企业的能力，2009 年 4 月，中国银行总行成立了由公司金融总部、风险管理部、战略发展部，集团中银投资、中银证券、中银保险和北京分行等单位组成的中关村专项工作小组，以"先行先试、允许失败、力求成功"为指导，举全行之力研发适用于中关村科技型中小企业的金融服务模式。为此，就科技型中小企业的经营特点、成长规律和融资需求进行了深入细致的调研。调研发现，科技型中小企业既具有一般中小企业的普遍特点，又具有其独有特性。

中小企业的普遍特征表现为：一是单个企业资产规模和金融需求

较小。二是自身实力相对弱小、固定资产有限，向银行借贷缺乏足值的抵质押品。三是财务信息缺乏透明度，公司治理机制不健全，管理随意性较强，经营绩效难以评估，由银行评估的信用等级较低。四是融资需求时效性要求高，客观上要求银行信贷服务高效、快捷。

科技型中小企业的独有特征表现在：

一是企业技术先进，但普遍"轻资产、重技术"。以中关村为例，园区内高校和科研院所云集，园区企业的从业人员受教育程度高、知识产权拥有量大、技术水平领先，资金投入主要集中在研发和人力成本上，企业资产总额一般较少，固定资产比例较低。据统计，北京市规模以上工业企业的固定资产占总资产的平均比重为39%，而中关村企业的这一比率仅为12%，科技型企业的轻资产特征明显。

二是企业成长速度快，但成长过程中不确定性较高。科技型中小企业在成立初期，由于研发投入较高，一般处于亏损状态。一旦技术成熟或产品成功推向市场以后，收入将呈现爆炸增长态势。数据显示，1988—2008年，北京市规模以上工业企业的年均增长率为18%，而中关村科技型企业年均增长率为40%，增长速度是前者的2.22倍。另一方面，由于科技型中小企业的专利技术产业化和可推广性存在很大的不确定性，企业经营风险明显比普通企业要大。在中关村园区，平均每天新设7~8家企业，关闭注销3~5家企业。

三是企业利润空间大，但边际收益递减快。科技型中小企业提供的产品和服务位于价值链"微笑曲线"的两端，产品附加值较高。根据中关村管委会的数据，部分企业的毛利率甚至达到90%。而由于科技型中小企业技术创新频率高、"产品模拟"时滞短，产品价格容易波动，边际收益递减速度很快。根据我国台湾地区经验，高科技企业产品推向市场18个月以后，价格下降幅度达到40%。

根据科技型中小企业的独有特性，中国银行在总结全行中小企业金融服务经验的基础上，以中小企业"信贷工厂"模式为基础，进行再创新，为中关村科技型中小企业打造专属的金融服务模式——"中关村模式"。"中关村模式"在客户定位、营销模式、产品创新、专家顾问咨询、审批机制以及风险管理等方面作出了积极调整，不仅解决了银行对科技型中小企业"不能贷"和"不敢贷"的问题，还为企业提供了适用于不同成长阶段的特色化、全程化金融服务，是一套立足于从根本上解决科技型中小企业融资难、发展难的一揽子解决方案。

"中关村模式"与传统模式相比，在以下几个方面进行了系统化的创新：

一是承认专利技术及知识产权的资本属性，创新担保方式。科技型中小企业的核心竞争力是其拥有的专利技术与知识产权，但由于评估难、变现难，其资本属性无法被普遍认可。"中关村模式"打破传统观念束缚，解放思想，将科技型中小企业所拥有的发明专利、核心技术及商标品牌作为重要的担保品，开发知识产权质押贷款、信用贷款等产品，为企业提供融资支持，帮助科技型中小企业突破资金"瓶颈"，做大做强。

二是变被动式营销为主动式营销，扩大受益客户群体。"中关村模式"在客户营销上秉承"中银信贷工厂"名单营销的成熟做法，在市场调研的基础上，首先确定目标客户名单，主动营销，充分利用中关村管委会企业信用体系，对中关村管委会认定的科技创新型企业优先支持，包括瞪羚企业、百家创新企业、十百千工程、政府采购和承接重大工程项目企业。建立与园区内担保公司、行业协会、商会的合作关系，发挥中国银行支行网点的渠道优势，利用多个渠道营销和拓展科技型中小企业客户，由原来点对点的单一营销转变为网式、链式的批量营销，提高客户营销的效率和覆盖面。

三是建立差异化的高效授信审批机制。建立"中关村特别评审委员会"，研发标准化的审批工具，简化审批层级，提高审批效率。对于客户授信总量在一定金额以下的，按照中小企业"信贷工厂"模式审批，平均审批时限为3～5天；对于客户授信总量在一定金额以上且以知识产权质押的项目，引入科技型专家，针对企业所掌握技术的先进性、替代性、成熟度和市场产业化前景给予专业意见和建议，将科技型专家的意见纳入授信决策，作为授信业务审批的重要参考依据。目前，中国银行已建立了科技型专家人才库，科技型专家来源于各个领域，既包括部分高等院所科技带头人、技术专家，还引入了一批科技型企业家和风投、投行类专家，多维度评价企业状况。

四是设置合理的风险容忍度，建立更加科学的风险控制体系。在充分考虑科技型中小企业高风险特征的基础上，按照"收益覆盖风险和成本"的理念，为"中关村模式"设立单独的风险容忍指标，合理设置相应的不良授信或不良率控制线。此外，"中关村模式"还建立"分步预警、及时调控、动态完善"的风险管理机制，通过个案风险提示、行业风险预警、警戒线、优化线等多种方式，构建多层次交叉预警监控体系，即：当个别授信发生关注情况时，及时了解企业经营情况，完善担保及风险缓释措施；当出现行业性波动或政策重大变动时，及时对行业发展情况及授信政策进行检视，动态调整授信策略及适用的产品和产品组合；当即将或达到风险容忍度时，对业务管理情况进行及时评价和优化，动态完善"中关村模式"，真正做到在防范风险的同时，给予园区企业最大的信贷支持。

五是提供全程、全面金融服务。根据企业初创期、快速成长期和稳定发展期不同阶段融资特点与需求，加强北京分行与中银投资、中银证券及中银保险的合作，发挥中国银行的商业银行、投资银行、保险等多元化的平台优势，提供包括结算、授信、保险、理财及投资银行等一揽子金融服务方案，根据不同阶段的企业特点提供有针对性、差异化的产品系列，推出了选择式菜单服务模式。创新推出投保贷、知识产权质押、政府采购订单融资、信用贷款等特色产品，对于自身信用状况好、市场竞争力强、经营业绩突出的科技型中小企业，积极提供财务顾问、IPO 和辅导上市等金融服务，服务覆盖了科技型中小企业成长的各个阶段。

六是建立科技型中小企业专营机构。中国银行在中关村园区内设立科技支行，组建专门的营销队伍，建立支行与中小企业业务部门的定点联系机制，加强对专营支行和服务网点的业务培训，提高从业人员对"中关村模式"业务流程和产品体系的理解和认识，提升服务能力，为企业提供专业、高效、便捷的金融服务。对科技型中小企业信贷业务单独考核，建立科技型中小企业业务拓展奖励机制，出台"尽职免责、失职问责"等配套措施，激发从业人员拓展科技型中小企业客户的积极性。

实施效果：履行社会责任，实现多方共赢

随着"中关村模式"的推出，该模式的公共价值迅速显现。

从中国银行层面看。2010年12月3日,"中关村模式"正式推出,迅速解决了一批拥有核心技术、有市场前景的科技型中小企业融资难、发展难问题,增强了中国银行在中关村园区的市场竞争力,有效支持了北京地方经济的发展。截至2011年3月底,中国银行已为中关村园区2600多家科技型企业提供了金融服务,为其中的255家提供了授信支持。在"中关村模式"推出约四个月的时间里,中国银行储备了600多家客户,累计发放授信172笔,发放授信金额近14亿元,授信余额近8亿元,业务发展速度迅速提升,"中关村模式"的市场竞争力和独特优势逐步显现。目前,科技型中小企业客户已经成为中国银行北京分行中小企业业务的重要组成部分,授信余额占比超过了40%。

从科技型中小企业客户层面看。"中关村模式"下推出的知识产权质押、信用贷款、投保贷等系列特色产品,解决了科技型中小企业由于规模小、实物资产少而无法获得银行信贷支持的尴尬局面,使企业获得了持续稳定的资金来源。中国银行支持的科技型企业涉及信息技术、生物医药、石油管道、先进制造等多个领域,覆盖了企业不同成长阶段,帮助企业快速成长。比如,向北京瑞泰科技公司提供了5000万元信用贷款,提高了企业的持续创新能力,支撑了其快速增长的订单需求。以知识产权为质押,向北京博创兴工科技有限公司提供300万元流动资金贷款,盘活企业科技资产,支持企业抓住发展机遇,顺利步入了快速发展期,企业当年即被认定为中关村"瞪羚企业"。发挥综合经营优势,利用投保贷产品,向北京科蓝软件系统有限公司提供1500万元贷款的同时,为企业提供财务顾问和IPO等辅导上市服务,帮助企业走向资本市场。向北京富盛星电子有限公司提供2000万元贷款的同时,引入中银投资等集团内附属公司,为企业配套提供长期股权支持,帮助企业迅速做大做强。

从北京市政府层面看。中国银行积极参与北京市政府主导的科技金融平台建设,"中关村模式"的推出为中关村园区科技金融创新工作提供了示范,促进了园区科技成果的转化和产业化。通过模式下客户定位的选择,切实支持符合国家战略和北京市政府产业发展政策的科技型中小企业,积极培育科技型中小企业成长,促进北京地区经济结构调整、产业升级和发展转型,有力地支持了中关村国家自主创新示范区建设，促进了北京地方经济建设和社会和谐进步，为建设"人文北京、科技北京、绿色北京"作出了贡献。

从国家层面看。"中关村模式"是中国银行贯彻落实国家政策，在科技金融方面"先行先试"的有益探索，符合国家"十二五"规划关于金融创新的相关要求和建设创新型国家的战略要求。模式推出后，引起了国家相关部委、国内同业的关注，促进了科技型中小企业金融服务工作的交流，有效推动了我国科技金融体系建设，为营造良好的科技型中小企业融资环境树立了典范，中央电视台、中央人民广播电台及《金融时报》等多家媒体进行了跟踪报道。

科技引领、倡导创新是政府承担的社会责任；科技型中小企业持续创新、成果转化，承担着推动经济社会发展的公众责任；创新发展、转型发展、跨境发展是中国银行融社会责任于自身经营发展的必然要求。"中关村模式"的推出与国家及北京市政府促进中关村国家自主创新示范区的发展紧密衔接，在银行业支持科技型中小企业金融服务方面具有示范意义和带动作用，支持科技型中小企业业务的快速发展，是中国银行履行大型商业银行社会责任的重要体现。

问题思考：群策群力，共同促进中小企业发展

"三圈理论"中价值圈、能力圈和支持圈的平衡是动态变化的，只有维持和不断完善战略决策才能保证三圈的基本稳定和相互聚拢。根据"三圈理论"，中国银行在"中关村模式"过程中注重对三个圈中的相关因素进行分析，不断提升自身能力。科技型中小企业的发展需要政府、社会和金融的共同努力，特别是要进一步优化"三圈理论"中的支持圈，争取实现三圈的重叠部分逐步扩大，确保支持科技型中小企业战略的持续、稳定和规范操作。

科技型中小企业金融服务传统上不是商业银行的主要业务范围，"中关村模式"的推出在科技型中小企业金融服务领域作出了大胆探索，中国银行将不断总结，持续优化"中关村模式"。同时，解决科技型中小企业融资难是个系统性问题，需要企业、社会、银行、政府等各方面的共同努力。"中关村模式"在推广实施过程中，也遇到了一些

问题。

一是缺乏统一的科技型中小企业界定标准。对于科技型中小企业，我国目前尚无统一的定义，国家对科技型中小企业的统计口径尚不明确。现阶段政府部门支持科技型中小企业的政策着力点不一致，现有企业征信体系中也尚未将科技型中小企业做单独的划分，不利于科技型中小企业的统计管理、理论研究及政策配套。

二是尚未建立起完善的知识产权交易市场。由于知识产权具有很大的非实物性特征，其价值评估比较困难，存在较大的不确定性。由于知识产权交易体系尚不够完善，一旦企业经营出现问题，抵质押品不能得到有效的处置，再加上部分知识产权具有时效性和易模仿性，在处置时可能会失去原有价值，导致银行可能会面临抵押物贬值的风险，给银行授信带来潜在的风险。

三是对银行支持科技型中小企业授信的风险分担机制尚不健全。科技型中小企业融资风险较高是业界共识，这也是其"融资难"的主要症结所在，支持科技型中小企业的发展，需要企业、政府和商业银行的共同努力。政府建立科技金融风险补偿机制，能够以有限的投入产生较大的杠杆作用，推动科技型中小企业的健康发展。目前，科技金融风险补偿机制已是国际通行做法，但在国内还属于空白。

随着国家科教兴国战略、国家创新战略及人才战略的不断推进，继中关村国家自主创新示范区建立之后，国家又先后批准了武汉东湖国家自主创新示范区和上海张江国家自主创新示范区。中国银行正在积极跟踪研究，努力扩大科技金融的试点范围，更广泛地支持科技型中小企业的发展，服务国家战略。为更好地服务于科技型中小企业，丰富支持圈内容，提出以下政策建议：

第一，强化政府部门在科技型中小企业服务中的政策引导作用。建议政府积极完善风险投资体制，建立多元化的融资渠道，拓宽科技型企业融资空间；建立差异化监管政策，引导商业银行向科技型中小企业提供融资和金融服务；进一步明确科技型中小企业的界定标准，加强科技型中小企业信用体系建设，建立企业信用档案，做好统计管理和研究分析，为商业银行服务科技型中小企业提供支持。

第二，发挥政府部门公共管理职能。建议整合产权交易、担保机构、律师事务所、第三方权威评估公司等中介服务资源，完善知识产权登记评估，增强各类产权交易和融资服务功能；建立完善各种类型的场外交易市场，规范创业板及三板市场，打通资金的进入和退出通道，突破知识产权交易和融资"瓶颈"，推动知识产权交易市场的发展；加强行业管理，促进各机构间交流，强化对科技型中小企业资产评估、风险鉴定的研究和探讨；积极搭建科技型专家人才平台，集聚各行业和技术领域专家资源，定期推荐科技项目，为银行及其他金融机构提供专业技术咨询，为金融机构授信决策提供支持。

第三，发挥政府部门政策性金融优势，完善风险补偿机制。建议通过财政、税收政策，推动各级科技部门、高新科技园区建立科技型中小企业贷款风险补偿基金，制定具体的补贴、风险补偿和奖励政策，对银行重大科技项目的贷款融资进行财政风险补偿，鼓励商业银行建立科技型中小企业专营机构，或进一步完善专业的风险担保机构职能，完善银行金融机构和担保机构在科技融资上的风险分担机制，发挥政策性资金的作用，把资源吸引到科技创新产业上来。

第四，加强科技型中小企业的教育培训。加强对科技型中小企业的教育培训，加强金融知识、财务管理、企业融资、诚信经营等培训，帮助科技型中小企业建立规范的管理机制和治理机制，提高企业业主的经营管理素质，提高企业自主金融意识，提升对融资渠道及金融产品的自主选择能力，促进科技与金融的结合。

以资本之力助推文化产业腾飞[①]

中国的文化产业正迎来难得的发展机遇。一方面，党的十八大报告提出，要扎实推进社会主义文化强国建设。另一方面，人民群众在影视、娱乐、旅游、教育、文化消费等领域的支出不断增加。企业为实现品牌化，在广告、公关等领域的投入也不断增加，我国文化产业正以前所未有的速度发展。

和发达国家相比，中国文化产业的发展还存在一定差距，尤其是中国文化产业与金融的结合有待加强。有鉴于此，中国银行近年来率先在 4 个重点领域支持文化产业的发展。

一是支持现代文化产业体系的构建，出台了差异化的行业信贷政策和服务方案。比如，中国银行江苏省分行通过加强对玉器、木雕等工艺品的市场价值和交易模式深度分析研究，重点支持了一大批工艺美术企业。

二是支持骨干文化企事业单位的发展，提升合作深度，创新合作模式。目前，中国银行与新闻出版、电影电视、文艺演出等各行业数百家龙头企业建立合作关系，提供授信支持逾百亿元。

三是支持文化科技创新，促进文化、科技和金融的紧密融合。如中国银行与广东省广播电视网络集团携手创新项目，在电视购物平台、家居银行等业务领域进行密切合作。中国银行还授信支持宁波民和影视动画的高端 3D 剧目《少年阿凡提》、上海睿宏文化的 4D 电影等多个项目。

---

① 作者于 2013 年 6 月 14 日接受"中国网"（www. china. com. cn）专访。

　　四是支持文化消费，银企进行多领域深度合作。如中国银行采用海内外一体化的授信模式，为台湾地区书店第一品牌诚品书店提供了境外股权融资加境内贷款的综合融资服务，支持了诚品书店在大陆地区的业务发展。

　　作为一家拥有全球化资源的金融机构，中国银行利用其全球网络及中银国际、中银集团投资等专业投资银行平台，不仅致力于为各类文化企业客户提供综合化和全球一体化金融服务，还于2012年参与发起设立了中国文化产业投资基金。这是国家批准设立的唯一一只国家级文化产业投资基金。它的建立，对于全面实施我国国家文化发展战略、提升文化软实力、切实维护国家文化安全、加快转变文化发展方式、推动文化产业又好又快发展，意义非凡。

　　目前，中国文化产业投资基金主要以股权投资方式运营，已投资了新闻出版和发行、移动互联网、网络游戏、影视娱乐、信息服务、综合娱乐等领域的8个文化产业项目，总金额达4亿元，其中包括开心麻花、上海亚洲联创等。中国银行附属机构中银国际还支持华数传媒和粤传媒两家文化企业开展重大资产重组及上市工作。

　　中国文化产业投资基金计划募资200亿元，第一期已经成功募集完成41亿元。而基金的后续募集，则要在充分利用中国文化产业投资基金这块"金字招牌"的基础上，扩大资金募集范围，尤其是邀请并吸收那些认同中国文化产业发展趋势和机遇的国家级大型企业作为出资人，加入到振兴文化产业的事业中来。央企等具备广泛影响力且拥有强大品牌价值的出资人，是中国银行热切希望合作的对象，文化产业发达省份的地方政府和改革试验企业也是中国银行募集资金的主要方向。此外，中国银行还会对民营资本给予关注。

建设文化产业投资基金
推动文化产业发展振兴[①]

2012年5月18日上午11点30分，中国文化产业投资基金新闻发布会暨投资项目签约仪式在深圳市会展中心菊花厅隆重举行。中宣部、发改委、财政部、文化部、新闻出版总署等相关部委和部分省市领导，以及金融机构、大型文化企业的负责同志出席了仪式，共同见证了中国文化产业投资基金与视讯中国、浙江华数、厦门游家（4399）、骏梦游戏以及开心麻花等五家优秀文化企业签署协议。会后，中国银行副行长兼基金副理事长、基金管理公司董事长陈四清接受人民网记者专访。

记者：先问您一个具体的问题，我们基金投资的项目具体的标准是什么？请给我们介绍一下。

陈四清：基金主要是投资一些成长期的企业，同时瞄准的都是文化产业细分行业的龙头。从我们基金已经投资的和这次签约的企业，大家可以看到我们的风格。比如我们投资的中国出版集团是在中国大宗出版集团里面排第一的。我们投资的新华网是在中国国有控股的两大网站之一。我们今天签约的浙江华数，也是在地方中排名前三位的，有一千万用户。像开心麻花在全国也占有10%的话剧份额。所以中国文化产业基金投资的企业是以成长期、成熟期为主，以细分行业龙头为主要考虑的。基金同时也兼顾一些比较早期的项目，我们也用一部分

---

① 作者于2012年5月18日接受"人民网"（www.people.com.cn）专访。

资金做一些早期的类似于项目融资，像刚才各位领导提到的项目融资。最后我们还有一部分钱用来做已经上市公司的定向增发，因为我们关注到国内有几十家上市的龙头企业，其中不乏有优秀的公司。这些公司要进一步做大做强，他们会以定向增发的方式来募集资金，对此我们也会参与其中。

记者： 十七届六中全会提出加快发展文化产业，推动文化产业成为国民经济支柱性产业。但不可否认，目前文化产业在我国国民经济中的地位还不高，文化产业增加值占 GDP 的比重不高。中国文化产业投资基金如何看待未来十年我国文化产业的发展？如何分析和把握其中的投资机会？

陈四清： 文化是民族之根、国家之魂。文化的力量，深深地熔铸在民族的生命力、创造力和凝聚力之中，成为综合国力的重要组成部分。国际经验表明，当人均 GDP 超过 3000 美元时，文化消费将会出现快速增长。2008 年我国人均 GDP 已经超过 3000 美元，文化产业的发展正面临难得的历史机遇。近年来我国文化产业保持了 15% 以上的增长，增速超过了 GDP 和第三产业的水平；新兴文化产业蓬勃发展，文化企业在市场竞争中不断壮大，区域产业发展亮点不断，总体实力不断增强。

发展文化产业符合我国扩大内需、调整经济结构的战略要求。文化产业作为第三产业中的重要组成部分是扩大内需、增加就业机会的有效手段，也是提升产业结构、建立新型产业链的重要内容。文化产业的快速发展需要金融，也为金融业开辟了广阔的业务空间，使之分享朝阳产业成长带来的收益。

文化产业是国家战略产业。党的十七届六中全会从中国特色社会主义事业总体布局的高度，以《中共中央关于深化文化体制改革 推动社会主义文化大发展大繁荣若干重大问题的决定》（以下简称《决定》）这一纲领性文件，部署了深化文化体制改革、推动社会主义文化大发展大繁荣的重要任务，为金融业支持文化产业发展指明了方向。

第一，我国文化产业发展空间巨大。党的十七届六中全会指出，2020 年文化产业的发展目标是成为支柱性产业。这意味着文化产业增加值占 GDP 的比例要逐步上升至 5% 左右，即文化产业增加值将从现在的约 1.1 万亿元增加至约 4.3 万亿元，年均增速要达到 15%（名义增长率），远超过 GDP 的增长。

第二，传统媒体企业改制上市及资本化进入良好时期。2006 年至今，已有出版传媒、中南传媒、中文传媒、凤凰传媒等多家国有传统文化企业通过 IPO、借壳等方式进入资本市场。未来，传统文化企业改制及资本化势头还将持续。

第三，媒体技术革新浪潮为新媒体蓬勃发展带来良好条件。近年来，以信息技术为代表的高新技术迅猛发展，为文化产业带来了前所未有的机遇。从国际上来看，传统媒体数字化转型已有所突破，新媒体的发展也呈现日新月异的态势。虽然我国的传统媒体转型刚刚起步，但新媒体产业的发展已经不容忽视。据资料统计，2011 年我国互联网广告收入规模约为 512 亿元，已经超过传统报纸等平面媒体广告收入的 454 亿元。据预测，到 2015 年，互联网广告收入规模将增长到约 1873 亿元，年平均增长率可达 30% 以上。因此，未来在高新技术的推动下，以新媒体为代表的新型文化产业必然有更广阔的市场前景，催生更多市场机会。

第四，中国经济转型为文化产业发展带来历史契机。我国经济目前已经进入转型期。从历史经验看，经济转型期往往蕴藏着诸多良好投资机遇，也将是各类资金争相关注的焦点。从现实情况判断，民生消费将成为经济结构调整和转型的核心。可以预见，未来与民生消费相关的领域，包括教育培训、娱乐、旅游、体育产业等，将有可能在此次经济转型中成为朝阳行业。文化产业与这些领域的结合，也将成为文化产业新的增长点。

第五，监管政策变化和制度创新为文化产业发展带来行业机遇。我国文化体制改革筹划于 2002 年，正式开始自 2003 年。2007 年，全国第一批改制试点单位中，新华文轩、出版传媒分别率先成功登陆 H 股和 A 股资本市场。近一年多来，文化产业改革方面的政策出台密集度、国家对文化产业的支持力度都达到了前所未有的高度。我国文化产业发展面临重大政策机遇。2011 年党的十七届六中全会《决定》的出台，标志着我国文化产业发展进入一个新的阶段。在相关政策、法规的推动下，文化产业的活力将进一步激发和释放。

记者：目前文化产业已成为一个新的投资热点，众多私募股权投资基金都开始关注和抢夺这个领域的投资机会。在此背景下，基金将面临怎样的竞争环境？中国文化产业投资基金的竞争优势体现在哪些方面？如何保持这种竞争优势？

陈四清：近年来，各类股权投资机构都将目光投向日益兴起的文化产业，使得文化产业投资呈现白热化的竞争态势。一方面，中资文化产业基金纷纷设立，一般都具有较强的资金实力和资源优势。另一方面，外资基金实力也十分雄厚，在非政策限制领域，是中国文化产业投资基金为代表的中资基金强有力的竞争对手。此外，各省市、各部门也都纷纷成立各自的文化产业投资基金，从而进一步加剧行业竞争。

与其他竞争对手相比，中国文化产业投资基金的竞争优势主要包括：第一，实力雄厚的出资人。基金的四个出资人实力雄厚，财政部提供政策指引，中央电视台是中央重要的宣传单位，深圳文博会提供了文化企业交流交易的平台，中国银行及附属机构拥有丰富的资本市场和私募投资经验。第二，丰富的项目储备。出资人深厚的行业经验、丰富的各类资源及战略合作伙伴的密切配合都为基金带来了丰富的项目储备。第三，专业且经验丰富的团队。基金人员均拥有多年传媒行业、投资银行或私募投资经验，曾参与行业内众多投融资项目。第四，市场化的激励机制。基金建立了业绩分成机制，高级管理层及团队都有充分的动力确保基金投资收益最大化。第五，专注于文化传媒投资的清晰定位。国家连续出台文化扶持政策，支持文化产业整合发展。基金专注文化传媒业的投资，定位清晰、战略明确，有助于提升投资收益。

记者：作为一只国字号基金、文化产业战略投资者，除资本支持外，基金是否能为被投资企业带来更多的增值服务、提升被投资企业的市场价值？

陈四清：基金将充分发挥自身优势，努力为被投资企业提供更多更好的增值服务，帮助企业提升市场价值。一是依托财政部、中国银行、中央电视台和深圳文博会等基金投资人资源，为企业争取有利政策，并提供更多的业务发展和兼并收购机会。

二是协助企业完成上市前的相关工作，帮助企业与相关政府部门进行协调沟通，制定完善的业务发展战略和重组方案，选择有经验的中介机构。

三是发挥基金投资人中国银行国际化多元化的金融平台优势，向投资企业提供包括银行贷款、上市承销、财务顾问、保险在内的一站式金融服务。

四是发挥专业基金的特色，使处于产业链中不同位置的被投资企业相互了解，为今后的业务合作提供机会。

五是协助被投资企业学习国际文化企业的商业模式和运作模式，提高经营管理能力和盈利水平。

记者：中国文化产业投资基金作为国家批准设立的国字号文化产业基金，在选择投资对象时是否会带有一定行政色彩？是否将主要侧重于投资国有媒体单位？基金是否会投资民营文化企业？

陈四清：基金将秉持市场化运作的基本原则，充分发挥引导和扶持作用，在文化产业几十个细分子行业中寻找具有行业龙头潜力的企业进行投资，努力实现经济效益和社会效益相统一。在选择投资对象上并不区分国有、民营，比如今天要签约的四三九九网络股份有限公司、开心麻花文化发展有限公司等均是民营企业。基金选择投资标的时，以处于成长期和成熟期的优质企业为主，初创期企业为辅。

记者：基金的投资领域都包括哪些？是否有明确的投资比例？基金如何确定项目投资标准？是否有利润指标、资产规模等硬性限制？

陈四清：基金投资范围主要包括传统媒体、新媒体、文化衍生产业三大领域。结合我国文化传媒的未来机遇和基金自身特点，传统媒体领域仍然是基金投资的重点方向。近年来，新媒体、新技术为文化传媒业注入新的活力，新媒体是基金重点关注的另一大方向。此外，中国经济转型将促进民生消费领域大发展，旅游、教育、体育、艺术品经营、文化设备等与文化产业结合密切的行业也是中国文化产业投资基金的关注重点。

关于投资标准，作为股权投资基金，中国文化产业投资基金将主要投资处于成长期和成熟期的项目。在判断项目时，基金没有利润指标、资产规模等硬性限制，主要考虑项目的盈利能力，并兼顾推动我国文化产业发展振兴的使命。关于具体投资标的，基金将选择文化内容和传播渠道中市场条件好、具备良好盈利记录和稳定现金流、预估资产具有盈利潜力的传统文化企业、文化创意企业和新媒体企业作为投资重点。

金融服务助力文化产业做大做强^①

党的十七届六中全会通过了《中共中央关于深化文化体制改革推动社会主义文化大发展大繁荣若干问题的决定》（以下简称《决定》），提出到 2020 年，文化产业要成为国民经济支柱性产业，整体实力和国际竞争力显著增强，公有制为主体、多种所有制共同发展的文化产业格局全面形成。这是党中央根据我国国情对文化产业发展作出的重大战略部署，是指导我国文化改革和产业升级的行动纲领。金融业必须深入学习领会《决定》的精神实质，认真贯彻落实《决定》作出的重大部署，牢牢把握住文化产业大发展的难得机遇，切实做好文化产业金融服务。

一、我国文化产业面临的机遇和挑战

当前，我国文化产业面临难得的发展机遇：

（一）良好的经济环境为文化产业发展提供了坚实基础

我国国民经济平稳快速发展和人民生活水平显著提高，为文化产业迅猛发展提供了基础和保障。目前，我国文化产业增加值占 GDP 的比重仅为 2.75% 左右。十七届六中全会指出，到 2020 年，文化产业的发展目标是成为支柱性产业。这意味着文化产业增加值占 GDP 的比例要逐步上升至 5% 左右，即文化产业增加值将从现在的约 1.1 万亿元增加至约 4.3 万亿元，年均增速要达到 15%（名义增长率），远超过 GDP 的增长。可见，我国文化产业发展的空间还很大，未来十年将面

---

① 此文发表于《光明日报》2012 年 1 月 13 日。

临更好的宏观环境，文化产业在全国经济中的地位将更加突出。

（二）传统媒体企业改制和资本化进入良好时期

党中央、国务院不断深化文化体制改革，积极推进文化产业的繁荣和发展尤其是国有传统媒体企业，通过资本运作调整产业结构、增强自身实力。2006 年以来，已有出版传媒、中南传媒、中文传媒等多家国有传统文化企业通过 IPO、借壳等方式进入资本市场。未来，传统文化企业改制及资本化势头还将持续。

（三）技术革新浪潮为新媒体蓬勃发展创造了良好条件

近年来，以信息技术为代表的高新技术迅猛发展，为文化产业带来了前所未有的机遇。从国际上来看，传统媒体数字化转型已有所突破，新媒体的发展也呈现日新月异的态势。虽然我国的传统媒体转型刚刚起步，但新媒体产业的发展已经不容忽视。以在线广告为例，2010 年我国在线广告收入规模约为 27 亿美元；据预测，到 2016 年，该数字将增长到约 104 亿美元，年复合增长率可达 25% 以上。

（四）中国经济转型为文化产业发展带来了历史契机

我国经济正处于转型期。从历史经验看，经济转型期往往蕴藏着诸多良好投资机遇，也将是各类资金争相关注的焦点。可以预见，未来与民生消费相关的领域，包括教育培训、体育产业等，将有可能在此次经济转型中成为朝阳行业。文化产业与这些领域的结合，也将成为文化产业新的增长点。

（五）监管政策变化和制度创新为文化产业发展提供了行业机遇

2007 年，全国第一批改制试点单位中，新华文轩、出版传媒分别率先成功登陆 H 股和 A 股资本市场。2009 年《文化产业振兴规划》出台，文化体制改革进入加速阶段。近两年来，文化产业改革方面的政策出台密集度、国家对文化产业的支持力度，都达到了前所未有的程度。2011 年 10 月，十七届六中全会《决定》的出台，标志着我国文化产业发展进入一个新的阶段。在相关政策、法规的推动下，文化产业的活力将进一步激发和释放。

在看到机遇的同时也要清醒地看到，与其他产业相比，我国文化产业目前还较弱小，未来发展也还存在一些亟待解决的问题。

第一，文化产业的科技含量有待进一步提升。近年来，互联网风潮席卷全球，一些新媒体、新技术应运而生，对传统媒体经营带来较大冲击。我国文化产业的运营主体目前主要聚集在图书、报纸、杂志、电视、电台等传统媒体领域，这些传统媒体运营商以往受到一定政策保护，行业内竞争有限，对高科技运用的重视程度和使用水平也相对较弱。在互联网经营方面，我国虽然也产生出百度、腾讯等巨型企业，但从整个行业的角度看，科技发展速度仍较慢，文化企业对科技的使用程度仍有限。我国云计算大约落后欧美国家十年，芯片、软件系统开发薄弱，尤其是文化产业的设计软件，比如动漫的制作软件基本都是采用国外软件和技术。

第二，文化产业与金融的结合程度有待进一步提升。我国文化产业的资本化运营道路刚刚起步，以往文化企业融资需求主要依赖银行贷款和政府支持来满足。全国文化体制改革以来，一些优秀文化企业的上市步伐明显加快，文化产业的融资渠道进一步拓宽。然而，部分企业只是以上市为目的，募集资金运用能力较弱，资本平台的功能也没有充分利用。行业融资需求仍存在一定程度的错位现象：大型、特大型企事业单位融资实力强，但融资需求不足；中小型文化企业有巨大的融资需求，但经营收益没有保障，缺乏风险抵御能力，融资能力差。文化传媒业的投融资体制仍需进一步完善，以真正实现文化产业经营与金融资本经营的有效结合。

第三，文化产业跨媒体和跨地域拓展难，体制改革有待进一步深化。我国文化产业的集中度仍较低，多数企业规模较小，受市场外部环境影响较大，不具备持续稳定的经营能力，行业亟待整合。造成文化产业经营主体过多、过散的原因一方面是由于地方保护，另一方面是由于体制改革尚需深入，行业整合者尚待培养。

二、充分发挥中国文化产业投资基金的作用，助力文化产业发展

根据国家关于发展文化产业的战略部署，由财政部、中银国际控股有限公司、中国国际电视总公司和深圳国际文化产业博览交易会有限公司共同发起成立的中国文化产业投资基金（以下简称文化产业基金）于 2011 年 7 月 6 日在人民大会堂揭牌成立。这是中央财政首次注

资文化产业投资基金，基金目标总规模为 200 亿元人民币。

文化产业基金肩负着推动文化产业与金融资本结合、实现跨越式发展的使命，重点基于以下三点开展工作：一是坚持社会效益和经济效益并重的原则，坚持市场化的运作机制。二是在大力支持传统文化产业改造升级的同时，促进新型文化产业加快发展，引导资源优化重组和结构调整。三是从文化进步和民生需求出发，扶持优质文化企业做大做强。

作为承担推动我国文化产业振兴发展使命的大型产业投资基金，文化产业基金将主要以股权方式投资于传统媒体、新媒体以及文化衍生产业三大方向。在报刊、出版、广电等传统媒体领域，文化产业基金将重点关注在内容和传播渠道中市场竞争意识较强、具有资产优势、规模优势和良好盈利能力，有望成为行业整合者的龙头企业，促进传统媒体加快体制改革和产业升级，协助有实力的企业跨媒体、跨地域发展；在互联网、移动通信等新媒体领域，文化产业基金将敏锐发掘市场动态变化中产生的投资机遇，重点关注和支持社会责任和创新能力兼具的新兴企业，在行业细分上推动开拓创造，在技术应用上引导改造升级，在业务应用上积极探索创新；在文化衍生领域，文化产业基金将顺应中国经济转型和民生消费的增长趋势，以文化核心产业发展趋势为主线，密切关注文化与科技、信息、旅游、教育、体育、物流、制造、建筑等衍生产业的融合发展，着力加强延伸文化产业链，提高文化产业附加值。

文化产业基金将秉持市场化运作的原则，在投资标的选择上，以处于成长期和成熟期的优质文化企业为主，初创期的新媒体企业为辅；在投资市场上，以投资上市前企业为主，参与二级市场定向增发为辅；在退出方式上，采取上市退出和并购退出并重的多元路径策略；充分考虑商业和市场的经济周期，有效管理投资风险。文化产业基金还将在依托中国银行、中银国际在业务渠道和运营经验等优势的基础上，结合财政部、中国国际电视总公司和深圳国际文化产业博览交易会等资源支持，努力实现引导示范和带动社会资金投资文化产业、推动文化产业振兴和发展的设立宗旨。

三、中国银行将利用综合平台，全力支持文化产业发展

作为文化产业基金的重要出资方和管理方，中国银行一直将为文化产业提供金融服务作为全行工作重点。2009 年以来，中国银行在银行同业中率先将发展文化产业业务列为重要战略目标行业，经过两年的努力，中国银行已被文化部列为商业银行与文化产业融合的"不同层级的典范"，树立了中国银行支持文化产业的金融服务品牌。截至2011 年 8 月末，中国银行对广义文化产业贷款客户数超过 1000 家，贷款余额达 250 亿元。全辖文化产业贷款客户数、贷款余额的增长及资产质量的改善均明显超过全行各产业平均水平，体现了中国银行对文化产业的大力支持。

在为文化产业提供金融服务方面，中国银行不断创新发展模式，大力推进部行合作机制，在国内商业银行中率先与文化部签署战略合作协议，之后又与新闻出版总署、新华社签署了战略合作协议。通过与政府主管部门的沟通协作，积极运用政府部门搭建的产融合作桥梁，走出了一条有文化产业特色的发展道路。中国银行经过深入研究文化产业特点和风险点，尝试性地开展了产品和服务的创新，解决了较多文化企业融资中不同于其他行业的特殊问题，为文化产业发展提供了有力的支持。同时，中国银行利用自身海外平台优势，积极开展海内外联动，支持文化企业"走出去"、"引进来"。

未来，中国银行将抓住文化产业大发展的机会，利用多元化和海外平台，通过客户资源共享、联动营销、商行投行一体化服务等措施，实现多平台多业务紧密配合，以全面的服务内容、丰富的营销手段、专业化的产品整合能力为文化企业提供金融服务，积极支持文化产业做大做强。

加大银行信贷投放
促进文化产业发展[①]

中国银行作为国际知名金融机构，近年来加大力度支持文化产业发展。随着《关于金融支持文化产业振兴和发展繁荣的指导意见》的出台，中国银行表示，将进一步创新金融服务手段和方式，持续改善和提升金融服务文化产业发展的水平。为此，记者采访了中国银行副行长陈四清。

记者：国家将文化产业发展提升到新的战略高度，中国银行如何定位文化产业在自身未来发展中的地位？中国银行文化产业业务发展的整体思路是什么？

陈四清：文化产业是现代服务业中以创造无形资产为主的新产业。与传统产业相比，文化产业以创意为利润核心，抗经济周期特征明显，具有经济波及效应大、能源消耗低和环境友好、有助于展示国家形象等优点，产业发展潜力大、前景好。

中国银行将文化产业定位于调整资产结构、扩大客户基础和业务规模的重要新兴行业。中国银行文化产业业务发展的整体思路是：坚持文化产业市场化原则，密切关注产业发展和整合动态，紧密跟进国家文化产业市场化改革，加强行业研究和业务创新，将文化产业作为传统授信行业的重要补充，逐步扩大文化产业金融业务规模，努力提升文化产业金融服务能力。

---

① 作者于 2010 年 5 月 16 日接受《经济日报》专访。

记者： 近年来，中国银行支持文化产业发展取得了显著的成效，支持了一大批重点文化基地建设和重要文化项目，请介绍一下这方面的情况。

陈四清： 为支持文化产业发展，中国银行做了大量工作。首先是加强文化产业研究，提高专业化金融服务水平。为深入了解文化产业特点并进行有针对性的产品及流程设计，中国银行在总行成立了文化产业专业研究、营销团队，负责制定全行文化产业发展战略，并对有示范意义的文化重点项目、重点企业进行营销，设计可以在全辖推广的服务方案。中国银行各一级分行和部分二级分行也成立了文化产业专业团队，结合当地文化产业发展特点和企业需求，提供优质的金融服务。

其次，与政府文化主管部门加强沟通合作。2008 年以来，中国银行积极与文化部、新闻出版总署、国家广电总局等文化主管部门加强联系沟通，充分利用政府搭建的文化银企合作平台，为文化企业提供金融服务。例如根据中国银行与文化部签署的《支持文化产业发展战略合作协议》，通过采取"文化部组织推荐、中国银行独立审贷"的合作方式，中国银行已为多个文化部推荐项目提供融资支持，项目涉及文化园区、工艺品制造、动漫游戏等多个领域。

此外，加强行业细分，提供差异化金融服务。文化产业可分为文化创意、新闻出版、广播影视、动漫游戏、文艺演出等九大子行业，不同子行业的市场化程度、产业集中度、发展模式各不相同，不同领域文化企业的经营特点也存在较大差异。中国银行对文化产业进行了系统性研究，根据不同领域文化企业的特点、金融产品需求、债务承受能力制定了差异化信贷策略，为文化企业提供具有良好适用性的金融产品。

记者： 前不久出台的《关于金融支持文化产业振兴和发展繁荣的指导意见》提出，要积极开发适合文化产业特点的信贷产品，加大有效的信贷投放。对此，中国银行有什么打算和安排？

陈四清： 中国银行将认真贯彻落实九部委《关于金融支持文化产业振兴和发展繁荣的指导意见》，继续积极探索创新金融支持的手段和方式，丰富融资品种，持续改善和提升金融服务水平，实现银行与文化企业的共赢，促进文化产业又好又快发展。

第一，提供全方位、多层次的金融服务。对于生产经营稳定、盈利模式清晰、已具备一定规模效益的大中型文化企业，可利用现有成熟信贷产品，优先予以支持。同时加大信贷模式创新力度，为难以满足现有银行审贷标准的中小文化企业，提供创新金融服务。创新重点是实现担保形式多样化，针对文化类企业特点，弱化财务指标考核，转变以房产、机器设备为抵押的传统担保思路，积极试办知识产权、专利权、商标权、著作权、版权等无形资产抵押贷款。

第二，以多种金融产品，促进文化企业实现跨越式发展。我国文化产业集中度低，大部分文化企业实力较弱，难以形成规模优势。以出版行业为例，全国前十名出版企业总销售收入尚不足行业整体规模的20%。在相关政策的推动引导下，在市场竞争的客观要求下，我国文化企业跨行业、跨区域整合进程将提速。中国银行将利用并购贷款、搭桥贷款等融资产品，为优势文化企业跨越式发展提供有力的资金支持。

第三，发挥多元化平台优势，为文化企业提供一揽子金融服务。中国银行除商业银行外，还拥有中银国际、中银保险、中银投资等多种金融业务服务平台，可以为文化企业提供信贷、债券、信托、基金、保险、直接投资等一揽子金融服务，满足文化企业从初始创立到成熟壮大各个阶段的融资需求。

第四，发挥海内外一体化优势，为文化企业"走出去"提供支持。中国银行拥有遍布全球30个国家和地区的机构网络，境外机构超过600家，同时中国银行还拥有丰富的海外代理行资源和银行间授信资源。中国银行可以从境内外资金划转、海外收购咨询及融资、汇兑风险管理等方面，为文化企业"走出去"提供支持和保障。

第五，为文化消费提供便捷、安全的支付结算服务。随着互联网、数字有线电视网、新一代通讯网的普及，文化产品的消费内容和消费习惯已发生很大变化。未来银行的电话支付、信用卡支付、网银支付将成为重要的文化消费结算手段。中国银行将不断完善系统，与文化企业加强联合产品开发，提供更加便捷、安全的支付服务。

第三篇

转型攻坚发展
贸易金融

贸易金融的趋势与策略[①]

贸易金融是银行服务于商品和服务交易、贯穿贸易链全程的综合金融服务，服务范围涵盖贸易结算、贸易融资、信用担保、避险保值、财务管理等各个领域，对于便利企业开展贸易、降低交易成本、创造更多的贸易机会意义重大。

国际金融危机后，在全球经济格局调整逐步深化、中国经济结构转型升级逐步推进，以及中国银行业在全球的相对地位逐步提升等大背景下，贸易金融不仅有效发挥着全球经济复苏"助推器"的作用，而且在新的环境和条件下，呈现出全新的发展态势。商业银行应深入洞悉、积极应对，准确把握贸易金融未来发展脉搏。

贸易金融业务的发展面临全新的市场环境

贸易结构升级。当前中国已成为全球对外贸易第二大国。进出口贸易额从 2002 年的 6000 多亿美元增至 2012 年的 3.87 万亿美元。从贸易区域结构来看，美国、欧盟、日本等传统市场近年来需求不振，东盟、金砖国家将是未来拉动我国贸易增长的新增长点。从贸易产品结构来看，受劳动和资源成本上升等因素影响，"要素驱动型"对外贸易模式已经走到尽头，我国由"贸易大国"向"贸易强国"迈进，将是对外贸易发展的主要目标。未来几年，我国对外贸易仍将保持稳步增长，外贸作为拉动经济增长的"三驾马车"之一的地位也将继续保持。在我国对外贸易结构升级的同时，国内需求对国民经济增长的拉动作

---

① 此文发表于《中国金融》2013 年第 6 期。

用也日益显著，为银行国内贸易金融发展创造了更加广阔的市场空间。

企业"走出去"范围拓展。近年来，中国企业"走出去"步伐不断加快，除了产品出口外，企业直接投资、承包工程等均呈现持续增长的局面。据统计，截至 2012 年底，我国企业共对超过 2 万家境外企业进行了非金融类对外直接投资，累计实现投资金额 4400 多亿美元；2000—2012 年，我国对外承包工程累计营业额近 6000 亿美元。"走出去"企业要求银行提供贯穿"走出去"全过程的综合金融服务，包括贸易结算、贸易信贷、交易咨询、风险管理、信用担保、现金管理、财务顾问等，除此之外，一些重大"走出去"项目的成功实施背后，往往都有配套的独具特色的贸易金融服务方案。

利率、汇率市场化改革逐步深入。《金融业发展和改革"十二五"规划》明确提出，要稳步推进利率市场化改革。在此过程中，传统存贷业务利差空间不可避免地要受到挤压。与流动资金贷款相比，贸易金融业务兼具资产业务与中间业务特征，综合性强，收益多元化，受利率市场化冲击较小。未来几年内，我国还将继续完善人民币汇率形成机制，增强人民币汇率双向浮动弹性，并推进外汇市场发展，丰富汇率风险管理工具。企业对外汇远期、期权等汇率保值避险类贸易金融业务将有旺盛需求。

人民币"走出去"步伐加快。当前，跨境人民币政策框架基本确立，跨境人民币业务稳步增长。2012 年，境内 70 余家金融机构办理跨境贸易人民币结算量达到 2.94 万亿元，占同期我国对外贸易总量的8.4%，资本项下人民币直接投资金额超过 2800 亿元。2012 年末香港人民币存款余额约 5600 亿元，占当地金融机构存款余额比重超过 8%；新加坡、伦敦、卢森堡积极发展人民币离岸市场。商业银行通过挖掘客户需求，发展跨境人民币结算、贸易融资、海外人民币存款、贷款、资金、清算等各项业务，可以满足企业多方位的金融需求，拓展海外客户基础，真正打入当地金融市场。

"金融脱媒"、"产融结合"趋势明显。发达国家经验表明，金融脱媒是金融市场发展的必经之路。目前，许多企业已通过参股、投资、战略合作等多种形式与银行等金融企业合作，传统金融客户开办财务公司，自行叙做结算和融资等业务。以电子商务、物流企业为代表的非金融企业通过强大的电子交易平台或物流配送平台，加快向传统的贸易金融服务领域渗透。物流、信息流和资金流的深度融合，在一定程度上挤压了银行贸易金融业务空间，但也将为商业银行贸易金融业务的发展带来深刻变革。

新监管规则实施。近年来，全球银行业积极研究和推进实施巴塞尔新资本协议。新协议要求银行对风险进行量化、立体化、精细化的管理，贸易金融业务的风险管理能力将得到大幅提升。同时它还要求银行建立更加科学的，综合考虑风险、收益、资本成本的现代公司治理机制。轻资本、高收益的产品将获得更为广阔的发展空间。但在部分领域和特定的实施阶段，也存在一些不利因素。例如，在初级内评法下，合格风险缓释品的认定范围也相对较小，导致贸易金融业务的低风险特性无法充分体现，资本占用存在高估的现象；在杠杆率的计算上，一定程度忽略了表外科目中不同种类资产的根本区别，当银行面临杠杆率压力时，会倾向于挤压表外业务，从而对信用证、保函等传统贸易金融业务产生不利影响。

新形势下贸易金融业务发展的特征

全球化推动贸易金融向纵深发展

贸易金融服务实体经济的属性，决定了有更多的中小企业被纳入这一金融服务体系。在保持自偿性这一本质特征不变的情况下，贸易金融服务越来越广泛地与银行票据、商业票据、应收和预付账款、货权单据等具有较强变现能力的流动资产相结合，越来越多的中小企业凭借在供应链中形成的债权和物权关系获得银行的融资服务，贸易金融服务呈现向纵深渗透的趋势。

"走出去"的中国企业数量进一步上升，需要全球化的贸易金融服务方案。中国企业"走出去"的必然结果，是其采购、生产和销售活动在更广的全球范围内展开。因此，制订全球化的贸易金融服务方案，帮助企业在跨时区、跨国家、跨币种维度上更好地匹配物流和资金流、妥善管理资金收付余缺，最大限度地利用不同币种和不同国家的利率和汇率差异获得收益并规避风险，将成为未来贸易金融服务的关注焦点。在中国企业"走出去"的同时，中国的主要金融机构纷纷加大境外业务拓展力度，这无疑大大增强了中国银行业贸易金融服务全球化的势头。

产品组合趋向集成化和综合化

单一的融资结算占比逐步下降，组合方案占比快速提升。单一的融资结算产品已经不能满足大多数企业的需求。在帮助企业安全、快捷地完成资金收付的同时，能够帮助企业最大化资金收益、有效管理或规避汇率风险的集成化的贸易金融产品成为客户的"新宠"。

从对单个企业提供融资，转为提供涵盖产业链和关联企业的整体综合服务方案。贸易金融中的供应链融资已经形成典型的"1＋N"模式，银行须将供应链的核心企业和上下游供应企业作为一个整体来设计贸易金融服务方案，对产业链上下游关键节点的产、供、销活动进行统筹，在此基础上提供一揽子融资、结算服务和账户管理、财务顾问等衍生服务，以确保整个产业链资金的正常周转。

创新研发常态化

"一招鲜，吃遍天"的机会越来越少，新产品一经推出即被大量复制推广的现象将越来越普遍，保持在贸易金融服务领域的持久竞争优势，需要常态化的创新研发作支撑。因此，银行需要把握好以下重点创新领域：

利率、汇率变动带来的创新机遇。随时因应市场利率、汇率的相对变化不断更新现有产品，适时推出新产品，以不断满足客户锁定风险、降低融资成本的需要。

人民币国际化带来的创新机遇。如离岸市场的资金保值增值和资产托管服务、小币种报价带来的做市商业务、打造人民币资金全球清算体系的资金清算产品、为国外同业提供人民币账户管理和资金结算等，都有巨大的发掘潜力。

监管政策变化带来的创新机遇。如资本项目放开、跨境借贷逐步拥有更大的自由度等一系列跨境资金流动监管政策变化将为贸易金融服务带来更大的创新空间。

产业链条延长可能带来的研发热点。随着中国制造受原材料大宗商品价格波动的不利影响日益显现，国内客户越来越希望通过参与国际市场的大宗商品业务锁定价格，大宗商品融资业务也因此成为近来贸易金融业务发展的新热点。许多银行已经开始通过加强与境外大宗商品交易机构的业务合作来搭建大宗商品融资业务平台。

运作管理一体化

人民币国际化打破了跨境贸易融资的币种分割，资本流动的逐步放开也破除了资金跨地域周转的限制，这为贸易金融产品的研发、管理和风险控制打开了境内外一体化运作的空间。

贸易金融的规模化发展也要求实施一体化管理，以提升效率节省成本。许多金融机构加强了贸易金融产品的条线指导和统筹，以标准化产品、差异化组合的策略实现对中小企业和大中型企业的全覆盖。贸易金融服务的后台作业和处理流程整合完成后，设立区域性的单据处理中心和运营服务中心的条件日渐成熟，全球贸易金融服务将获得一体化的运营支持保障。

融资交易信息化

借助电子渠道交付贸易金融产品和服务。银行不仅通过自身的网上银行和电话银行直接向企业客户提供贸易金融服务，还与大型电商开展合作，借助电商平台的海量客户与交易信息等来制定专门的融资额度核定标准，从而实现为网店客户批量提供在线融资和结算服务。

风险计量精细化

新资本协议有利于体现贸易金融低风险、低资本占用的优势，但对贸易金融业务的风险资本计量提出了更高要求。新资本协议对原资本协议中关于表内债权（中央公用企业除外）适用100%的风险权重、认可的风险缓释品仅限于部分金融质押品和金融机构担保等方面进行了修改，修改后的计量办法允许银行在高级内评法下使用更接近真实情况的风险参数，这就要求银行不断提高风险的精细化计量水平，使资本占用水平和实际风险水平更加趋于一致，真正体现贸易金融的优势。

增强贸易金融业务的核心能力

打造全球化的客户关系管理平台。全球化的贸易金融服务需要全球化的客户关系管理平台提供保障和支撑，为此银行应未雨绸缪，提前搭建好全球化的客户关系管理和客户营销方面的基础架构：通过建立全球统一的客户信息平台实现全球客户信息在银行内部的集中共享，在此基础上推动全球客户的互认互荐和全球客户的分层管理；推动建立两个"三位一体"的全球客户服务体系，即"全球客户经理、全球产品经理和全球风险经理"三者分工协作的体系，以及"总部客户经理、区域客户经理和主办客户经理"三个层次有机协调的体系。

强化一体化的跨境服务能力。首先，强化海内外贸易金融业务的协同合作：充分整合贸易金融服务链条上海外分支机构、代理行网络和境内外同业的服务资源，在此基础上实现跨境服务能力的最大化；在产品和服务流程的设计上，"以客户为中心"明确海内外机构的职责分工，确保全球任何地域客户的跨境服务需求均能在全辖范围内得到有效响应。

其次，统筹贸易金融产品和服务管理。一是建立全球共享的贸易金融产品信息库，促进境内外机构贸易金融产品的沟通与交流。二是加快贸易金融产品的移植和推广，在符合当地监管要求的前提下，促进适销产品的移植和推广。

最后，加强跨区域的贸易金融服务的支持保障。进一步梳理贸易金融产品的业务处理流程和服务规范，实现标准化业务流程在后台的集中整合，建立跨区域的后台处理中心，强化作业和处理中心对贸易金融服务的支持和保障能力，确保对全球客户的贸易金融服务达到较为统一的高水准。

建立灵活的创新研发机制。支撑贸易金融业务发展的创新研发机制应具备三个基本特征：一是扁平化。压缩贸易金融新产品从创意产生到研发乃至推广的流程所经历的管理层级，按新产品涉及风险的高低实施差异化的审批流程，最大限度地缩短创新研发周期。二是直达式。搭建全面、开放、协同的贸易金融产品创意在线平台，广泛收集来自员工、客户的创意。三是有活力。培育贸易金融的创新文化，充分调动贸易金融从业人员的创新积极性和创新热情。

构建合作共赢的贸易金融生态圈。由于业务的高度集成化和综合化，贸易金融领域的竞争正越来越明显地从银行间竞争转变为银行主导的贸易金融生态圈之争。银行必须广泛开展与贸易金融业务"利益相关方"的合作，构建贸易金融生态圈，使之成为银行提升贸易金融服务规模、丰富贸易金融服务品种和强化贸易金融风险管控水平的

"倍增器"。一是有选择地强化与仓储物流机构合作，强化对货权和物流的控制。二是全面提升与主要电商销售平台的合作，借助网店的交易规模信息和交易信用记录核定融资额度，提升对中小网点客户的融资服务覆盖面。三是巩固与信用保险机构的战略协作关系，推动扩大信用保险的覆盖范围。四是拓展与交易所机构合作伙伴。中国银行在这方面进行了富有成效的探索和尝试，目前中国银行旗下的中银国际已经成为伦敦金属交易所会员。

建立全程化和精细化的贸易金融风险管理体系。首先，根据客户评级和债项评级准确计量风险占用。加快开发贸易融资及保函的风险计量系统，准确测算与贸易金融业务相关的违约损失率和信用转化系数等计量资本占用的关键参数。

其次，改进对贸易金融产品的结构化设计。通过增加物权、债权等风险缓释手段和补充信用保险、信用担保等信用增级方式，最大限度地减少风险资本占用；在设计产业链融资方案时尽可能做到物流与资金流的匹配和资金收付的衔接，缩短风险资本的占用周期，以尽可能少的资本占用支持实现更大的贸易融资流量。

最后，优化定价水平，提高风险资本的使用效益。一是提升风险回报的计量水平，将计算贸易金融业务的总体风险回报水平逐步细化到分产品核算资本占用和收益。二是加强风险计量数据在业务中的运用，以 RAROC 和 EVA 更好地引导业务发展。三是提升 RAROC 和 EVA 等风险回报参数对业务决策的参考作用，使贸易金融业务的有关审批、报价、风险缓释政策等方面的重要决策更好地服务于风险资本收益最大化的要求。

为贸易金融服务提供可靠的信息系统保障。打造贸易金融服务的核心竞争优势离不开可靠的信息系统保障，服务于贸易金融的 IT 平台需要突出两个方面的要求。一是在开放兼容性方面，要能够与电商、物流及其他合作伙伴进行系统对接，从而实现对第三方合作伙伴优势资源的有效整合。二是在系统灵活性方面，要求系统的延展性较好，为未来可能出现的创新业务和产品留有足够的余地；系统参数的设置可调整，能够根据市场环境的变化适时更新。

商业银行贸易金融业务的
理论体系、发展历程和未来走向①

近年来，国际经济金融形势动荡，百年一遇的金融危机给全球经济发展带来重创，危机的影响至今未完全消退。危机的最重要启示之一就是严重脱离实体经济的高杠杆化的金融创新发展模式将发生根本改变，金融市场的创新与发展必须紧密围绕实体经济展开。贸易金融作为与实体经济联系最为紧密的金融领域，将大力促进世界经济的恢复和发展，有助于中国金融业把握历史性机遇、获得健康快速成长、实现难得的后发优势。日前，中国银行副行长、中国银行业协会贸易金融专业委员会主任陈四清接受《金融时报》"理论周刊"专访，结合多年管理实践对商业银行贸易金融业务的理论体系、发展历程和未来走向给出了自己的思考和回答。

贸易金融贯穿于贸易活动的全部过程

记者：国际业务一直被认为是中国银行最具优势的业务领域，近年来，我们看到各家银行越来越多地提及"贸易金融"。"贸易金融"与原先的"国际业务"或者"国际结算"有什么区别？中国银行在这方面有哪些创新的理念？

陈四清：贸易金融是伴随着贸易发展而出现的，贸易金融的起源

---

① 作者于 2012 年 7 月 5 日接受《金融时报》专访。

可以追溯到 13 世纪甚至最初的商品交换时期。它最初始的业务仅是为各国贸易商的贸易活动提供汇兑和支付，之后逐步扩展到与贸易相关的资金融通、现金流管理等。原先银行为企业提供的贸易服务主要集中在汇款、信用证和托收等传统结算方式，贸易融资的形式以最基本的押汇为主。20 世纪下半叶以来，在信息技术革命推动下，世界分工模式发生深刻变革，贸易金融从提供贸易结算与融资等基础服务进入了综合金融服务阶段。

中国银行作为中国贸易金融领域的龙头，最先在贸易金融理论方面作出了系统研究，进行了比较全面的阐述，第一次明确了"贸易金融"的内涵：贸易金融是银行在贸易双方债权债务关系的基础上，为国内或跨国的商品和服务贸易提供的贯穿贸易活动整个价值链的全面金融服务。它包括贸易结算、贸易融资等基础服务，以及信用担保、保值避险、财务管理等增值服务。

具体来说，第一，贸易结算仍是最基础的贸易金融业务，促成企业交易，降低成本。为企业提供国内和跨境的交易结算，仍是银行贸易金融服务的起点和最重要内容之一。这样的服务使得完全陌生的两个国家和地区的企业借助银行的中介作用而发展成为交易对手。近十几年来，企业间的交易方式、交易内容也与几十年前有着巨大的差异。以中国银行为代表的商业银行贸易结算服务方式和内容方面也产生了一系列变化，为企业提供贸易结算以外的更广泛、更深入、更具个性的贸易服务。

第二，贸易融资是贸易金融的核心。贸易融资总是与贸易相伴而行，为贸易活动中的各方提供资金支持。在贸易过程中，贸易融资发挥着润滑剂和催化剂的作用。近年来，针对国际贸易发展呈现的新特点，商业银行研发、创新、推广了许多新的贸易融资产品，包括福费廷、保理、应收账款质押融资、信保融资、订单融资、货押融资、风险参与、贸易融资与资金产品组合等。这些贸易融资新产品不仅推动了银行服务能力和内部风险控制方式的变革，而且有助于企业降低成本、减少存货、扩大销售、加快资金周转，为世界经济和贸易发展提供了有力的支持。

第三，信用担保、避险保值、财务管理是银行为贸易参与方提供的增值金融服务，满足企业多样化金融需求。信用担保是银行为贸易参与方提供以信用增强为主要目的的服务，在帮助买卖双方建立互信、促成交易方面作用明显；避险保值是在商品价格、利率、汇率波动日趋频繁的市场环境下，银行帮助客户有效规避风险的专业服务；财务管理则是针对产业链中一些大型企业的财务集中、资金归集、财务管理外包等需求而提供的增值服务，包括应收账款管理、财务报表优化、现金管理等众多内容。这些服务进一步丰富了贸易金融服务体系。

贸易金融的鲜明特征

记者：近年来，很多商业银行都把贸易金融作为未来业务开展的重点，与一般银行业务相比，贸易金融具有哪些特征？

陈四清：贸易金融作为银行公司金融中一个相对独立的业务体系，有以下几个突出特点：

一是服务对象特定。贸易金融服务于实体经济，是商业银行的基础性业务，本质是为商品和服务交易提供支付、结算、信贷、信用担保等服务，这些服务紧紧围绕"贸易"这一实体经济活动。正是基于这一特点，贸易金融的发展和创新不会像金融衍生品一样成为纯粹的虚拟金融业务，也不会因为过度的杠杆效应形成泡沫和危机。

二是债务自偿性，风险相对可控。所谓自偿性，就是银行根据企业真实贸易背景和上下游客户资信实力，以单笔或额度授信方式，提供银行短期金融产品和封闭贷款，以企业销售收入或贸易所产生的确定的未来现金流作为直接还款来源，而不是完全依赖授信到期阶段企业的综合现金流。贸易融资自偿性的关键点在于，银行依托对物流、资金流的控制，或者对有实力关联方的责任和信誉捆绑，在有效控制授信资金风险的前提下进行授信，从而从本质上改变了银行的审贷理念和信贷方式，这对于原先因为不能提供有效抵押担保品而难以从银行获得流动资金贷款的中小企业来说，无疑是一个获取资金支持的新途径。此外，贸易金融业务周期短、流动性强，银行的放款与回收时间通常少于180天，如果客户不能偿还，银行可以很快察觉并采取补救措施。

三是综合性强，收入来源多样化。贸易金融兼具中间业务与资产业务特点，既涉及表外业务又涉及表内业务。商业银行的贸易金融收益主要来自三方面：其一是贸易融资的直接收益，即利息净收入。其二是中间业务收益，包括手续费收入、汇兑收入等。其三是资金交易的佣金收入，进出口商为了避免汇率和利率波动的风险，可能要通过银行做一些保值性的外汇交易，如掉期、远期和期权等，银行从中获得资金交易的佣金收入。此外，还有其他隐性收益，银行可以以贸易金融业务为纽带与企业建立更密切的关系，带动其他对公金融产品销售，从银行对企业的全方位服务中实现综合收益最大化。

四是贸易金融业务适合中小企业。贸易金融以特定交易为服务对象，可凭特定交易过程产生的应收账款或物权作为质押对企业授信，从而可以大大降低对客户的授信准入门槛，对于解决中小企业的融资"瓶颈"问题十分有效。另外，信用证、保函、保理等贸易金融产品因有银行信用介入，对中小企业有较强的信用增强作用，有助于中小企业提高谈判地位，充分利用赊销等方式扩大销售规模。

人民币国际化有助于丰富贸易金融的内涵

记者： 2008 年国际金融危机之后，全球要求改革国际货币体系的呼声日益高涨。我国在 2009 年推出了跨境人民币结算试点政策，人民币在世界的流通使用日渐广泛。人民币的跨境使用对商业银行贸易金融产品创新会带来怎样的机遇？

陈四清： 我国国内的商业银行作为国内金融体系的主体和金融市场的重要组成部分，有机会成为人民币国际金融市场的主体。从产品的角度来看，商业银行的跨境人民币体系主要包括传统间接金融业务、银行间业务和投资类业务三大类银行服务。

首先是海外的传统间接金融业务。人民币国际化的推进是从跨境的贸易结算起步的，跨境人民币业务是人民币国际化初级阶段的核心业务。主要包括人民币国际结算和贸易融资、海外人民币存款、海外人民币贷款、海外人民币现金管理、货币兑换等业务。以中国银行为例，中国银行现有国际结算和贸易融资产品均已推广至跨境人民币业务，还根据工商企业和金融机构等不同类型客户的实际需求，为客户提供跨境人民币结算、融资、信贷、资金、理财等全方位产品和度身打造的综合性服务方案。

其次是银行间业务。推动人民币国际化，使得人民币成为贸易和金融交易的计价、结算和流通货币，必须打通境外银行获得人民币资金的通道。随着跨境人民币贸易结算量的增多，人民币贸易融资进一步拓展，与之相关的人民币清算规模将不断扩大，从而衍生出人民币同业账户管理、境外人民币拆借、人民币资金购售等业务。

最后是境外人民币投资业务。随着人民币从贸易领域向投资领域拓展，商业银行的贸易金融服务内容也将不断充实。跨境贸易人民币结算只是迈出了人民币国际化的第一步，要想扩大人民币国际结算的规模和范围，必须增加人民币的投资渠道，让境外企业和金融机构持有的人民币资金可以获得支付和存款以外的使用途径。我国商业银行将在为企业提供跨境贸易结算、融资等传统人民币贸易金融服务的基础上，进一步拓展和发掘人民币资金理财、直接投资、债券投资和资金交易等需求，进一步占据人民币市场的主体地位，提升国际竞争力。

贸易金融创新发展的方向

记者：有观点认为，贸易金融将形成未来我国商业银行的业务重点，改变和优化商业银行的战略规划方向，并主导银行业产品和服务创新的方向。中国银行作为在贸易金融领域的市场领先者，如何看待未来贸易金融业务的创新发展方向？

陈四清：第一，贸易金融业务将与供应链结合更为紧密。近十多年来，国际产业分工模式由企业内部分工转变为企业间分工，围绕某一产业链核心对整个生产过程进行管理的实践——供应链管理逐步形成，对银行围绕供应链管理提供金融服务提出了新的要求。

所谓供应链金融，是银行借助核心企业信用，通过掌控核心企业与上下游企业交易中产生的现金流，为核心企业及上下游多个企业提供包括融资、避险、结算在内的全面服务方案。供应链金融最大的特色是突破了商业银行传统短期贷款对授信主体的评级要求和抵质押担保要求，变单个企业风险管理为供应链的风险管理，从单个授信企业的财务报表向整个供应链条延伸。在供应链金融中，银行可以基于核心企业资信状况，将资金注入处于相对弱势的上下游配套企业，通过产品与客户建立紧密联系，有效增加基础客户群特别是中小企业客户的数量，充分发挥产品创新对银行核心竞争力的提升作用。

第二，贸易金融与信息技术结合日趋紧密。当前信用证、托收等传统结算工具的使用日趋下降，贸易双方对于银行的需求从以信用支持为主逐步转向以支付速度和效率为主，银行传统贸易融资的发展空间大幅缩小，银行必须依托电子化平台的建设，以挖掘赊销（O/A，Open Account）结算项下的贸易融资机会。目前业内贸易电子化平台的建设中最具竞争力和发展前景的当属环球银行金融电信协会（简称SWIFT 组织）开发的贸易服务设施系统（Trade Services Utility，TSU）。TSU 是一个通过集中化数据处理和工作流引擎支持银行间及时准确地核实和共享贸易项下交易信息的服务系统，为银行间提供了一个从贸易订单产生伊始就可跟进交流交易信息和开展业务合作的系统平台，它将对贸易金融的整体发展产生深远影响。

第三，贸易金融领域国际业务与国内业务不断融合。随着全球经济一体化程度的不断加深，越来越多企业的贸易活动既涉及国际市场又涉及国内市场，其供应链或贸易链是横跨境内和境外的整个链条。例如，国内企业获得出口订单后产生在银行办理出口结算和押汇需求，而其在国内采购备货阶段又需要打包贷款或国内信用证产品，其上游供应商可能需要以其信用为基础申请卖方融资。从业务发展趋势看，真正有发展潜力的贸易金融是以客户为中心、为整个贸易链或产业链提供一揽子金融服务。

贸易金融将推动中国商业银行未来的全面发展

记者：我们知道，后危机时代各国商业银行在金融创新和发展中，将更加关注基于实体经济的金融产品和工具。贸易金融与实体经济紧密结合，极具创新和发展潜力，它会对中国商业银行的全面发展和竞争力的提升带来哪些机遇？

陈四清：贸易金融将成为未来银行业务创新的重点领域。贸易金融将是商业银行产品创新、服务创新、综合管理和风险管理创新的重要模块，在产品设计、信息技术利用、组织结构辅助等方面存在巨大的创新空间。贸易金融产品和服务涉及境内外的多家金融机构和贸易商，产品相对存贷款业务操作过程更为复杂，技术含量高，对信息技术要求也较高，是相对来说不易复制的银行产品，容易形成产品和品牌优势。服务创新模式则在于以客户为中心，立足于客户贸易行为，提供全方位的金融服务。贸易金融风险的两面性，即代表低风险的自偿性和代表风险难以把握的风险多元化并存，使得风险管理更为复杂，也使得风险管理创新有具体依托。推动风险管理与贸易金融业务结合，设计和执行符合贸易金融特色的风险管理流程，将有效推动商业银行风险管理创新和管理水平的提升。

贸易金融业务的发展帮助银行有力地拓展客户群。由于通过基础的贸易金融产品供给，商业银行一方面和贸易客户建立了比普通信贷更为深入的合作关系和信用基础，有效推动了银企合作的深入；另一方面在前期业务的操作要求下，对企业的现金流、资产状况等核心经营指标有更加全面的掌握，这些都将有利于商业银行发掘价值客户，设计针对性强的金融产品，推动贸易基础上的银企金融合作深化。这一过程也将成为商业银行争夺优质客户，体现产品竞争力和服务水平的重要方面。

贸易金融业务的拓展将大大优化银行收入结构。贸易金融业务除了为商业银行带来丰厚的融资利差收益、支付结算、代收代付、担保承诺等中间业务收益外，综合的贸易金融服务还将在交易类和咨询服务类中间业务上有很大的发展空间，特别是在深入合作和提供综合金融服务方案中，现金管理、资产管理和财务顾问等高水准金融业务将获得很好的发展，提升中间业务收入水平。目前我国商业银行仍普遍存在利差收入支撑，中间业务收入比例不高的问题。中间业务有资源占用少、成本低、风险小和收入来源稳定等特点，中间业务水平的提升还是银行业整体服务能力和服务水平提升的重要表现。基于贸易金融的产品和收入特性，贸易金融在未来商业银行战略规划中将作为优化收入结构的重要产品和服务种类予以重点考虑。

　　贸易金融服务将帮助中国商业银行加快"走出去"步伐。贸易支付和结算产品是"走出去"企业的必备需求，在此基础上的短期贸易融资将推动企业完善生产销售环节，对外担保产品则为企业提供增信支持，综合的贸易金融服务则将推动银企合作深化。贸易金融产品全球推广的过程，也是商业银行国际化的过程，是我国商业银行与欧美发达国家的商业银行展开竞争的过程，我们有"人和"的优势，对方有"地利"的优势。在公平的市场竞争环境下，贸易金融的发展将推动我国商业银行国际化战略的实现，"走出去"为此提供了战略机遇。

当前贸易金融发展
新趋势及应对措施[①]

进入 2013 年，全球经济增长不确定性因素依然较多。贸易保护主义严重、金融市场动荡、全球能源和原材料新增需求放缓等因素都给我国对外贸易带来不利影响。在稳中求进的经济工作总基调指引下，我国外贸结构升级加快、扩大内需存在较大政策空间。在这样的内外部环境下，贸易金融继续发挥经济"助推器"的作用，为便利全球贸易活动提供了不可或缺的金融支持，同时，伴随着金融脱媒、产融结合等新的经济趋势，贸易金融也面临深刻变革。

一、非金融企业向金融领域渗透趋势日趋凸显

金融危机以后，我国的金融业发生了深刻的变化，其重要特点之一就是非金融企业向金融领域渗透，具体来看，主要体现在两个方面：

一是金融脱媒加快推进。发达国家经验表明，金融脱媒是金融市场发展的必经之路，我国当前金融脱媒也呈现加快推进的趋势。资金的供应方和需求方直接打通，通过发债、理财、直接进入资本市场等方式，实现直通式资金融通，银行信贷在社会融资总规模中占比将持续萎缩，而非金融企业则更加广泛地参与到金融业务领域。

二是产融结合出现新节点。目前许多企业已通过参股、投资、战略合作等多种形式与银行等金融企业合作，传统金融客户自己开办财

---

① 作者于 2012 年 1 月 26 日在"北京第二届中国贸易金融年会"上的发言。

务公司，自行叙做结算和融资等业务。以电子商务、物流企业为代表的非金融企业借助自身的信息优势、技术优势和信誉优势，通过强大的电子交易平台或物流配送平台，加快向传统的贸易金融服务领域渗透。

例如，阿里巴巴在提供资金结算和融资方面已积累了较为成功的经验。依托淘宝网交易平台，目前支付宝每日清算资金笔数已达3000万笔，金额超过3亿元。阿里巴巴自2010年开始就为商户提供免抵押担保的小额贷款，目前已累计为13万家企业提供近300亿元的融资服务。还有许多生产型企业也在开始为整条供应链的交易和物流提供金融服务。我们熟悉的京东商城则将服务内容拓展到贸易资金保值增值领域，通过"资产包转移"业务，将供应商质押的应收账款以理财产品的方式转售给其他供应商，获得理财收益。

二、新趋势下贸易金融业务将产生深刻变革

物流、信息流和资金流的深度融合，非金融企业对金融领域逐步渗透的发展趋势，必然为商业银行贸易金融业务的发展带来深刻变革。我认为，其影响主要体现在以下几个方面：

一是金融服务规模化。传统模式下，银行服务模式较为单一，随着金融脱媒和产融结合趋势的发展，电商和物流等企业介入支付结算、小额融资等金融服务，银行可以更专注于批量提供结构化融资、信用增强、账户与财务管理等更高层级的服务，推进贸易金融业务的综合化发展，扩大形成规模效应，降低成本。

二是客户维护集群化。电商、物流企业都拥有庞大的供销合作客户群，银行通过加强与此类企业的合作，可以较轻松地介入某一行业或领域。例如许多银行开始与阿里巴巴合作，以较低成本获得海量客户资源，银行可以以点带面掌握企业信息，制订一体化营销和服务方案。此外，银行还可以以贸易金融服务为起点，加强客户维护，发掘并满足客户大额贷款、跨市场融资、理财等其他派生金融需求，拓展业务范围。

三是风险管理信息化。传统上银行对客户信息的掌握往往滞后，风险管理成本高。阿里巴巴等电商企业能及时掌握客户需求等信息的

变化，银行与电商和物流企业合作可以全面获取平台上各类企业的经营状况、交易信息，将此类信息与贸易金融业务关联，有利于解决信息不对称问题。

四是产品创新技术化。银行在介入电商、物流企业客户群的过程中，是否具备强大的信息科技网络和运行平稳的后台支持系统、能否实现与第三方企业平台的有效对接，将成为决定其竞争力的关键因素，技术研发水平在银行产品创新能力中的作用将进一步提升。

三、顺势而为，因势利导，推进贸易金融服务升级

顺应金融脱媒与产融结合发展趋势，应对贸易金融新的变革与挑战，是目前摆在商业银行面前的一大重要课题。对此，我谨提出两点建议：

第一，顺势而为，提升金融服务能力。首先，充分认识信息技术在金融脱媒与产融结合中的重要作用，以信息技术为武装，推进系统建设、网银对接、功能体验等的技术改进，提升信息化服务能力，实现资金流与信息流、物流的有机整合。其次，借助于电商、物流企业信息网络专业优势，加强合作，充分挖掘电商、物流企业链式供销客户群的整体需求，批量拓展客户，强化风险管理技术手段，实现高效能、低风险的贸易金融管理模式。最后，加强合作，共同应对，充分发挥中国银行业协会的统筹协调作用，组织各成员单位开展业务调研与理论研究，汇总和分享成功经验，帮助成员银行高效开展贸易金融业务。

第二，因势利导，完善监管体系。电商、物流企业从事贸易金融业务的出发点和立足点与商业银行是不一样的，对风险防范的要求也不一致。目前，对非金融企业向金融业务领域渗透，监管部门尚未出台相应政策规范管理。建议针对产融结合趋势，制定和细化相关法律制度，为金融监管提供有效依据；建立以目标监管为导向的监管框架，监管部间明晰各自职责，加强政策协调、信息沟通和统计规范；健全风险防范机制，科学监测和评估新的金融风险，针对产融结合中可能出现各类型的金融风险制定预警和防范措施；加快我国金融市场改革，尤其是利率市场化改革，使金融资本能够真正按照市场供求状况

决定金融脱媒程度和走向；此外，监管部门应明确商业银行在贸易金融服务领域的主导地位，鼓励商业银行贸易金融业务创新。

我们有理由相信，在党的十八大以后，在新世纪的第二个十年，贸易金融会迎来新的局面。2013 年是充满机遇和挑战的一年，让我们携手并进，牢牢把握全球化带来的发展机遇，应对金融脱媒及产融结合引致的挑战，共同促进贸易金融业的发展，为我国金融经济的繁荣和社会的进步作出更大的贡献。

银团贷款业务未来发展[①]

一、国际化是银团贷款发展的必由之路

当前，国内银团贷款发展的外部环境正在发生深刻变化，市场化程度不断加深，国内外市场关联度不断提高，银行间合作不断深化，为国内银团贷款业务国际化发展创造了良好的机遇。

一是人民币国际化加速发展。自2009年跨境贸易人民币结算试点启动以来，人民币国际化的步伐不断加快，目前结算品种已涵盖所有经常项目和资本项下的直接投资业务，香港市场已形成最大的人民币离岸中心，伦敦、新加坡也在积极建设人民币离岸中心。随着人民币国际化进程加快推进，跨境交易日益增多，人民币在岸、离岸市场相互影响将不断加深，将为人民币银团贷款发展开辟新路。

二是利率市场化加速发展。2012年6月和7月，人民银行两次下调存贷款利率，并扩大存贷款利率浮动区间，向利率市场化迈出了重要一步。作为市场化基础较好的业务，银团贷款在利率市场化环境下将有更大的用武之地。

三是客户跨国金融需求增加。当前，中国企业"走出去"日益增多，客户跨境金融需求大幅增加，需要更加国际化的金融产品和服务，为银团贷款业务发展提供了巨大发展空间。

四是银行加快发展方式转变。面对企业议价能力增强、直接融资

---

① 作者于2012年8月31日在"中国银行业协会银团贷款与交易专业委员会第三届年会"上的发言。

比重上升、"金融脱媒"加速等挑战，银行正在加快转变发展方式，优化业务结构和收入结构。银团贷款具有节约资本、分散风险、提高中间业务收入的作用，可以帮助银行更好地顺应发展方式转变的需要。

二、国内银团贷款国际化和市场化水平有待提高

近年来，在银监会、中国银行业协会和银行同业的共同努力下，我国银团贷款业务加快发展。据统计，2011 年，亚太地区（不含中国）银团贷款签约总额折合人民币约为 3.9 万亿元，其中日本为 1.9 万亿元人民币排名第一，澳大利亚为 6800 亿元人民币位列第二。同期，我国新签约银团贷款总金额达到 1.3 万亿元人民币，余额突破 3 万亿元，我国已经发展成为亚太地区第二大银团贷款市场。但与市场需求相比，我国银团贷款的国际化和市场化水平还有待提高。

一是市场容量较小。在欧美和亚太地区其他市场中，银团贷款在公司贷款中的占比一般在 20%～50%，而在我国的占比还不到 10%，国内银团贷款业务仍有广阔的市场空间和巨大的发展潜力。

二是市场参与者较少。目前活跃在银团贷款市场上的银行大多是专业委员会的 61 家成员单位，其他金融机构对银团贷款参与有限。我国共有银行业金融机构 3800 家，如果把这些力量调动起来，银团贷款市场将更加可观。

三是标准化、专业化程度不高。比如，银团贷款标准文本在国际上被普遍采用，而在我国标准文本的普及率还不是很高。此外，国内真正意义上的银团贷款还不是很多，大量的银团贷款属于联合贷款或俱乐部贷款性质，筹组形式简单，缺少分销环节。

四是二级市场尚未真正建立。二级市场是银团贷款市场不可分割的组成部分，只有构建包括发行和交易在内的完整的银团贷款市场，参与者才能进行贷款期限和收益的有效管理，市场才会更加活跃。

五是国际知名度有待提高。我国银团贷款市场的国际化品牌较少、市场声誉有待提高，在欧洲货币（Euro Money）、亚太贷款市场公会（APLMA）等国际性机构评奖中鲜有国内银行的身影。这一方面说明我们在交易结构、复杂程度和专业化程度上与国际先进银行还存在差距，另一方面也说明我们主动宣传不多，国际影响力不够。

三、加快银团贷款国际化发展的几点建议

面对挑战和机遇，我们需要在前几年工作的基础上积极顺应市场发展方向，大胆进行具有前瞻性、创新性的尝试，解决机制性问题，练好内功，做大市场，树立我国银团贷款的品牌。

第一，要深入挖掘银团贷款的价值。在新的市场环境下，银团贷款除了要继续发挥节约资本、分散风险、促进合作的作用外，还要向高品质价值创造转变，进一步加强在识别风险、稳定资金来源、转变盈利模式、优化资产结构等方面的功能。

第二，要提高银团贷款市场的广度和深度。不断丰富产品种类，增加市场容量，优化行业、期限、客户和信用结构，满足不同偏好参与者的需求。要借鉴债券市场、股票市场建设经验，尽快建立银团贷款二级市场，并推出登记、托管、结算等配套措施。

第三，要做好系统应用和推广。银团贷款信息系统是银行业协会主导、各成员单位共同开发的专业产品服务系统，不仅可以提高银团贷款筹组效率，降低筹组成本，而且有助于提升标准化、专业化水平，有效解决市场分割问题。建议委员会成员单位广泛参与，积极使用这个系统，共同促进银团贷款业务快速发展。

第四，要发挥专业机构的作用。银团贷款作为专业化的产品，需要建立或者引入专业机构，为市场参与者规避风险作出合理判断提供意见和建议。2012年，委员会已组建了法律顾问组，未来还将适时引进评级机构、会计师事务所、资产评估公司等机构。

第五，要扩大国际影响力。通过创立专业杂志等方式，定期公布市场排行、发行及交易情况，逐步树立国内银团贷款的市场品牌。加强与伦敦贷款市场协会（LMA）、美国银团与贷款交易协会（LSTA）等国际组织的沟通与交流，充分借鉴其在培育和发展银团贷款市场方面的宝贵经验。加强国际同业合作，积极汲取国际上最新理念和技术，拓宽双方合作空间。

第六，要持续加强业务创新。密切跟踪利率市场化、离岸人民币市场发展趋势，加强相关课题研究，加快产品与服务创新实践，不断提升我国银团贷款的发展水平。

充分发挥银团贷款优势
促进银团贷款健康发展[①]

中国银行业协会银团贷款与交易专业委员会是全国性的银团贷款组织。自成立至今，在银监会和中国银行业协会的指导和关心下，以引领中国银团贷款健康发展为目标，开展了一系列卓有成效的工作，得到了监管机构、会员单位和社会各界的广泛认可。国际经验表明行业自律组织是连接监管者和市场参与主体的重要纽带，也是引领银行业科学健康发展的有效途径。银团贷款与交易专业委员会所取得的成绩与银监会的领导和支持是分不开的；委员会是协会的一个重要组成部分，在委员会成立的四年工作中，协会各级领导对每项工作都给予了高度重视和支持。在此，我诚挚地对银监会和中国银行业协会表示感谢，也希望委员会能够得到银监会和中国银行业协会更多的关心和支持。

中国建设银行担任了委员会前两届的主任行，在建设银行的带领下，在各成员单位的协助与配合下，委员会的各项工作开展得有声有色，结合中国实际、借鉴国际经验，我们的工作机制不断创新、工作内容日渐丰富，大家一起为推动银团贷款业务的发展打下了坚实的基础。我谨代表银团贷款与交易专业委员会第三届常务委员会向中国建设银行以及各成员单位所作出的艰苦努力和卓越贡献表示衷心的感谢，

① 作者于 2010 年 11 月 3 日在"中国银行业协会银团贷款与交易专业委员会会议"上的发言。

也希望大家能够一如既往地支持委员会的各项工作。同时，我们要热烈欢迎中央国债登记结算公司等十二家单位加入，他们的加入给委员会注入了新的力量，我们的队伍进一步壮大。

中国经济长期以来依靠高投入、高消耗、高资本积累所带动的增长模式，已经引发了一系列经济和社会问题，转变经济增长方式已经刻不容缓。2009 年为支持保增长的目标，货币信贷超常增长有力拉动经济回升，但也存在总量过大、结构不尽合理等问题，潜在风险和隐患不容忽视。因此 2010 年以来各银行都面临着优化信贷结构，转变增长方式、提升金融服务质量和水平，提高可持续发展能力的重大课题。

在这一背景下，中国银行业协会银团贷款与交易专业委员会第三届常务委员会将在前两届工作的基础上紧紧围绕着充分发挥银团贷款优势、促进银团贷款健康发展为宗旨，从推动一级市场、二级市场和加强银团贷款基础建设工作三个方面工作着手，逐步推进委员会的各项工作。在一级市场我们将着力加强和倡导银团贷款理念，继续提升标准化、规范化的水平，为二级市场奠定良好的基础。在二级市场我们将建立健全信息系统运行机制，实现信息系统全面应用的推广，使之成为为会员银行服务的、实现一级市场筹组、二级市场交易和信息、定价、评级等更多服务的国内统一的银团贷款市场信息集散地。在银团贷款基础建设方面，我们将在人才队伍的培训和建设、代理行操作的研究、银团贷款文本的研究完善和专业资格认证体系等方面进行开拓和探索，切实提高中国银团贷款发展水平。

提升大宗商品融资竞争力^①

在全球经济及贸易一体化的大背景下,大宗商品贸易规模不断扩大,交易模式日趋复杂,市场对大宗商品融资的需求凸显。中国商业银行应调整经营理念,紧随大宗商品贸易蓬勃发展的趋势,积极发展大宗商品融资业务,在满足市场多元化需求的同时,提升核心竞争力。

复杂的金融综合运用体系

大宗商品是指可进入流通领域但非零售环节,具有商品属性,用于工农业生产与消费使用的大批量买卖的物质商品。

在金融市场,大宗商品指同质化、可交易、被广泛作为工业基础原材料的商品,根据性质不同,大宗商品可以分为硬性、软性及能源三大类。硬性商品主要包括有色金属、黑色金属等基础金属产品。软性商品主要包括大豆、棉花等农产品。能源商品包括原油、煤炭等动力类商品。

服务于大宗商品产业链的大宗商品融资业务由来已久,在国际市场上已有100多年的发展历史,形成了完整健全的业务理念。

一般来说,银行为大宗商品企业提供的一切金融服务,均属于大宗商品融资业务范畴,既包括信用证、押汇、保函、备用信用证、应付款暗保等传统贸易金融产品,货押融资、仓单融资、装船前融资、预付款融资、加工融资等结构性贸易金融产品;也包括项目融资以及

---

① 此文发表于《财经》2013年第16期。

商品交易所场内、场外交易的期货、期权等衍生金融工具。

以油品行业为例，银行可在油田勘探开采环节提供项目融资，在油品加工环节提供加工融资，在油品仓储环节提供货押融资、仓单融资，在油品贸易环节提供信用证、押汇、保函、应付款暗保、装船前融资等各类贸易结算及融资服务，并可根据企业的避险需求，在不同环节匹配油品套期保值。

总体来看，大宗商品融资业务以行业特点明显、交易模式复杂的大宗商品为融资标的，以贸易金融为基础，业务涉及商业银行、投资银行、物流公司、期货交易机构等众多参与主体，为大宗商品产业链的勘探、开采、贸易、仓储、加工、分销等各环节提供一体化金融服务方案，是复杂的金融产品综合运用体系。

更好服务实体经济

发展大宗商品融资业务能够更好地服务于实体经济。

首先，发展大宗商品融资业务有助于促进经济升级转型，加快中国从以出口为主向进出口并重经济模式的转变，拓宽大宗商品进口来源，促进中国工业升级与贸易结构调整。

其次，发展大宗商品融资业务有助于支持企业"走出去"，协助中国"走出去"企业尽快适应当地市场环境和竞争格局，支持其开展全球布局，获取大宗商品资源。

最后，发展大宗商品融资业务有助于维持战略重要性行业稳定发展，大宗商品贸易及其配套金融服务的发展将极大影响后续各行业生产经营的稳定性，如粮棉油、石化、钢铁、装备制造等战略及民生行业，都依赖于稳定发展的大宗商品贸易作为支撑。

在更好地服务于实体经济的同时，发展大宗商品融资业务也有助于推动银行业金融创新。大宗商品贸易模式复杂多样，不同行业需求各异，要求金融机构结合自身业务实际，开展产品方案与服务模式创新，提升金融创新的内生动力。

这还有助于银行业务升级转型。大宗商品融资业务综合运用各类对公金融产品，具有结构化特点，当前在利率市场化的背景下，有助于商业银行跳脱过度依赖传统公司信贷利差的藩篱，提升中间业务收入，转变盈利模式。

同时这也有助于商业银行国际化发展。大宗商品贸易全球化特点显著，要求中国金融机构紧随企业"走出去"步伐，服务企业全球产业链整体需求，有助于中国金融机构与国际接轨，推动跨境经营。

近年来，中国大宗商品交易蓬勃发展，2013 年第一季度，中国铜、铁矿石及原油进口量分别达到 318.8 万吨、1.86 亿吨及 6897 万吨，继续保持世界第一大铜、铁矿石进口国和第二大原油进口国的市场地位，大宗商品融资业务市场空间广阔。

此外，受金融危机影响，主导大宗商品融资业务的外资银行渐呈收缩之势，为中国商业银行发展大宗商品融资业务提供了有利契机。中国商业银行应紧随贸易发展趋势，把握市场机遇，将大宗商品融资业务置于战略高度，全力推进业务发展。

促使经营理念转变

外资银行涉足大宗商品金融服务由来已久，实践经验丰富，通过建立专业化业务体系，为大宗商品企业提供全产业链的综合金融服务。近年来，中国商业银行积极响应大宗商品企业需求，开展业务实践，如中国银行充分发挥集团多平台优势，不断完善业务体系，在新加坡成立了中资银行的首家专业大宗商品融资中心，中银国际成为多家主流国际商品期货交易所清算会员，为企业提供涵盖贸易金融及套期保值产品的综合服务方案，支持中资企业"走出去"参与全球竞争。

但总体来看，中国商业银行尚未建立健全完善的业务组织架构及专业化风险管理体系，应用的产品仍以进口信用证、背对背信用证、备用信用证、押汇等传统国际结算与贸易融资业务为主，业务专业化经营水平还十分有限，亟须转变经营理念，从组织架构、风险管理、产品创新等多维度推进业务发展。

一是转变组织理念，推行垂直纵向管理模式。

大宗商品融资业务具有专业性强、技术壁垒高的特点，为强化业务的集中管理及专业化经营，国际大宗商品专业银行往往在不同区域设立直属于总部贸易融资或结构融资部门的区域中心，拉直路线，扁平作业，有效提升业务效率及专业性。

中国商业银行应转变组织理念，汲取国际同业先进经验，结合自身经营实际，从客户营销、产品研发、风险管理等维度推行对业务的垂直纵向管理，通过由总部直属的区域中心建设或行业事业部建设，建立健全符合大宗商品融资业务发展需要的组织架构。

二是转变风险理念，推进专业化风险管理。

大宗商品融资业务的健康发展，需要与之相适应的风险管理体系的有力支撑，国内商业银行亟须转变风险管理理念，提高大宗商品融资风险管理专业化水平。

推进以债项评级为核心的大宗商品融资专业化授信管理体系的建设，在评估企业自身财务状况的同时，以货物和货权为核心，重点关注交易商品和贸易流程，整体评估大宗商品融资项目的自偿性；设置专门授信尽责和审批人员，专项负责大宗商品融资业务的审批，提高授信审批的时效性和专业性，为业务的发展提供保障；积极推进专业化的市场风险控制体系建设，加强行业研究，进一步完善盯市机制，以市场价格波动为依据，对业务风险敞口进行动态管理，并通过套期保值等手段，锁定商品价格风险。

三是转变创新理念，推广结构化解决方案。

大宗商品融资业务不仅仅是对贸易融资产品在大宗商品贸易领域的简单运用，而是一项复杂的系统工程。我国商业银行应转变创新理念，逐渐由对单一产品的研发推广向综合结构化服务方案的设计过渡，在深入分析行业交易特征的基础上，加强传统产品与结构性产品的组合，综合运用商业银行、投资银行、保险等金融产品元件，为客户设计涵盖上游勘探、开发，中游生产、加工、库存管理，乃至最终下游销售全产业链的结构化服务方案，在有效缓释业务风险的基础上，提高大宗商品融资业务的市场竞争力。

政策支持建议

中国是大宗商品的贸易大国，但还不是大宗商品的金融大国，大宗商品融资业务实践仍处于初级阶段，业务规模还相对有限，服务水平尚待提高，亟须国家出台相关扶持政策，营造支持鼓励大宗商品融资业务发展的外部环境，为中国大宗商品贸易的蓬勃发展奠定坚实基础。

首先，支持大宗商品贸易人民币计价与结算。

目前全球大宗商品定价体系中，外币（如美元）占主导地位，定价权也被国外一些主要交易市场和交易商控制，对中国企业从事大宗商品贸易极为不利。

建议中国政府与非洲、中东、拉美等地区的资源出口国进行协商，对于中国进口量占据全球市场较大比重的商品，如能源、矿产、粮食等，推动其以人民币定价和结算，从而推进大宗商品贸易的人民币跨境结算业务的发展，支持中资商业银行为大宗商品企业产业链全过程提供以人民币为基础货币的综合金融服务。

其次，完善境内商品期货交易市场。

大宗商品交易过程中，期货市场发挥了重要的价格发现和风险规避作用，为大宗商品企业规避价格波动风险，维持稳定经营，提供了有力保障。

目前，国际知名商品期货交易所主要分布在发达国家，如英国伦敦金属交易所、美国芝加哥商品交易所等，中国虽然在上海、郑州、大连建立商品交易所，但可交易商品种类相对单一、交易量较小，在世界范围内影响力仍相对有限。

建议国家层面汲取国际先进经验，进一步完善国内商品期货交易市场，增加交易商品品种，丰富商品衍生品交易工具，优化监管政策，营造大宗商品交易的良好环境，逐步将境内商品期货交易所建成具有国际影响力的世界性交易所，从而影响和掌握国际大宗商品定价权。

贸易金融双轮驱动
提升人民币国际化新层次^①

2009 年 7 月，我国正式启动跨境人民币结算试点，人民币由此开启跨境使用、迈向国际的历史征程。仅仅历时四年，人民币由"跨境贸易结算"为起点实现顺利开局，并逐步发展成为世界经济和金融市场上不可忽视的一股力量，国际化之路取得阶段性成果。但伴随着人民币国际化进入纵深发展的新阶段，各种新的制约和市场扰动的挑战也随之产生。要为国际化扫除障碍、破除制约，迫切需要进一步推动金融市场建设、强化金融市场对人民币国际化的支持，通过构筑贸易和金融双轮驱动，提升人民币国际化新层次。

一、人民币国际化取得阶段性成果，亟待向纵深发展

"跨境贸易"为人民币国际化奠定良好开局

在中国巨大贸易额的带动下，人民币作为跨境贸易结算货币很快为大多数国家所接受，人民币国际化开局顺利并取得阶段性成果。

经常项下人民币国际化程度最高，跨境贸易人民币支付结算比例大幅提升。2009—2012 年，我国跨境贸易人民币结算量分别为 36 亿元、5063 亿元、2.08 万亿元和 2.94 万亿元，近三年平均增速达140%。货物贸易项下跨境人民币结算量在同期海关进出口总额中的占比由过去的不足 1% 大幅提高至 10% 以上。据环球同业银行金融电讯

---

① 此文发表于《财经》2013 年第 25 期。

协会（SWIFT）统计，人民币在世界主要贸易融资货币中排名前3位，在全球主要支付货币中的排名也已上升至第13位。可见，随着经常项下跨境人民币政策的全面放开，支付结算领域已成为当前人民币国际化程度相对较高的领域之一。

人民币跨境使用的范围迅速扩大。从地域覆盖上看，人民币跨境使用的范围已经由最初的高度集中于香港逐步转为向全球大多数国家和地区延伸。2012年，香港地区发生的人民币实际收付结算量占比约为55.7%，较2011年末进一步下降5.9个百分点；与我国境内发生人民币实际收付的境外企业所在国家和地区扩大至206个，比2010年末增加114个，全球覆盖范围达90%左右。从产品覆盖上看，人民币跨境使用的范围从最初的跨境贸易结算逐步拓展至存款、贷款、担保、清算、资金交易、理财、现金管理、债券承销等各类银行资产、负债和中间业务，产品门类更加齐全，品种更为丰富。

离岸人民币中心渐次成形，"周边化—区域化—国际化"的发展路线清晰。人民币国际化进程开启后，香港依靠得天独厚的地域和政策优势率先成为境外人民币资金集散地，在人民币跨境清算、债券、投融资、交易类产品等各方面均已形成较为成熟的制度安排。截至2012年末，香港市场人民币存款余额超过6000亿元，累计发行人民币债券3054亿元，成为成熟度最高的离岸人民币中心。继香港之后，其他国际金融中心也开始出现人民币聚集：新加坡凭借其全球第四大外汇交易中心的地位加快建设海外人民币交易市场，人民币资金沉淀超过600亿元；台湾地区与内地签署《海峡两岸货币清算合作备忘录》并分别指定清算行后，依托与大陆密切的经贸关系迅速发展离岸人民币市场，人民币存款突破500亿元，并已推出"宝岛债"；在欧洲，伦敦组建"离岸人民币中心建设专家顾问组"，力推离岸人民币市场建设，目前人民币存款超过143亿元、日均人民币即期外汇交易17亿美元、发行人民币债券/CD近60亿元；卢森堡也已启动欧盟区离岸人民币清算中心建设工作。人民币正沿着"从亚太经欧洲到全球"的路线图稳步实现"走出去"。

跨境人民币业务多元化格局打开纵深化发展的空间

人民币通过跨境贸易渠道流出，在境外形成粗具规模的资金沉淀，带动了资金交易、理财、发债等其他相关产品的发展，形成多元化业务格局，人民币国际化向纵深推进的空间正逐步打开，目前主要有四个方面亟待推进：

一是资本项目可兑换有待稳步推进。人民币发展到大规模跨境使用时，必然会出现资本项目可兑换的诉求。目前资本项下直接投资领域已经全部放开，在间接投资领域，境外三类机构及人民币合格境外投资者（RQFII）可在一定额度内投资境内债券市场和股票市场，未来应继续稳步推进资本项目可兑换，适应跨境人民币业务多元化格局。

二是与人民币跨境流出取得的成效相比，人民币海外流转的进展相对滞后，人民币国际化有待实现从"跨境循环"到"海外循环"的跃升。从人民币跨境使用的广度来看，目前多数人民币收付发生在中国内地与境外之间，还只是一种双向流动，尚未形成境外第三方之间的大规模收付流转。前期的相关政策、市场热点和阶段性进展也多体现在"跨境循环"领域，"海外循环"发展相对滞后。从使用深度来看，人民币全球流转的链条还不够长，主要集中在贸易结算环节，人民币在境外使用可能涉及的信贷、投资、交易、避险等环节都存在不同程度的短板和欠缺，"海外循环"尚不充分。造成"海外循环"滞后于"跨境循环"的深层次原因是金融市场的配套支持没有同步跟上，在岸、离岸两个金融市场在全球范围内调剂、配置人民币资金的能力还不强，流出境外的人民币资金缺乏离岸市场提供配套的投资、保值或增值渠道，许多人民币资金没能在境外就地实现供求匹配，这是导致当前人民币短暂"走出去"后，为追逐利差、汇差而急于回流的主要原因。

三是在我国国际收支总体顺差的背景下，人民币净输出能力仍显不足，亟待改善提高。从货币输出角度看，历史上美国和欧盟主要是通过经常项目的大额逆差净输出本国货币的，这种货币输出为本国/经济体带来了可观的"铸币税"收益。反观人民币的国际化，是建立在国际收支（经常项目和资本项目）整体顺差、局部逆差（亚洲地区双边贸易）的基础之上。这种双顺差形态下的人民币国际化只实现了"部分替代美元"，但总体上仍延续了外汇资金净流入和外汇储备净增加的格局，还没有享受到"铸币税"收益。考虑到我国是商品生产和输出大国，贸易收支状况在未来相当长一段时期内不会出现逆转，在这种背景下要实现人民币的净输出，必须要加强金融市场对外输出人民币资金的能力。

四是与迅速发展的支付结算职能相比，人民币作为国际"交易、计价和储备货币"的职能发挥还比较有限，有待拓展提速。人民币通过贸易渠道流出，即成为境外机构或个人所持有的人民币资产，这就相应派生出资产的交易、转换、投资、避险等需求，这些需求必须依托配套的金融市场服务来满足。如果金融市场不能提供品种丰富的人民币金融资产来吸纳境外的人民币资金，使其便利、高效地服务于各种交易、投资和价值储备的目的，就可能降低境外机构或个人持有人民币资产的意愿，这些资产有可能转化为某种形式的地下资金回流，干扰国内金融市场的正常运行。

上述四个方面均与境内金融市场的开放和发展、离岸人民币中心的建设和完善有着直接和间接的关系，单独通过贸易手段已经不足以有效撑开人民币国际化向纵深发展的空间。

二、人民币国际化向纵深发展需要金融市场的配套支持

金融市场对境外人民币的流转使用具有重要的支持作用

货币的流转使用，从实体经济角度看，主要是结算、汇兑、筹资、投资等实体经济的资金周转活动；从虚拟经济角度看，这些资金周转和使用又会在银行同业市场、外汇交易市场、债券市场、股票市场等金融市场上有所反映，见图1。

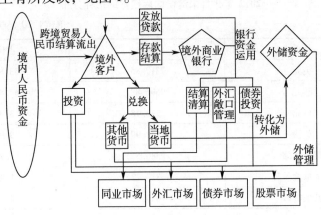

图1　人民币境外流转过程与金融市场的对应关系

境外人民币资金结算清算，需要一个流动性较好的同业市场调剂资金余缺，人民币汇兑离不开交易活跃的外汇市场，人民币筹资和投资需要人民币债券市场的支持。可见金融市场对货币资金的流转使用具有重要的支持保障作用，人民币国际化向纵深推进，需要金融市场提供同步配套支持。

金融市场"池子"大小影响着人民币国际化规模的大小

如果截取人民币在境外流转过程中某一时点的形态，不难发现境外人民币资金会依据其所体现货币职能的不同而沉淀于不同的金融市场，形成不同形式的人民币金融资产，境外机构或个人持有的这些金融资产的总规模体现着人民币国际化的规模。

以债券市场为例。据国际清算银行（BIS）统计，截至 2012 年 9 月，全球债券市场未清偿债券余额为 90.67 万亿美元，其中未清偿国际债券余额 21.63 万亿美元。未清偿国际债券中以美元计价的债券余额为 7.32 万亿美元，占未清偿国际债券的 33.83%，见表 1，庞大的美元债券市场吸纳了大量境外机构持有的美元资金，包括以美元持有的外汇储备资金，为美元成为全球最重要的国际储备货币提供了有力支撑。相比之下，以人民币计价的国际债券余额仅为 0.17 万亿美元，占比仅为 0.79%。尽管中国国内债券具有 1.69 万亿美元的规模，但未向国际资金完全开放。能够吸纳境外人民币资金的债券市场规模目前还较为有限，不足以较好地满足人民币国际化向纵深发展的要求。

表1　　　　　　　　2012 年 9 月未清偿国际债券的币种分布

单位：10 亿美元、%

货币	余额	占比
美元	7317.85	33.83
欧元	9696.88	44.83
日元	733.18	3.39
英镑	2141.99	9.90
瑞士法郎	386.52	1.79
加拿大元	313.72	1.45
其他货币	1039.33	4.81

资料来源：BIS。

　　金融市场功能是否完善，直接关系到人民币跨境使用流转是否顺畅。高度国际化的货币需要一个成熟金融市场的支持。不仅要求体量匹配，还要求功能完善；既要有一定的存量规模，也要流量活跃；不仅要有债券市场、股票市场等直接服务于投资目的的金融市场，还要有即期交易、远期交易、期权、其他衍生品市场等服务于风险管理和避险保值目的的配套交易市场。

　　金融市场功能的完善有利于及时满足境外人民币资金的多种需求，提高境外机构或个人持有人民币资产的信心，为境外人民币资金规模的持续积累和扩大提供保障。国际化程度较高的美元、欧元等货币普遍都有一个存量大、流量高、产品丰富、功能齐全的金融市场为依托。以外汇市场中的美元为例，2010 年 4 月末，美元在国际外汇市场上的交易份额为 85%，在远期和掉期柜台交易份额为 87%，在货币期权柜台交易的份额为 80%，见图 2。规模大、流动性强的美元交易市场，使得持有美元资金享有全球范围内的兑换、保值、投资和从事各种交易等方面的便利，从而吸引美元以外的资金流入，强化了美元作为核心国际货币的地位。

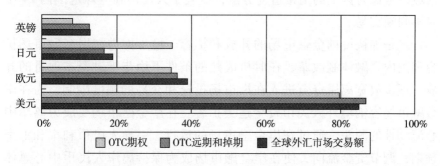

　　注：外汇市场交易份额数据为 2010 年 4 月末，OTC 数据为 2010 年 6 月末，由于货币是成对交易，各种货币交易份额合计为 200%。

　　资料来源：BIS Triennial Central Bank Survey，2013。

图 2　全球主要货币外汇市场及柜台市场交易份额

三、强化金融市场的配套支持，需培育金融市场的三项关键能力

　　第一，要扩大金融市场的"蓄水"能力。

　　一是优先建设离岸人民币市场体系。离岸人民币中心是吸纳境外

人民币资金的重要缓冲区和分流池。功能完善、遍布全球的离岸人民币中心可就地满足相当部分的交易或投资需求，避免境外人民币资金过快回流境内金融市场。建设离岸人民币中心，其一是在功能上应各有侧重。依据当地市场条件和比较优势有所侧重地推动如外汇交易市场、债券市场、资金拆借市场、境外衍生产品市场的建设，使各个离岸中心都有其各自的发展空间，并易于形成互补和合力。功能上有所区分还有利于降低境外市场对某一金融中心的过度依赖，促使整个离岸市场更为均衡稳健。其二是在定位上应丰富层次。例如香港地区因拥有高度市场化的国际金融市场、经济上与大陆唇齿相依、人民币存量可观等独特优势，可定位于连接在岸和离岸人民币市场的桥头堡；新加坡离岸人民币中心则可定位为立足东盟，促进人民币在东盟和亚太区域内的循环和使用；伦敦是重要的欧洲美元市场，也是欧元聚集地，伦敦离岸人民币中心可定位为促进人民币参与美元、欧元的国际资金大循环、帮助人民币跻身全球核心货币的重要支撑。其三是在地域上应合理分布。应充分覆盖经济总量较为集中和金融业较为发达的区域，考虑时区上的衔接适度分散，以利于人民币在全球范围内24小时不间断交易。

二是加快境内金融市场的开放和扩容。稳步推进在岸金融市场扩容和国内金融体制改革，在时机成熟的条件下稳步推进资本项目的开放，逐步放宽离岸资金进入在岸市场投资和交易的额度限制，为在岸金融市场容纳境外人民币资金适当扩容。在岸金融市场要成为离岸中心流动性的源头，通过在岸金融市场的运行，引导人民币利率和汇率预期，调节资金流向，使在岸金融市场成为保持离岸人民币中心总体稳定的"压舱石"。

第二，要拓展金融市场的配置能力。

金融市场对货币国际化的支持，还表现在金融市场能将集聚的资金在全球范围内进行高效配置，提升货币的国际化程度。据BIS统计，2012年9月，银行机构发行的国际债券未清偿余额在市场总额中的占比达33.15%，银行机构在金融市场筹集信贷资金再向全球投放的国际化经营活动极大地提升了金融市场的资金配置能力。

我国也可通过推进对外开放来提升在岸金融市场向全球配置人民

币资金的能力，但这需要循序渐进推进，也需要时机配合。提升商业银行的国际化经营水平，经由商业银行的全球化网络间接促进在岸金融市场向境外输出资金，对于加快实现人民币在全球范围内的配置具有更强的现实意义。

第三，要增强金融市场的调节能力。

当前美、欧、日等主要发达经济体货币宽松政策导致人民币利率水平高于外币，强化了人民币单边升值预期，这种市场环境提升了境外买入和持有人民币的热情，有助于人民币跨境流出，但一旦市场环境发生逆转，又有可能促使人民币集中回流。利率汇率相对变动引发的这种资金无序流动容易导致市场震荡，对人民币国际化进程造成干扰。要缓解和消除这些不利影响，就要进一步增强金融市场通过市场机制的自我调节来恢复平衡的能力，为人民币稳步有序实现国际化提供保障。增强金融市场的调节能力，一要加强离岸人民币市场金融创新，增强金融市场弹性。二要继续推动人民币利率市场化和汇率形成机制改革，提升人民币汇率双向波动的灵活性。三要深化国内金融体制改革，通过制度松绑释放市场活力。

四、贸易金融双轮驱动，提升人民币国际化新层次

综上所述，强化金融市场支持是现阶段人民币国际化向纵深发展的迫切诉求，而全球人民币金融市场的健全和完善又会服务于全球贸易领域，拉动人民币在跨境贸易结算领域的更广泛使用。在某种意义上，人民币的国际化进程赋予了"贸易金融"更深层次的含义，"贸易"和"金融"应当形成"双轮驱动"，以两者之间的良性互动，共同提升人民币国际化层次。应注意把握好以下两个原则。

第一，继续坚持以贸易为先导，拓展人民币国际化空间。

人民币国际化要继续坚持以贸易为先导的原则，这主要是以下因素所决定的：一是目前人民币在跨境贸易结算中的占比还只有10%左右，欧元在欧元区国家对外贸易结算中的占比约为44%，提升人民币在跨境贸易结算中的使用还有很大空间。二是贸易项下的实物商品是人民币价值的基础，我国实物商品生产和输出大国的地位是人民币走向国际的比较优势所在，要充分发挥这一优势就必须坚持以贸易为先

导推进人民币国际化。三是人民币的计价结算职能是人民币履行其他货币职能的基础，鼓励人民币在跨境贸易结算中的使用有助于强化人民币的国际计价结算职能，从而为人民币履行其他国际货币职能夯实基础。四是我国的金融市场发展水平、商业银行的国际化经营水平乃至我国在国际金融领域的话语权都还需要进一步提升，以贸易为先导拓展人民币国际化空间是基于当前条件的现实选择。

第二，保持两个同步，强化金融市场支持保障作用。

坚持以贸易为先导拓展人民币国际化空间的同时，要同步推进金融市场建设，为人民币国际化的纵深发展提供保障和支持。一是金融市场发展要与人民币国际化进程保持同步。配合人民币"走出去"战略实施，加快配套离岸人民币中心建设，促使离岸人民币中心成为境外人民币集散和交易的主渠道；把握好境内金融市场扩容与开放的节奏，有序放宽境外人民币参与境内金融市场的限制。二是金融市场发展要与实体经济的转型升级保持同步。金融市场所承载的虚拟经济不能脱离实体经济的发展水平，必须与实体经济结构相适应并服务于实体经济，加快境内外人民币金融市场建设，也要与当前我国转变经济增长方式、推动产业升级、扩大对外投资等实体经济发展的步调保持协调。

以全球第一的货物贸易规模和全球第二的实体经济规模作后盾，贸易项下的人民币跨境使用取得了飞速发展，下一步，应不失时机地推进金融市场建设，形成贸易和金融双轮驱动格局，提升人民币国际化新层次，开启人民币国际化更加广阔深远的发展空间。

自贸区的银行服务创新[①]

对外贸易是我国经济增长的重要引擎和支柱。中国（上海）自由贸易试验区（以下简称自贸区）建设是我国的一项重大决策，其中心任务就是通过改革试点，促进贸易、投资的便利化。以自贸区建设为契机，通过金融创新有力支持我国对外贸易发展，是商业银行履行社会责任的重大课题，也是实现自身业务发展的重要机遇。助力自贸区金融创新实践，商业银行贸易金融业务空间广阔，大有可为。

自贸区建设对我国对外贸易发展战略意义重大

受制于外部需求疲软、人民币升值以及劳动力成本升高带来的产业外移及结构调整，我国对外贸易增速逐步放缓，贸易对经济增长的带动作用减弱。在国际贸易格局持续变化的大环境下，我国亟须通过改革，逐步适应国际规则变化、转变贸易增长方式、提升贸易便利水平和增长活力。在现阶段全力推进自贸区建设、深化贸易及投资便利化改革，对推动我国对外贸易发展，充分发挥贸易对经济结构调整、产能过剩的调节作用，具有重要战略意义。

设立自贸区是应对国际贸易格局变化的战略选择。近年来，以美国为首的发达国家积极推进跨太平洋战略经济伙伴关系协定（TPP）、跨大西洋贸易与投资伙伴关系协定（TTIP）谈判，制定符合发达国家利益的全球贸易新标准。目前，我国主要贸易合作伙伴均已参与有关

---

① 此文发表于《中国金融》2014 年第 3 期。

谈判，我国如游离在体制规则之外，必将在一定程度上削弱对国际贸易规则的话语权，面对新的贸易与投资壁垒，甚至面临在国际贸易中再次边缘化的风险。通过设立自贸区，我国可以在一个相对可控的范围内，通过推进投资管理和服务业开放的试点改革，探索与国际规则接轨的发展机制，逐步形成应对国际贸易规则变化的缓冲区和示范区，从而有助于我国进一步提升应对 TPP 和 TTIP 的主动性，为未来融入国际贸易新机制，推进贸易发展积累经验。

自贸区是我国推动贸易便利化的试验场。国际贸易便利化程度的高低，直接影响到一个国家国际贸易的效率、质量和规模，而贸易便利化水平的提升，在很大程度上依赖于贸易监管政策的简化和完善、贸易企业活力和创造力的有效释放。自贸区将促进贸易、投资便利化作为中心任务，以行政管理体制改革作为制度保障，努力转变政府职能，促进政府妥善处理好与市场、与社会的关系，力求减少行政管理成本。其中，减少对海关监管、资金流动、投资准入等事项的管制，将切实提升自贸区贸易的便利化水平，相关监管模式一旦成熟，可以很快向全国复制、推广，成为提升全国贸易发展水平的"助推器"。

自贸区建设是我国助推人民币国际化的新引擎。自贸区以金融创新和改革为抓手，试点推进利率汇率市场化改革、资本账户开放，一方面有利于扩大人民币在贸易、投资、保险等领域的运用，加速人民币对外流动；另一方面有利于企业更方便地运用人民币资金进行各种支付清算、外汇兑换、投资保值等交易，为境外人民币回流提供更加多样化的运用渠道，最终形成"出、转、回"相互促进、良性互动的人民币资金循环。到 2013 年第三季度末，境外非居民人民币存款达1.2 万亿元，境外人民币存量已经初具规模，自贸区试点政策无疑为人民币更大规模的跨境使用和流转提供了有力支持，从而使人民币国际化成为我国对外贸易发展的新驱动力。

自贸区将全面带动上海国际贸易中心建设。上海国际贸易中心建设是借助上海独特区位优势、发挥龙头作用带领全国贸易发展的重要布局。上海建设国际贸易中心具备良好的自然条件与经济基础，但服务水平、管理能力和发展机制等软实力与全球重要的贸易中心相比仍有较大差距。自贸区建设将有效突破上海国际贸易中心发展面临的软实力"瓶颈"，逐步形成上海国际经济、金融、贸易、航运中心建设的联动机制，以层次更高、功能更加完善的国际贸易平台，带动全国贸易的持续发展。

自贸区金融创新政策引领国际贸易发展方向

国务院《中国（上海）自由贸易试验区总体方案》（以下简称《总体方案》）颁布后，"一行三会"先后出台自贸区相关政策与管理办法，2013 年 12 月 2 日，中国人民银行公布《关于金融支持中国（上海）自由贸易试验区建设的意见》（以下简称《意见》），进一步明确了自贸区的金融监管原则与方向。从发布的各项政策看，自贸区金融创新深度契合企业国际贸易发展的诉求，顺应国际贸易发展的趋势变化，为未来我国国际贸易发展引领了方向。

第一，探索投资便利化，以跨境投资带动贸易规模提升与贸易方式转变。自贸区在投资便利化上实现重要突破。根据《总体方案》，外商投资企业实施负面清单管理，对负面清单之外的领域，按照内外资一致的原则，将外商投资项目由核准制改为备案制；自贸区企业到境外投资开办企业，实行以备案制为主的管理方式，对境外投资一般项目实行备案制，大大简化了审批手续。同时，《意见》也明确了跨境直接投资与前置核准脱钩的相关政策，简化了跨境直接投资跨境收付、兑换业务流程。自贸区投资便利化程度的加深，有效契合了境外企业、国内"走出去"企业拓展投资领域、提高投资效率的需求，跨国企业入区投资与国内企业"走出去"的步伐有望加快，区内贸易方式从一般货物贸易向转口贸易、服务贸易的转变也将提速，贸易活动将更加活跃，自贸区与境内外更高层次、更加广泛、更大规模的投资及贸易活动空间将有效打开。

第二，建立自由贸易账户体系，资金跨境流动助推总部经济。建立自由贸易账户体系是自贸区金融创新的一大亮点。根据《意见》，自贸区在坚持"一线完全放开，二线有效管住"原则的前提下，可通过分账核算管理的方式，允许试验区内居民开立居民自由贸易账户，非居民开立非居民自由贸易账户，上海地区金融机构设立试验区分账核算单元，从而构建起"三位一体"的自由贸易账户体系。自由贸易账户体系的建立，实质上在自贸区内形成了一个与境内其他市场有限渗透、与国际金融市场高度融通的区内金融市场体系。借助该体系，跨国公司可以更加便利地实现资金在境内、区内、境外机构间的灵活调拨与归集，上海作为跨国公司集团总部的吸引力将进一步提升，有力助推总部经济发展；贸易合同双方也因为有更多的账户开立选择，可以广泛利用更加便捷、成本低廉的银行跨境支付结算渠道，提高进出口贸易的效益与效率。

第三，提升跨境人民币使用便利，推动人民币结算向人民币计价逐步过渡。自贸区跨境人民币使用政策的突出特点是强调便利性。一是结算流程的便利性，除经常项目跨境人民币结算外，直接投资项下跨境人民币结算流程也将进一步简化。二是资金归集便利性，允许企业在商业银行开立集团内双向人民币资金池，开展经常项下集中收付业务。三是渠道的便利性，允许商业银行与第三方支付机构合作，提供货物贸易与服务贸易项下的跨境电子商务。四是融资的便利性，允许区内金融机构和企业在一定使用条件下从境外借用人民币。人民币跨境使用便利性的提升，将增强企业和金融机构的人民币跨境使用意愿，扩大人民币结算的业务规模。同时，通过资金池资金归集与区内企业境外借款，既打通了人民币回流的渠道，又丰富了人民币跨境使用的功能。更为关键的是，以人民币计价的跨境金融产品将越来越多，人民币的国际地位和我国企业在国际贸易中的话语权将不断提升。

第四，打造大宗商品贸易平台，大宗商品贸易及相关的服务贸易前景广阔。大宗商品平台建设也是自贸区金融创新的重点。一方面，大宗商品交易平台建设正在有序推进：《总体方案》提出允许金融市场在试验区内建立面向国际的交易平台，扩大完善期货保税交割试点，拓展仓单质押融资等功能；《意见》提出探索在区内开展国际金融资产交易；上海期货交易所已于 2013 年 11 月 22 日设立上海国际能源交易中心，承担推进国际原油期货平台筹建工作。另一方面，自贸区也出台了持舱单货物直接入区、进境检疫放宽检验、货物海关特殊监管区域间跨区便捷流动等便利大宗商品贸易开展的海关监管政策。自贸区大宗商品交易平台的搭建与货物监管政策的便利化，将有助于上海建设面向国际的多层次大宗商品交易市场，并扩大人民币在国际大宗商品交易中的使用范围。

商业银行贸易金融业务大有可为

贸易金融是商业银行支持贸易发展最主要的工具和渠道。相比其他对公银行业务，贸易金融直接服务于企业国际贸易活动，与国际接轨的程度更高，产品组合创新的灵活性与空间更大，具备自偿性因而业务风险更低，更加能够适应并充分运用自贸区推动开放、鼓励金融创新的监管政策空间，帮助商业银行在促进自贸区贸易投资便利化的同时，实现自身业务发展。特别是海内外一体化贸易金融、跨境人民币、大宗商品融资、供应链金融、全球现金管理等综合性贸易金融业务，在自贸区将大有可为。

海内外一体化贸易金融——更广阔的企业跨境金融服务平台。自贸区自由贸易账户体系的建立，使自贸区与境外完全打通、境内有限渗透，为商业银行提供了自贸区、境内区外、境外三个市场平台。允许区内机构从境外借入人民币、自由贸易账户有条件自由兑换等政策的出台，进一步拓宽了海内外一体化贸易金融合作的创新空间与客户渠道。商业银行可以更加充分地利用三个市场资源，加强与联行、代理行的合作，有效克服境内资金与融资规模"瓶颈"，为企业提供成本更低、效率更高、更有效规避汇率风险的结算、表内外融资、避险保值、资金管理、财富管理与增值等方面的一体化综合服务，从而为区内外企业搭建内外贸联动发展的跨境金融服务平台。

跨境人民币业务——人民币国际化的主渠道。使用人民币进行跨境结算可以帮助企业防范汇率风险，锁定财务成本，降低进出口交易成本、提升效率、丰富资金跨国调配的选择，越来越受到企业的青睐。自贸区跨境人民币便利化政策的出台，将提升自贸区企业办理跨境人民币结算业务的积极性，并在此基础上，进一步驱动跨境人民币业务创新。未来，商业银行在海外人民币资金跨境融资、跨境电子商务结算、"直接投资"项下跨境结算简化服务、个人跨境投资、人民币熊猫债发行等业务领域创新和发展的空间广阔，跨境人民币业务作为人民币国际化主渠道的作用将进一步强化。

大宗商品融资综合服务——大宗商品贸易的金融管家。上海国际能源交易中心成立和原油期货上市将有效带动上海地区大宗商品贸易的发展，并带动贸易商旺盛的资金周转、套期保值需求。商业银行可以通过质押期货交易所标准仓单，为贸易商提供短期贸易融资和期货保值业务组合产品；还可以针对以交易中心为纽带的大宗商品客户群，为交易中心、会员及交易商提供包含账户管理、资金结算、保证金存管、托管、理财等在内的商业银行、投资银行一体化综合服务方案。

供应链金融——释放总部经济的增长活力。一系列支持自贸区发展总部经济和新型贸易的政策措施出台，必将加快试验区跨国公司总部或财务中心聚集，并相应带动以跨国企业为核心的供应链上下游中小企业和各类服务业的集中，形成大量基于供应链的中小企业应收、应付融资需求。供应链金融可以通过对全链条物流、信息流、资金流的有效匹配与控制，应用应收、应付类的集成式银行融资产品，整体降低核心企业与上下游企业的资金运作成本，从而有效释放自贸区总部经济的增长活力。

现金管理——集团企业资金高效运营的有效工具。现金管理是商业银行通过为集团客户构建科学有效的账户管理体系来提供的一站式收付款、流动性管理及投融资服务，可以有效提升集团企业的资金运营管理效率。现金管理不是传统意义上的商业银行贸易金融服务，但与贸易金融业务的关系日趋紧密。汇丰、渣打等国际一流银行已将贸易金融业务与现金管理高度整合，建立用于服务跨国公司国际贸易活动的全球交易银行业务；在国内，集团企业境内总部利用人民币现金池开展的境外放款业务也已经纳入中国人民银行的跨境人民币结算统计，成为跨境人民币业务的一部分。自贸区进一步放宽了商业银行建立集团客户本外币资金池的政策限制，集团企业通过在自贸区设立财务总部、以现金池方式实现本外币资金集中管理和高效运作的需求将更加迫切，商业银行现金管理服务将因此面临更大的发展空间。

全面提升商业银行自贸区业务的经营管理一体化水平

商业银行参与自贸区金融创新、大力发展贸易金融业务涉及大量的政策调整、产品优化、制度创新、信息系统完善工作，远不是商业银行在上海地区或自贸区设置的一两家分支机构或者单独一两个产品条线能够实现的。商业银行必须举全行之力，全面提升业务经营管理的一体化水平，逐步形成可在其他地区复制、推广的贸易金融业务模式。

产品创新研发一体化。自贸区金融环境复杂多样，单一功能的银行产品很难有效满足客户差异化的需求，必须加强贸易金融产品组合研发。一是加强不同贸易金融产品之间的功能搭配和嫁接，尤其要特别重视现金管理业务与供应链金融、跨境人民币等业务的组合研发，将现金管理业务作为贸易金融产品与客户财务体系准确对接的桥梁和纽带。二是加强贸易金融业务与金融机构业务的组合研发，充分利用自贸区同业业务资源。三是加强贸易金融业务与商业银行、投资银行、券商、保险公司、金融租赁公司等不同业务平台的联动，努力为客户提供多元化的综合服务方案。

客户营销拓展一体化。一是自贸区分支机构要做好区内客户的营销拓展，把握客户需求，并有针对性地配套产品。二是境内其他地区分支机构要与自贸区分行密切配合，了解在自贸区注册、在自贸区外开展实际经营活动的企业客户业务需求，加强客户拓展。三是商业银行总行要建立与集团总部或地区总部设在上海的跨国公司及大型集团企业的联动营销机制，通过总分行联动营销、海内外机构一体化营销，全面掌握集团企业的自贸区相关业务需求，提供全面综合性的产品服务方案。

资产负债管理一体化。《意见》明确自贸区业务计入其法人银行的资本充足率核算，流动性管理以自求平衡为原则，同时允许自贸区金融机构有条件地在境内境外市场筹措资金。在自贸区资产负债业务规模有望逐步放大的情况下，商业银行要不断提高资产负债的一体化管理能力，从集团层面做好自贸区业务规模、资金的合理摆布，妥善处理好自贸区与其他地区的资源配置关系，确保自贸区相关业务的持续发展。

风险内控管理一体化。随着自贸区改革的深入，客户信用风险、利率汇率风险、合规风险、法律风险、流动性风险等各类银行经营风险将进一步显现。商业银行要尽快建立更为完善的自贸区风险内控模式与管理方案，不断增强自贸区与境外、境内区外业务风险的联动防控能力，创建具有自贸区特色、可复制、可推广的"自贸区风险管理新模式"。

信息平台建设一体化。信息科技是商业银行未来业务发展的核心竞争力。商业银行在建设自贸区分账管理系统的同时，要做好与现有业务系统的对接和同步更新，特别要重点做好电子银行渠道、现金管理系统平台的功能完善工作，使系统功能有效满足监管和客户的需求。

第四篇

抢抓机遇推进
人民币国际化

抢抓机遇　实现跨境
人民币业务持续快速发展[①]

当前，人民币正逐步成为企业全球贸易和投资活动的新选择，人民币国际化进程不断加快。跨境人民币政策框架基本确立，涵盖贸易结算、直接投资、项目融资、跨境担保、证券投资、清算和非居民账户管理等多个领域。跨境人民币业务稳步增长，2012年，境内70余家金融机构办理跨境贸易人民币结算量达到2.94万亿元，占同期我国对外贸易总量的8.4%，资本项下人民币直接投资金额超过2800亿元。离岸人民币市场不断壮大，年末香港人民币存款余额约5600亿元，占当地金融机构存款余额比重超过8%；新加坡、伦敦、卢森堡积极发展人民币离岸市场。中国台湾地区与大陆分别指定了各自币种的清算行。

一、政策和市场环境有利于跨境人民币业务发展

预计未来3～5年，跨境人民币业务仍将保持高速发展，中国银行要积极巩固并发展跨境人民币业务市场领先地位，打造差异化优势，带动各项业务快速发展。

（一）跨境人民币政策日趋完善

未来几年，人民币汇率机制更加灵活，人民币利率市场化改革、人民币资本项目可兑换等相关工作将逐步推进，从制度上为人民币国际化的发展提供了更大的空间。

---

① 此文发表于《中行职工报》2013年2月3日。

人民币"跨境循环"政策将促进跨境人民币业务从贸易领域向资本领域拓展。相关政策在简化跨境贸易人民币结算手续和审核流程，有序推进人民币资本项目可兑换，支持横琴、南沙、前海地区跨境人民币业务创新等方面将发挥重要作用。

人民币"境外循环"政策将主要推进离岸人民币市场的发展。"十二五"规划纲要明确支持香港成为离岸人民币业务中心和国际资产管理中心，加强内地与香港的合作，支持第三方利用香港办理人民币贸易投资结算，进一步丰富香港人民币离岸产品，以及让更多具有较强实力和资源条件的国际金融中心共同支持人民币离岸市场业务的全面开展。

（二）人民币市场发展前景广阔

在跨境人民币市场领域，经常项目业务将进入平稳发展期，资本项目业务增长潜力巨大。预计 2013 年全年跨境人民币结算量将超过 4 万亿元，同比增长 25%～30%。其中货物贸易结算金额约 2.5 万亿元，其他经常项目有望达到 1.1 万亿元，外商直接投资 3500 亿元，对外直接投资 500 亿元。

在离岸人民币市场领域，香港离岸人民币中心地位将进一步巩固，台湾、新加坡、伦敦、卢森堡等也将积极开展人民币离岸市场业务。海外人民币存量继续扩大，预计 2013 年末离岸人民币存款总额将达到 1.25 万亿元。人民币债券产品更趋多样化，二级市场日趋活跃，人民币 IPO、离岸即远期兑换、保险和理财等产品继续丰富。

二、中国银行跨境人民币业务优势面临严峻挑战

当前，跨境人民币业务已不再是简单的结算和融资产品的竞争，而是商业银行整体国际业务和综合实力的全面体现。

（一）中国银行跨境人民币业务发展初显成效

中国银行制定了《跨境人民币业务发展战略规划》，协调集团资源推进战略实施和各项工作，使跨境人民币业务在海内外机构协同发展。集团跨境人民币结算量保持市场领先，2012 年全年结算量达到 2.46 万亿元，同比增长 40%；境内分行市场份额保持在 30% 以上。全球人民币清算渠道快速发展，2012 年末全集团开立人民币清算账户 869 个，保持市场领先，台北分行还成为台湾人民币业务清算行。海外人民币

存贷款初具规模，海外机构人民币存款余额近 2000 亿元，人民币贷款和贸易融资余额 1400 多亿元。全面提供各项海外人民币产品，集团参与承销人民币债券 368 亿元；人民币现钞、人民币信用卡、俄罗斯市场人民币交易产品快速发展。形成快速反应的产品创新机制，创新发展跨境人民币贸易融资、项目贷款、境外发债回流、海外人民币联动存款、境外机构投资境内银行间债券市场、RQFII 配套托管等产品，与伦敦金属交易所（LME）、纽约泛欧交易所集团达成战略合作意向。

（二）中外资同业挑战中国银行市场领先地位

目前全球有 70 多家银行开展了跨境人民币业务，2013 年中外资同业将进一步加大对跨境人民币业务的资源投入和市场争夺。目前，中外资银行与中国银行激烈竞争伦敦、新加坡等地的人民币清算行地位，推出各项人民币国际化指数和跨境人民币业务指数、市场预测报告、企业调研报告等，争夺市场话语权。中国银行在离岸人民币债券承销、RQFII 种子基金及配套托管产品、跨境现金管理等领域不具明显优势。

三、加快发展跨境人民币业务

跨境人民币业务既是连接海内外市场的桥梁，也是中国银行全球化经营的抓手。2013 年，中国银行在跨境人民币业务领域要做好以下几方面工作。

（一）立足在岸和离岸两个市场，统筹跨境人民币业务发展

跨境人民币业务涉及在岸与离岸两个市场，关系着存款、贷款、资金清算、投资、现钞管理、银行卡、基金、保险等诸多业务的发展。要加强统筹在岸与离岸两个市场、本外币两种资源，促进海内外跨境人民币业务一体化发展。加强海外人民币资产负债管理，最大限度地提升资金运用效益。拓展海外人民币资金来源，研究利用中银香港参加行身份、利用澳门分行和台北分行清算行地位、香港分行市场融资平台等多渠道解决海外机构人民币资金需求。全力拓展海外人民币存款产品、市场融资产品、结构性投资理财产品的开发和创新。

（二）牢牢抓住代理行和清算行渠道，完善中国银行全球人民币清算网络

建设完善全球人民币清算渠道是跨境人民币业务中重要的基础工

作，也是境内外同业激烈竞争的战略性业务。中国银行既要做好代理行渠道建设，也要做好清算行渠道建设。要坚持境内代理行模式和港澳台清算行模式并重、在重点海外地区发展离岸人民币清算模式为补充的发展思路，深入研究人民币跨境支付系统（CIPS）对中国银行全球人民币清算网络整体布局的影响，研究各地清算行的定位及发展策略，结合不同地区特点平衡发展三种清算模式。

要做好台湾地区人民币清算行建设并按照监管要求正式开展人民币清算工作。要力争新加坡人民币清算行资格，积极推进菲律宾人民币清算系统建设，并重点推动欧洲区域内相关国家人民币清算行建设。

充分发挥上海总部在跨境人民币清算业务中的作用。利用全球统一支付平台和海外核心系统投产，开发离岸人民币清算系统，设计标准化的离岸人民币清算服务方案，加快清算系统建设和产品开发，人才储备和培训。要支持海外机构提供人民币清算、结算、融资、汇兑、现钞配送等一揽子服务，帮助有条件的海外机构争取当地人民币业务的主办行资格。

（三）狠抓跨境及海外人民币两类产品创新，引领市场发展

人民币国际化是一项十分复杂的系统工程，客户需求复杂，靠一两个产品单打独斗很难取胜。产品创新涉及"存"、"贷"、"汇"各个环节，是决定未来中国银行能否长期保持跨境人民币业务市场领先地位的关键。要做好结算、清算等基础性产品，还要重点关注存款、贷款、兑换、发债、投资、资金、代理服务等各项业务机会。

要抓住离岸人民币产品快速发展的市场机遇，加快扩大离岸人民币即期、远期兑换类产品规模，创新离岸人民币资金交易类产品及衍生产品。继续推动小币种直接报价，争揽境内外企业赴香港、伦敦等地发行人民币"点心债"业务，保持在离岸人民币市场发行 CD 融资的领先优势，稳步扩大海外人民币现钞产品。

要抓住资本项目政策推进的机遇，支持人民币对外投资类产品发展。重点营销人民币外债项下海外直贷产品、人民币融资性对外担保类产品、跨国公司境内子公司向海外母公司委托贷款类产品。结合前海跨境人民币贷款政策推动跨境人民币贷款和贸易融资产品发展。梳理境内其他地区企业在前海注册公司的需求，提供从开户到跨境投融

资、结算的一站式综合金融服务。把握 RQFII 额度拟扩大至 2700 亿元人民币的发展机遇，与中银香港、中银国际联动争取各类金融机构在港子公司的 RQFII、RQFII - ETF 业务机会，并细化服务流程。推广境外三类机构投资国内银行间债券市场托管业务等。

要把握境内外汇率和利率的变化，在人民币升值预期下拓展跨境汇利达、落地转汇款产品，贬值预期下拓展出口转收款、协议融资等产品。发展经常项目贸易流程简化政策配套业务，将边贸本币结算协定适用范围拓展至一般贸易项下配套产品、人民币 NRA 账户下配套结算产品等。

要抓住个人跨境人民币结算试点政策，推进个人跨境人民币汇款产品，拓展海外个人人民币理财产品。研究双边本币互换下相关产品，积极跟进监管机构关于人民币现钞出入境和境外人民币现钞代保管库建设的有关管理政策研发相关产品，争取在人民币出口买方信贷、跨国公司跨境人民币现金管理试点等产品项下取得突破等。

（四）加快布局重点目标市场，加大对金融机构、企业和个人三类客户的营销力度

截至 2012 年末，中国香港、新加坡、日本、中国澳门、中国台湾、德国、澳大利亚、英国、美国、越南、法国、卢森堡、韩国、委内瑞拉等国家和地区与中国发生跨境人民币实际收付量在总收付量中占比分别超过 1%。金融危机以来人民币影响力明显提升，已成为东亚地区的主要参考货币。韩国、印度尼西亚、马来西亚、菲律宾、新加坡、泰国、以色列、土耳其的货币汇率随人民币变动的紧密程度超过美元。

要发挥海外网络优势，重点在上述区域进行业务布局，加快市场培育和业务拓展，积极关注人民币业务潜力较大的俄罗斯、巴西、南非等国家的客户营销，重视委内瑞拉、非洲等国家（地区）政府项目下的业务机会。

要树立和巩固台北分行的竞争优势地位。台湾、新加坡和香港离岸人民币中心的功能特点有所不同，要牢牢把握台北分行获得台湾地区人民币清算行的政策优势，重点拓展台湾地区跨境人民币业务。高度关注成为清算行以后的现钞、银行卡、企业（个人）人民币买卖等业务机会，特别要依托台资企业对两岸金融服务的需求拓展好公司金融业务，带动各类业务发展，树立竞争优势。

要针对不同客户的特点进行差异化营销。对于金融机构客户，要争取未来有望成为 CIPS 系统直接参加行的境外银行境内账户及托管服务。发挥中国银行离岸人民币清算优势，争取其他海外当地中小型银行客户，通过为其提供完备的服务做"银行的银行"。对公司客户要发挥集团授信和海内外一体化服务的优势，进一步提升在大型公司及其上下游公司的业务份额，设计覆盖不同业务平台的多元化服务方案，加强对中小企业的标准化产品推介。同时要积极发展跨境经商、移民、留学和公务人群等个人客户。

（五）紧盯境内外同业动态，加强市场宣传推广

中国银行要有针对性、前瞻性地研究业务发展问题和同业市场动态，拟定竞争策略。开展离岸人民币市场的发展路径、业务管理、资金管理、产品研发和渠道协同等专题研究，可以"跨境人民币业务白皮书"、"跨境人民币业务全球客户调研"等不同形式对市场定期发布中国银行市场研究报告，掌握市场话语权。可设计全行统一的跨境人民币业务整体市场形象广告方案，制定覆盖境内外市场的广告投放计划。择机在跨境人民币业务较为集中的区域联合境内外监管部门共同开展市场推介和政策宣讲活动等，打造"跨境人民币主渠道"银行的市场形象。

（六）加强境内外机构合作，巩固和发挥中银香港的独特优势

跨境人民币结算试点启动以来，中银香港在清算渠道、客户拓展、资金融通、产品创新等方面有力地支持了集团跨境人民币业务的发展。但随着中外资银行加大对香港市场的争夺，以及新的跨境人民币清算系统建设，新加坡、伦敦、台湾等新的离岸人民币市场的发展，中银香港的优势正在逐步削弱。

要研究加强中银香港对集团的支持措施。如利用参加行身份推出日间互换、日间透支、日间回购等产品和服务，为集团提供人民币资金支持。发挥清算行独特优势，提升集团人民币清算服务能力，为其他海外机构争取清算行提供必要支持。建立海内外重点客户和项目营销沟通与定期反馈机制等。也要研究对中银香港的支持措施，结合

"惠港政策"推出联动产品，解决中银香港清算行人民币资金来源受限、产品同质化等制约因素，巩固其在香港市场的领先地位。

（七）研究前海业务模式，建立跨境贷款业务优势

深圳市前海深港现代服务业合作区被国家从战略层面赋予先行先试建设国家金融业对外开放示范窗口的历史重任，鼓励开展以跨境人民币业务为重点的金融领域创新合作，促进香港离岸人民币市场的发展。前海地区有望成为我国推进人民币资本项目可兑换、利率市场化改革的"试验田"，也有助于监管部门研究人民币回流机制扩大后对未来离岸资金池的影响。

要充分利用相关政策，在前海合作区就金融改革与创新方面先行先试，开展以跨境人民币业务为重点的全面金融创新合作。总行要牵头做好前海跨境人民币业务创新试验区的政策研究，建立业务联动机制，探索新政策下中国银行跨境人民币业务创新产品和业务模式，加强客户营销。中银香港要加强与深圳分行的业务联动，积极开展客户互荐和产品联动创新。深圳分行应充分发挥境内结算银行的作用，与中银香港联动，确保跨境人民币贷款取得首发，梳理推广"走出去"企业综合金融服务创新模式。

大力加快人民币国际化业务发展[①]

　　人民币国际化业务是事关中国银行长远发展的战略性业务，对于中国银行开辟更加广阔的海外市场、真正实现国际化经营并在未来的人民币国际金融市场占据主导地位至关重要。自2009年跨境贸易人民币结算试点以来，中国银行人民币国际化业务发展成绩显著，跨境人民币结算市场领先，各项海外人民币业务也呈加速发展态势。然而，要想真正把握住人民币国际化业务的主动权，在激烈的市场竞争中占领战略的制高点，我们在许多方面仍需更加积极进取。我们需要做好海外人民币的"业务链、客户链、资金链、政策链"分析，解放思想，勇于探索，抢占先机。

一、对"四个链"的认识与分析

　　第一是"业务链"。所谓"业务链"也叫"产品链"，即完成一笔跨境人民币交易涉及的所有银行产品构成的业务链条，包括账户、结算、清算、存款、贷款、贸易融资、货币兑换、理财、投资等。要全面分析"业务链"，必须从账户入手，以交易流程为主线，掌握在交易的不同阶段客户所需要的银行产品，以及不同产品的特点和作用。只有做好这些基础的分析工作，才能形成清晰的产品创新和发展策略。

　　首先，跨境人民币结算是当前人民币国际化的核心业务，是人民币"走出去"的源头，因此是进行"业务链"分析的基础。国际贸易双方要使用人民币进行结算，必须首先在当地银行开立人民币账户，

[①]　此文发表于《中行职工报》2010年8月12日。

确定适当的结算工具；在办理人民币跨境结算的过程中，贸易双方还将基于其人民币账户和结算资金产生人民币存款、贸易融资、贷款、货币兑换、投资理财等需求，这就构成了面向企业客户的"业务链"。其次，银行为客户提供人民币跨境结算的基础是可以进行顺畅的人民币资金清算。资金清算不仅涉及代理清算账户的开立，还涉及基于清算账户的各项产品，包括投资、理财、资金拆借、资金购售、账户透支等，这些产品构成了面向金融机构客户的"业务链"。再次，由于人民币币值稳定，境外居民对人民币的接受程度不断提高，人民币储蓄存款、理财、汇兑、现钞等个人金融产品将逐步推出并丰富，构成海外人民币个人金融"业务链"。最后，随着跨境及境外人民币资金规模的增加，持有大量人民币资金的金融机构将提出越来越多的保值增值需求，从而推动各类人民币金融市场产品的推出，形成以金融市场交易为主的更加复杂的"业务链"。

第二是"客户链"。所谓"客户链"就是人民币国际化业务涉及的各种类型客户构成的"客户链条"。与境内人民币业务相比，人民币国际化业务的"客户链"更长、更复杂，既涉及境内和境外两个市场的客户，又涉及企业、个人和金融机构等不同类型的客户。李礼辉行长指出，当前人民币国际化业务应以两类跨境客户为重点：一是中国"走出去"的企业客户，以及出国留学、经商和定居的个人客户。二是其他国家和地区与中国有往来的企业和个人客户。

首先，中国"走出去"企业是当前跨境人民币业务需求的主体，是分析人民币国际化"客户链"的基础。当前，中国"走出去"企业包括"贸易"、"投资"、"工程承包"和"劳务输出"四种类型，这四类"走出去"企业均有跨境人民币业务需求，围绕这四类企业均形成了包括其境内外上下游客户和相关金融机构在内的人民币国际化业务"客户链"。其次，与中国有经济和贸易往来的其他国家和地区的企业也是分析"客户链"的重要内容，特别是通过全球供应链与我国有大量贸易往来的跨国公司。此类跨国公司与我国有大量进出口贸易，其"客户链"涉及跨国集团内部成员公司、供应链上下游公司等。最后，出国留学、经商和定居的国内个人以及与我国有往来的其他国家和地区的个人是海外人民币个人业务的主要目标客户，是分析海外人民币个人业务"客户链"的基础。

第三是"资金链"。所谓"资金链"是指人民币资金伴随跨境交易进行跨境或在境外流动和循环，以及本外币资金互相转化的过程。通过分析"资金链"，可以掌握人民币资金跨境流动的特点，了解国际市场对人民币的接受程度和对人民币汇率的判断。影响跨境人民币"资金链"的因素很多，包括人民币资金供求、与中国相关的全球供应链、清算渠道等。当前阶段，人民币国际化业务发展的重点是增加境外人民币资金量，同时拓宽投资渠道，以提高境外主体持有人民币资金的意愿。因此，人民币资金的跨境流动和人民币资金在境外的投资运用是分析人民币"资金链"的重点。供应链金融最为关注的要素之一就是"资金流"，对于与中国相关的全球供应链，如使用人民币进行结算，则有利于形成完整的人民币跨境"资金链"，因此也是分析人民币"资金链"的重要切入点。清算的本质就是资金清算，通过分析清算账户、清算业务量等，可以有效掌握人民币"资金链"。

第四是"政策链"。所谓"政策链"就是与人民币国际化业务相关的境内外监管规定，既包括我国的各类政策制度，也包括其他国家和地区的监管政策。中国人民银行是人民币国际化的主要推动部门，因此国内监管政策应以人民银行的相关政策为主线。国际上大多数国家和地区对人民币国际化的动向均高度关注，对人民币的态度和监管政策差异较大，应逐一分析与研究。分析"政策链"，首先要全面掌握所有相关的国内外政策，深刻理解和领会各类政策的内容；对于政策鼓励的业务，要解放思想，敢于突破，把握先机；对于政策禁止的业务，要符合属地监管要求，合规开展业务。其次要了解监管当局制定政策的目的和初衷，就政策没有明确规定的业务或政策规定不清晰的领域积极与监管部门沟通，争取政策支持。

对于"四个链"的分析，不能孤立进行，要以"业务链"为核心，以"客户链"为基础，以"资金链"为辅助，以"政策链"为风向标，将"四个链"有机地结合起来，形成清晰的发展思路和措施。

二、下一阶段人民币国际化业务的发展思路和措施

基于上述对于"四个链"的初步分析，下一阶段，我们要从以下

五个方面落实肖钢董事长指示，推动人民币国际化业务的快速发展。

第一，明确和强化战略目标。人民币业务分为境内人民币业务、跨境人民币业务、海外人民币业务。境内人民币业务是基础，跨境人民币业务是桥梁，海外人民币业务是目标，跨境和海外人民币业务统称人民币国际化业务。中国银行要实现建设国际一流银行的战略目标，必须首先在人民币业务方面成为国际一流，在中国银行境内人民币业务处于相对劣势的情况下，大力发展人民币国际化业务将至关重要。因此，全行上下要统一认识，高度重视人民币国际化业务的战略意义，把人民币国际化业务长期保持市场领先地位作为全行的战略目标，把保持跨境人民币结算及各项海外人民币业务的市场领先地位纳入境内外行及总行有关部门的绩效考核。

第二，加快产品创新和推广。根据当前的市场趋势，要重点加强三个方面的产品创新与推广：一是根据国家政策导向，重视研发有利于人民币资金流出跨境金融产品，包括人民币国际结算、人民币对外直接投资、境外人民币贸易融资及贷款、人民币跨境组合产品、人民币跨境供应链金融产品等。二是根据市场需求，重视能够拓宽人民币资金投资渠道的境外人民币投资和理财产品的创新，为境外企业提供丰富的投资方式。三是根据金融机构客户的需求，加快人民币清算账户管理、理财、拆借等银行间产品的创新。对于《中国银行关于开展海外人民币业务的指导意见》确定的海外人民币产品体系，要进一步完善，坚持先行先试，打造强大的产品优势。

第三，加强大客户和大项目营销。基于上述对于"客户链"的初步分析，要从四个方面加大客户营销力度：一是海内外行要联动对以国内贸易企业为核心的"客户链"加强营销；境内试点行要加强对本地重点贸易型"走出去"企业及其境内上下游企业的营销，特别是从事大宗商品贸易的大型央企，并无条件支持海外行营销境内客户的境外贸易对手；海外行要积极配合境内行，积极拓展本地客户的上下游企业，拓宽海外人民币的客户基础，确保海内外行跨境人民币结算业务均保持市场领先。二是境内行要以投资型"走出去"企业为重点营销大型资本项目，发挥中国银行的产品、技术和服务优势，协助客户设计方案并争取政策支持；海外行要配合营销境外项目公司、投资或并购对象。三是海内外行联动营销全球主要商品供应链的核心跨国企业，针对其与我国的大量进出口贸易，形成海内外一体化的人民币金融解决方案，以人民币业务为切入点与客户建立全面战略合作关系。四是以国内的跨境经商、移民和留学人群为重点，加强境外的个人金融客户营销。在进行客户营销时，要加强客户经理与产品经理的联动，形成二者有机结合、互相支持的营销模式。

第四，兼顾"两种模式"，加快清算体系建设。要尽快制订人民币清算体系建设方案，加快清算网络布局。兼顾代理行模式和清算行模式，既发挥中银香港的独特优势，又考虑国家对于未来人民币金融中心的规划与布局，根据人民币跨境流动的特点，确定金融机构目标客户，发挥香港和境内行各自的优势，加大代理行营销力度，确保中国银行集团整体的代理清算账户数量保持市场第一，成为人民币国际清算的主渠道。在确有个人及现钞业务需要的国家和地区，发挥中国银行海外机构的网络优势，适当开展人民币二级清算。

第五，坚持"三个联动"，完善机制，夯实基础。要总结并发挥跨境人民币业务试点期间的先进经验，继续加强总行各部门之间、总分行之间、海内外机构之间的高效联动；各部门、各海内外机构要全面学习、了解和掌握"四个链"的情况，从整体上研究、协同推进相关工作；要整合完善跨境及海外人民币业务工作机制，形成统一的人民币国际化业务工作机制；要密切跟进政策动向，特别是近期人民银行正在研究推出的一系列推动人民币国际化的政策，深入学习，尽早落实；要加强对人民币国际化业务的统一培训，提高不同层次、不同领域人员对人民币国际化业务的重视程度和业务管理能力；要加强人民币国际化业务的风险管理，确保合规合法经营；要加快业务系统的建设，为业务的快速发展夯实基础。

迈向全球化的中国银行业[①]

当前，关于整个国际金融危机的讨论，以美国华尔街投资银行和美国两房债券作为第一波世界经济危机行将结束的时候，欧洲主权债务危机又摆在桌面上来，欧洲主权债务危机引发了整个国际金融界的讨论，到底世界金融危机结束没有，会不会有第二次金融危机？

那么，目前欧洲的主权债务危机，由于五家大的中央银行注资有所缓解，但是希腊、意大利主权债务危机已经告急。为了从根本上解决欧洲主权债务危机，讨论统一欧洲债券这个问题又摆在桌面上来，有的国家希望通过欧洲统一债券解决这个危机。

大家知道，国际上有三大货币非常强势，第一大是美元，美元是主权国家发行的货币，但是又在世界通行。第二大是欧元，但是欧元不是一个主权国家的货币，而是一个经济联合体的货币，欧元区有统一的货币政策，可是主权国家有独立的财政政策，统一的货币政策和不那么统一的财政政策产生了尖锐的矛盾。欧元诞生以后，有的国家得到发展，比如像德国，有的国家在旁观，比如像英国，有的国家像"欧猪五国"深陷债务危机。第三种是人民币，人民币目前以非常强势的方式走向世界，人民币也是主权货币，是代表着新兴国家的货币。

2007 年发起的全球金融危机很可能还有第三波：第一波在美国，第二波目前在欧洲，第三波可能是新兴市场国家。有悲观说法，有乐观说法。我们希望美国这次大的金融危机持续到现在能够结束，不再在新兴市场国家发展。投资和风险是孪生兄弟，是同时并存的。在这

---

① 　此文发表于《中国总会计师》2011 年第 9 期。

样的形势下，企业界面临很多的机遇，金融界也面临很多的机遇，银行、企业是结合在一起的。所以，今天给大家汇报迈向全球化的中国银行业。

近三十年来，我国开放程度不断提高，中国银行业已经成为全球银行业的重要组成部分，特别是我国"十二五"规划已经公开提出了要发展跨国金融机构的要求，这个为中国银行业跨国发展提出了摆在每一个金融工作者面前的世界课题。下面我从中国银行业发展已经取得的成绩、面临的挑战、应该抓住的机遇以及未来的方向谈四点认识。

一、全球化进程当中，中国银行业成绩卓著

纵观历史，中国现代金融以 1912 年中国银行成立为标志，到 2012 年正好是 100 周年。1917 年，中国银行在海外设立第一家机构，这也是一个标志性事件，已接近 100 年的历史。几经起落，应该来讲成绩卓著，尤其最近改革开放三十年，中国银行业海外扩展基础更加坚实，步伐更加稳健。工商银行、农业银行、建设银行、交通银行、招商银行在海外资产已经不断得到扩张，仅五家国有商业银行 2006 年海外总资产是 1.74 万亿元，到 2010 年已经上升到 3.53 万亿元。五年间翻了一倍，而且这个速度正在加快。最近三十年，中国金融业跨国发展伴随改革开放和国民生产总值急剧增长，也实现了四个大的转变。

1. 跨国银行由中国银行一枝独秀转变为诸多银行的百舸争流

中国银行是中国金融业开拓海外市场的先行者。目前，中国银行仍然是海外资产收入占比最高的中国本土银行。2010 年末，中国银行已经在 33 个国家和地区设立 984 个机构，海外总资产占到整个中国银行业海外总资产的 71%。同时，一些银行也明确将跨国经营定为自己的战略重点，加速开拓海外业务，形成百舸争流的喜人格局。现在，工商银行、建设银行、民生银行等都纷纷在海外设立机构，开展业务。

2. 全球机构布局由单点布局转变到点面结合

21 世纪初，以中国银行为代表的海外分支机构主要集中在国际金融中心和主要发达资本主义国家设立机构，其他地区很少。但是，最近几年中国银行业明显加快全球化布局，到 2010 年末，中国银行业分支机构已经延伸到全球 40 多个国家和地区，基本建成了跨越全球五大

洲的全球金融网络，同时也加大渗透力度，将单个点连成一片，从布局一个网点转变到开拓一片市场。比如，像中国银行在澳大利亚现有七个分支机构，基本上从悉尼到佩斯、从墨尔本到布里斯班，所有澳大利亚大的城市都有中国银行分支机构。工商银行也通过并购的方式在扩展自己的市场范围。

3. 海外业务由量的扩张转变到质的飞跃

在海外资产和数量快速增长的同时，中国银行业海外产品、客户结构和客户基础发生根本变化，从过去简单存款、汇款扩展到理财产品、兼并收购贷款、人民币产品、衍生产品和投资银行产品等，从主要服务于"走出去"的中资企业和侨民，发展到为当地企业、大型金融机构和当地中高端居民客户提供服务。这里有一个典型的例子，中国银行伦敦分行 1929 年设立，在改革开放以前甚至在 20 世纪 90 年代以前，90% 以上客户都是当地华人华侨或者中资客户。到现在，90% 客户是当地主流客户，由过去 1:9 客户变成现在的 9:1 的形势。

4. 境外机构设立方式由单纯机构设立转变为设立机构与并购相结合

在发展早期，中国银行主要采取设立涉外机构方式来支援外延式的延伸。最近几年，中国银行业海外扩展的方式多元化，并购、合资等方式越来越多。据不完全统计，自 2006 年以来，中国银行业共在海外进行 20 多场并购，像中国银行 2006 年在新加坡收购新加坡航空租赁公司，此次收购以后，中国银行已经变成世界上飞机最多的银行。我们现在拥有飞机 170 架。工商银行也收购泰国 SL 银行，并且参股南非标准银行、加拿大银行，目前正在考虑新的并购计划。

纵览中国银行业跨国发展的百年历程，我们有两点认识和体会：一是中国银行业在海外的每一步发展都与国家和民族命运息息相关，国家强则银行强，正是由于中华民族崛起和中国经济强盛，中国银行业才会有今天的发展成绩。二是银行业在海外的每一点成就，都与社会各界的支持密不可分，只有与中国企业的发展同呼吸、共命运，共同"走出去"，中国银行业才能实现跨国发展的宏伟目标。

二、在全球化征程上中国银行业面临重重挑战

我们在看到跨国发展成就的同时，也必须清醒地认识到中国银行

业的跨国发展还处于初级阶段、处于国际化金融的初级阶段，离全球化金融还有很大的差距。"国际化"和"全球化"经常被混淆使用，甚至把"国际化"等同于"全球化"。其实，这两者既有区别也有联系："国际化"是"全球化"的基础和前提，"全球化"是"国际化"的进一步发展与飞跃，"全球化"的首先的主要标志是资金融通的全球化。就像企业要在每个国家设立机构比较简单，要在每个国家并购也是简单，但是，我国的企业如果走到 100 个国家销售产品、推广它的整个产业链就比较难。比如像华为，我们给它服务起来都感觉难度大，因为它现在推行全球战略，400 亿美元销售收入中有 300 亿美元是来自境外，同时在 100 个国家有机构，这就是全球化战略。而中国银行在 33 个国家有机构，我们的人员还不具有国际化水平，我们还谈不上真正意义上的全球化。因为全球化最重要标准是资金融通的全球化，全球金融产品和服务的规模化，还包括金融管理的全球一体化。

中国银行业从国际化到全球化发展仍然面临很多挑战。第一个挑战来自中国银行业本身，跟领先银行相比，中国银行业发展的"本"还不够稳固，主要表现以下几个方面：一是海外资产占比还比较薄弱。截至 2010 年末，我国四大银行的海外总资产为 3.28 万亿元，占总资产的 7.28%，海外资产和海外收入大概是 20%，这个相当于花旗集团海外资产的一半左右。二是国际化人才比较少。从数量上看，海外分支机构员工占比还很低；从质量来看，海外员工本土化比较低，熟悉当地金融环境、服务当地客户人才较少。三是资本和业务基础比较薄弱，缺乏零售业务的基础，稳定资金来源较少，境外机构自筹资金的能力比较弱，主要依靠境内机构提供资金。四是中国银行业对国际上国别风险管理能力较弱，海外机构尚未建立全面风险管理的框架。五是海外机构管理效率还不高。

第二个挑战来自金融保护主义的冲击。这次金融危机以后，最不好的一个表现在于金融不是越来越开放，而是各个国家为了保护自己，有重拾金融保护主义的苗头。导致中国金融业的跨国发展遇到了很多不公平的待遇，中国企业的跨国发展也遇到了不公平的待遇。比如，美国 1991 年就颁布加强外国银行监管法，提高了外资银行的准入门槛。2007 年 11 月，招商银行获准在纽约设立分行，这是自 1991 年以后时隔16年才首次进入美国市场的中资银行。金融危机以后，保护主义更加抬头，典型的例子就是实行子行化，许多发达国家的金融监管当局对来自发展中国家、新兴市场国家银行设立分行的申请一概拒绝，对已经设立分行的机构，或者要求转为子行，或者比照子行的标准监管，极大地增加了拓展海外领域的难度。

第三个挑战来自动荡的国际金融环境。我开篇的时候就讲，国际金融危机从2007年开始到现在已经持续四年，我们远远不能说国际金融危机已经结束。当然，我们也不希望看到第三波金融危机。从2008年下半年开始金融危机爆发并且蔓延全球，到现在为止，美国、日本经济还是非常缓慢的复苏，甚至复苏中又有衰退。欧洲受主权债务危机的影响前景迷茫，新兴市场国家也面临通货膨胀的强大压力，全球经济面临很大的不确定性。同时，各国刺激经济猛烈的副作用正在显现，全球滞胀的风险加大，中国银行业境外发展面临着严重的挑战，人民币也面临着对外升值、对内贬值的双重挤压，这对于企业来讲也是严峻挑战。

银行业国际化黄金期①

以中国为代表的新兴经济体率先复苏，成为拉动全球经济回暖的"引擎"。中国经济崛起为中国银行业跨国经营打下了坚实基础。

2007 年开始的金融危机至今，全球经济金融格局正在迅速发生变化：美国经济复苏缓慢而乏力，首次被调低信用评级；欧洲主权债务危机席卷而来，希腊、意大利主权债务危机告急；以中国为代表的新兴经济体，在成功应对金融危机后逐步成为世界经济增长的重要引擎，但也面临强大的通胀压力。

在此大背景下，伴随着中国经济的崛起、人民币国际化的提速和中国企业"走出去"步伐的加快，以及中国"十二五"规划明确提出发展大型跨国金融机构，"提高国际化经营水平"的要求，中国银行业"走出去"迎来了前所未有的"黄金机遇期"和"关键挑战期"。

黄金机遇

"十二五"期间将是中国银行业跨国发展的黄金时期，主要机遇包括以下几个方面。

大国崛起，是中国银行业跨国发展的坚实基础。历史地看，金融是现代经济的核心，经济是金融的重要基础，大型跨国银行均出自当时的经济强国。20 世纪 60 年代，欧洲经济仍处于战后的阴影之下，而美国已是全球最发达的经济体，全球大型银行多出自美国，当时全球

---

① 此文发表于《财经》2011 年第 37 期。

最大的十家银行中，只有两家非美国银行。

花旗银行即是"乘风而上"的典型例子，第二次世界大战结束后，其海外银行业务全面扩张，到 20 世纪 80 年代，它已在 94 个国家拥有 1490 余个分支机构，海外资产和收益占全部资产和收益的 60%。

改革开放三十多年来，中国经济实力大幅提升，中国经济和金融业在国际金融危机中经受住了考验。2009 年下半年以来，以中国为代表的新兴经济体率先复苏，成为拉动全球经济回暖的"引擎"。中国经济崛起为中国银行业跨国经营打下了坚实的基础。到 2010 年末，工商银行、建设银行、中国银行三家均跨入前十名，同时有 111 家银行进入世界 1000 家银行之列。

人民币国际化，是中国银行业跨国发展的重要助力。货币的国际化会从两个方面推动该国银行业的跨国发展：一是业务机会的驱动。货币国际化导致大量本币流入境外市场，需要一个吸收本币存款、办理本币贷款和结算的境外中心和本币回流渠道。跨国发展的本土商业银行，因其强大的本土、境外两种资源的调配能力，具有明显的效率和成本优势，可以很好地承担起这一任务。二是政府支持的拉动。货币国际化导致本币资本的巨额跨国流动，可能会对国内经济产生巨大冲击。跨国发展的本土商业银行，作为本币资本输出、输入的重要载体，将本币国际流动纳入银行体系内部，符合一国政府加强监测及风险管理需要。

美、欧、日等国银行业跨国发展的历史经验表明，银行业的跨国发展进程与各自货币的国际化过程是吻合的。美国银行业大举国际化是在"二战"以后开始的，主导了三次全球海外并购浪潮，这与美元确立国际货币领导地位的历史过程相一致。

在欧洲，欧元启动推动欧元区银行业呈现"本土集中—跨境渗透—泛欧经营"的跨国发展进程，大规模并购频频发生，比如巴黎国民银行兼并巴黎银行，德国安联集团和德累斯顿银行合并，芬兰商业银行兼并瑞典北方银行，荷兰国际银行收购了比利时布鲁塞尔伦巴特银行。

在日本，随着日元国际化的发展，日本银行业跨国并购热情高涨。1984 年，三菱银行收购加利福尼亚银行部分股权；1988 年，东京银行收购加州银行65％的股权，并将其并入东京银行在当地的分行，成为美国的第十五大银行。

过去的几年里，人民币国际化已经取得了显著的成果，人民币作为交易货币和国际清算手段逐渐得到周边国家和地区的认可和接受，不仅如此，菲律宾和泰国已经将人民币作为储备货币。"十二五"期间，人民币国际化的进程将显著加快，中国银行业"走出去"步伐也将进一步提速。

首先，此次金融危机爆发后，为了刺激本国经济复苏，美国毫无约束超发、滥发货币，在全球范围制造流动性过剩，转嫁国内通货膨胀和衰退风险，国际社会开始质疑美元本位的国际货币体系，改革之声此起彼伏。

其次，中国经济在此次金融危机中表现抢眼，成为拉动全球经济增长的重要引擎，经济实力和影响力显著提升，世界经济金融格局的新变化，为人民币走上世界舞台打开时间窗口。

最后，中国"十二五"规划纲要中明确提出，"逐步实现人民币资本项目可兑换"，并"扩大人民币在跨境贸易和投资中的作用"，从政策层面上为人民币国际化铺平了道路。

据保守估计，到"十二五"末的2015年，跨境人民币结算量将达到6.4万亿元，香港人民币存款和贷款市场也将达到5.1万亿元和1.3万亿元的水平，海外人民币债券发行规模将超过6400亿元，存量也将超过6000亿元，人民币FDI金额超过5000亿元，有效替代美元等其他国际货币。这必将推动贸易结算、海外融资等银行业务的发展，促进中国银行业的跨国发展。

中国企业"走出去"，是中国银行业跨国发展的依托。近年来，中国企业"走出去"步伐不断加快，企业直接投资、产品出口、承包工程等均呈现持续增长的局面，中国企业已成为世界经济发展中一支不可忽略的主力军。特别是中国"十二五"规划纲要明确提出了发展中国大型跨国公司和跨国金融机构，"走出去"战略将进入加速发展期。

据商务部统计，2010年中国境内投资者共对129个国家和地区的3125家境外企业进行了直接投资，累计实现非金融类对外直接投资590亿美元，同比增长36.3％，首次超越日本，位居世界第五。

中资企业"走出去"进程的加快，使得其对银行业海外金融服务的需求迅速增长。

一是海外融资的需求。中国"走出去"企业还处于跨国经营的初级阶段，海外企业的规模较小、实力较弱、市场地位较低，信用还处于建设阶段，较难获得东道国银行的融资支持。另外，中国在对外担保和资本输出方面还存在着一定的限制，母公司的实力和信用难以有效延伸到海外。

二是海内外资金集中、统一管理的需求。集中统一管理、统一调度是提高集团资金使用效率的重要手段，这对于"走出去"企业降低资金成本、赢得竞争优势尤为重要。"走出去"企业需要借助海内外一体化平台，及时了解包括海外公司在内的集团旗下企业的资金往来、账户余额等情况，实现海内外资金的余缺调剂，提高资金的使用效率。

三是投行业务的需求。主要包括海外上市相关的过桥贷款、上市筹措资金的增值理财服务、上市募集资金海外质押国内人民币融资、结算业务需求，以及海外并购贷款、财务顾问等需求。

四是风险管理控制的需求，特别是在市场风险方面的，比如股价、利率、汇率等。一方面，中国企业"走出去"将面临更多的风险，需要通过商业银行或者金融市场提供相应的产品和技术来管理，比如利率远期和外汇远期等。另一方面，"走出去"企业可以充分利用国外市场提供的各种产品和工具来规避风险，比如金融市场衍生产品，而这些产品在国内市场还非常有限。

中国企业"走出去"以后，对银行金融服务的需求是全方位的，这无疑是促使中国银行业跨国发展的重要推动力量，同时也为中国银行业海外业务提供了更为广泛的潜在服务对象和更多样的产品创新思路。

中外银行业实力此消彼长，是中国银行业跨国发展的重要"时间窗口"。首先，欧美银行业目前正处于"去杠杆化"和"回归本元"的过程中，更多致力于巩固本土市场和核心业务，出售非核心业务，收缩经营地域和业务范围，退出非战略性市场，不愿或无力为实体经济提供更多的金融服务。

另外，受国际评级公司调低美国主权评级的影响，美国银行业的信用级别普遍下调，筹资能力受到影响。

比较而言，中国银行业经营稳健，背靠快速成长的中国大市场，资本充足，贷存比低，杠杆率平均只有 14 倍左右，可以为国内外企业提供资金支持。国际社会也已经认识到中国银行业的发展，已将中国四大商业银行中的中国银行纳入全球系统性重要银行。

其次，中国银行业低成本扩张面临较好的机遇：遭金融危机重创后，许多欧美银行已经没有能力开展新的并购活动；发达国家为了稳定金融体系、化解金融风险，也适当降低准入门槛，吸引外资进入；全球银行业估值远低于危机前的水平，在人民币长期升值的情况下，银行并购的成本显著降低；许多欧美银行为了降低经营成本，大规模裁员，为中国银行业以较低成本吸纳高端金融人才提供了机会。

关键挑战

应该看到，中国银行业跨国发展仍然面临诸多挑战：

第一个挑战来自中国银行业自身。发达国家银行业的实践表明，成功的跨国银行不仅仅是在几个不同国家设立相对分散的跨国经营机构，而且应该整合形成全球化有机运作的网络，实现全球范围内的资源优化配置和利润的均衡获取。

与这一标准相比较，中国银行业自身存在一定的差距：一是海外资产占比比较薄弱。截至 2010 年末，中国四大银行海外总资产占其总资产的比例不足 10%，海外资产和海外收入大概是 20%，仅相当于花旗集团海外资产的一半左右。二是国际化人才较少。从数量上来看，中国银行业海外分支机构员工占集团员工比例较低。从质量上来看，中国银行业海外员工的本土化程度较低，熟悉当地金融环境、服务当地客户的人才较少。三是海外机构资本和业务能力欠缺，缺乏零售业务基础，稳定的资金来源较少。境外机构普遍资本金较少，自筹资金能力较弱，成本较高，主要依靠境内机构"输血"。四是海外机构抗风险能力较弱。中国银行业的海外机构尚未建立起全面风险管理框架，对国别风险的管理能力亟待提升。五是海外机构管理效率较低。中国银行业海外机构普遍存在专业化经营、集约化管理和一体化发展程度低的问题，制约了业务发展。

第二个挑战来自金融保护主义的重新抬头。国际化的市场需要国际化的监管，但是目前的监管是以国家主权为基础的。每个国家的金融体系都是由该国政府维系和支撑的。各国政府往往首先顾及本国经济，滋生了对国际金融市场极具破坏性的"金融保护主义"。比如20世纪30年代的经济大萧条，催生了"损人利己"的贸易保护主义。在经济全球化的今天，金融保护主义的抬头将构成更大的危险。

其中一个就是"子行化"。按照英国金融服务局（FSA）的要求，子行将成为外资银行开展业务的主要模式，其单笔业务所涉金额不能超过注册资本金的25%。对资本金比例的要求，极大地限制了子行的业务空间。

不仅仅在英国，越来越多的国家开始逐步采纳"子行化"的监管措施：许多发达国家的金融监管当局对来自发展中国家的银行设立分行的申请一概回绝，对于已经设立的分行，或者要求转为子行，或者比照子行的标准予以监管。一旦海外金融监管环境走向完全子行化，目前中资银行在海外的资本金问题将变得更为急迫。

此外，由于种种因素，中国银行业的跨国发展经常受到不公平待遇。例如，美国1991年颁布《加强外国银行监管法》，提高了外资银行进入美国的门槛，之后再无一家中资银行在美设立分支机构。直至2007年11月，招商银行获美联储批准在纽约设立分行，是时隔16年之后进入美国市场的中资银行。

第三个挑战来自动荡的国际经济环境。而今，国际经济形势复杂，诸多不确定因素左右着未来全球经济走势。一方面，美国经济复苏迟缓而乏力。进入2011年以来，美国经济增长放缓，前两个季度GDP增长率降为0.4%和1.3%，GDP规模仍然低于2007年危机前的水平。

另一方面，欧元区阴霾密布。希腊、爱尔兰、葡萄牙等国的债务危机愈演愈烈，并逐渐蔓延至西班牙、意大利等核心国家。

虽然欧洲央行通过公开市场操作，暂时缓解了欧元区银行间流动性紧张，但是由于欧元区各国财政上的不统一，市场仍旧忧虑欧元区的命运：经济弱国没有独立的货币政策，只能通过不断发债弥补财政支出，而欧洲央行在通胀率、财政赤字与债务占GDP比重等指标上并没有强制约束力，也没有退出机制，最终可能导致弱国债务如滚雪球般一发不可收拾，影响欧元区的整体信用。

值得注意的是，2007 年发起的这次全球金融危机很可能有三波，第一波在美国、第二波目前在欧洲、第三波可能是新兴市场国家。新兴市场国家目前也面临通货膨胀强大压力，中国银行业跨国发展面临着严重的挑战，人民币也面临着对外升值、对内贬值的双重挤压，为中国银行业的跨国发展带来严峻挑战。

崛起之策

跨国发展是一个长期的过程，需要银行业付出艰辛的努力。目前，中国银行业要重点做好以下几方面的工作：

第一，处理好立足本土与跨国发展的关系。夯实本土业务，以此为基础在全球范围内推进跨国经营是中国银行业跨国发展战略的决胜点。

第二，结合海外市场特点制定可行的区域战略，抓住亚洲地区和新兴市场国家两个重点。

第三，灵活采取新设与跨国并购两种策略，根据不同的市场定位与业务功能，灵活采用多种形式，加快海外机构建设。

第四，练好"内功"，建立全球客户战略、产品战略、销售渠道和风险管理体系。

打造 "国际化" 金融力[①]

自20世纪80年代以来，随着东西方两大阵营政治对抗的结束以及以信息技术和互联网技术为特征的新技术革命的到来，经济金融全球化和一体化的程度不断加深。

与此同时，美、欧、日等发达国家整体经济实力逐步下降，以"金砖四国"为代表的新兴市场经济体的经济影响力不断提高。今后乃至较长一段时间，世界经济将呈现三个显著特征：

一是经济金融全球化进一步加深。

当前全球经济通过不同产业群集的方式，将核心国与外围辐射国之间更加紧密地联系在一起，全球资源及商品市场一体化的程度正进一步加深。

国际贸易和投资的扩大以及国际分工的深化，使发达国家之间、发展中国家之间、发达国家与发展中国家之间的相互关联度进一步强化。

发达国家经济日益虚拟化、服务化，与发展中国家制造生产与资源供给之间形成了一个循环链条，驱动商品、资本、技术等要素在全球范围内加速流动。

二是"一超多强"的政治经济格局正逐步走向多极化。

20世纪90年代初苏联解体，世界政治经济格局发生了重大变化，形成了以美国为核心的"一超多强"的格局。

21世纪以来，"9·11"事件、美国次贷危机、欧洲主权债务危机等一系列重大事件的发生，削弱了欧美等发达国家的经济实力，而随

① 此文发表于《财经》（年刊）2012年12月1日。

着新兴市场经济体快速增长，其在国际政治上和国际组织中话语权的诉求日益强烈。事实上，二十国集团会议的创立以及国际货币基金组织投票权改革等均已显示出世界政治经济格局向多极化发展的趋势。

三是全球经济复苏将是一个缓慢而长期的过程。

因美国次贷危机而导致的全球金融危机预示着债务经济的增长模式和新自由主义的政策主张面临前所未有的挑战和困境。

当前，发达国家政府、企业、居民去杠杆化的进程还在继续，新兴市场经济体增速普遍下滑，拉动全球经济增长的新动力还未出现。

根据国际货币基金组织预计，全球经济恢复到正常的增长态势将经历七年至十年的过程。

国际金融体系深刻变化

世界经济力量对比的变化形成了新的世界经济格局，新兴市场经济体正在通过提高自身金融实力，影响着国际金融体系的变革。

首先要看到，国际金融市场和机构正在发生变化。

新兴市场经济体在金融市场交易中的地位和作用上升。无论在商品、外汇、股票、债券等现货市场还是在与之相关的衍生品交易市场，新兴市场经济体参与的广度和深度都在加深。

以中国为例，我国已成为美国国债的最大境外投资者，我国企业在境外IPO规模连续几年居全球之首，大宗商品市场交易规模位居世界前列。特别是随着人民币国际化的加速推进，人民币境外远期交易和期货合约等品种陆续推出，将在国际金融市场中产生重要影响。

新兴市场经济体的银行机构、主权财富基金等在国际金融体系中日益发挥重要作用。

以银行业为例，在《银行家》杂志1000家大银行排名中，中国银行业经过近三十年的发展已成为全球银行业的主要力量，特别是最近十年，中国银行业更是成为全球银行业的亮点。

在2012年的最新排名中，我国四大银行进入一级资本排名的全球前十名，上榜家数与美国持平。

其次，要看到国际金融监管和治理发生的变化。

随着世界经济格局的发展演化，被少数发达国家垄断的国际货币基金组织和世界银行等国际组织已无力应对越来越复杂的局面。

这需要对它们实施改革，特别是改革它们的授权、规模和治理机制，确保它们能够在面临新的挑战时有效地向成员国和股东提供协助。

与此同时，随着新兴市场经济体发展壮大，国际经济与金融力量对比发生了巨变，由传统的发达国家和新兴市场国家共同管理全球经济已成为历史的必然。在这次金融危机中逐步发挥重要作用的二十国集团，是未来全球治理的一种现实选择。

搭建跨国金融监管的沟通平台也是全球治理结构改革的重要方面。发达国家与发展中国家政府、央行间，国际清算银行、国际货币基金组织以及世界银行等国际组织间，巴塞尔银行监管委员会、国际会计准则委员会等负责具体金融监管机构间，需要搭建起沟通的平台，确保各类监管者和机构能够互通有无、统一监管理念和监管实践，防范系统性风险的爆发。

"金融力"应成为核心能力

从国际经验来看，能否成为一个世界经济大国或世界经济之"一极"，可以从两个维度衡量：一是总体经济规模。二是参与国际经济活动的深度。

具体可从四个指标来判断：（1）该国国内生产总值（GDP）占全球 GDP 的比重达到 5% 以上。（2）该国大企业数量占全球 500 强企业总数的 5% 以上。（3）该国对外贸易总额占世界贸易总额的 5% 以上。（4）该国货币作为国际储备货币占世界外汇储备总额的 5% 以上。

根据国际货币基金组织、世贸组织等国际组织的统计数据测算，美国、欧盟、日本等 G3 经济体基本满足上述标准，称得上是世界的"一极"。

日本虽然在贸易和储备货币方面与 5% 的标准略有差距，但日本作为曾经的世界第二大经济体实力仍不可小觑。

2011 年中国 GDP 占全球 GDP 的比重为 10.4%。中国对外贸易总额占世界贸易总额的 10.7%。在 2012 年世界 500 强企业排名中，中国大陆上榜企业达到 73 家（占比 14.6%），首次超过日本，成为除美国（132 家）以外数量最多的国家。

尽管上述三项指标达标，但我们也应该清醒地认识到，我国 GDP 总量虽大，但人均 GDP 仍小。我国在全球 500 强企业中上榜数量虽多，但主要以垄断行业的国有企业为主。我国对外贸易规模虽大，但以加工贸易为主、高附加值产品和服务贸易占比较低。

如果以货币国际化程度衡量，我国的差距则更为显著。2010 年末，美元、欧元、英镑和日元四大国际储备货币占世界外汇储备的比重分别为 61.5%、26.2%、4% 和 3.8%。最近两年，在人民币国际化推进过程中，尽管我国已经与二十多个经济体达成约 1.5 万亿元人民币的货币互换协议，但将人民币作为储备货币的国家还寥寥无几。

从欧美发达国家经济发展史来看，经济实力的变迁经历了从生产到贸易再到投资和金融的演进和升级的过程。如果把金融业看做产业升级最高阶段的主导产业，那么金融力将成为一个国家的核心能力，是其他国家在短期内难以复制和超越的能力。

具体来说，金融力体现在两个方面：一是金融的硬实力，包括金融体系的完善程度、金融机构的数量多少、金融市场的规模大小等。二是金融的软实力，包括货币的国际化程度、在国际组织中的话语权、产品和服务的创新能力等。

在全球经济金融争霸的进程中，美国正是凭借其强大的金融力不断强化其对全球经济金融的影响。即使在布雷顿森林体系解体后，美国仍然利用美元货币霸权、在国际货币基金组织等国际金融组织中的否决权以及游戏规则的制定权为自身获得超额收益。

纵观中国近三十年的发展史，出于对金融业风险的担忧和防范，我国金融业的发展速度和规模总体上滞后于实体经济的发展，与发达国家相比，我国金融业整体实力较弱。

目前，我国已成为全球制造业大国，与我国制造业的国际地位相比，尽管我国拥有全球最多的外汇储备、拥有全球市值最大的商业银行，但我国仍是金融业"小国"。中国在向制造业强国目标迈进的同时，要高度重视金融力的建设，加快金融业的改革开放，同步提高我国金融的硬实力和软实力，把金融力打造成中国的核心能力。

融入国际金融体系的策略

如前所述，发达国家利用在国际金融体系中的特殊地位获得了巨大的经济利益。随着中国的和平崛起，中国将逐步"走出去"，融入国际社会，特别是国际金融体系，从而在全球化中获得更大的收益，实现中国自身利益和世界其他国际利益共赢。

当前国际金融体系因国际金融危机正在酝酿新的变革，为我国融入国际金融体系提供了良好的契机，我国应积极地采取策略融入国际金融体系，在金融国际化的进程中培育和塑造我国的金融力。

第一，找准中国融入国际金融体系的切入点、短期目标和中长期目标。

融入国际金融体系是一项复杂的工程，当前的紧急要务就是树立中国融入国际金融体系的切入点、短期目标和中长期目标，明确中国应该在国际金融架构中承担何种角色和责任，并就该问题与国际社会达成共识。同时，找到一些可以切入的领域以便与国际社会相互合作，逐步培育实现各方预期的能力。

建议从以下三个方面入手：一是寻找适合中国与国际社会一道探讨全球金融治理的国际论坛。二是寻找合适的形式来参与国际金融合作，例如股权、援助、软贷款、多边或双边协议。三是明确国内各部门的职责，有效地协调中国与其他国家的合作。

第二，推动有利于新兴市场国家的国际金融规则改革。

当前的国际金融规则在发达国家的主导下变得越来越复杂和符合发达国家的利益，这在一定程度上损害了新兴市场国家的利益。

金融危机之后，新兴市场国家正在寻找一个能够在国际社会中传递它们声音的领导者，中国应该更加有效地代表新兴市场国家形成一致的声音，从而在国际经济金融政策制定过程中赢得更大的合法性和影响力。中国在推动国际金融规则改革的时候，应该优先支持推出便于执行的规则。同时，中国还应该推动一些原则导向的国际规则的出台，以更好地满足新兴市场国家的需求。

第三，加快国内金融体系改革。

中国要融入国际金融体系并发挥影响力首先需要具备一个强大和稳健的国内金融体系。

在当前，尤其是要加快利率、汇率等要素市场化改革进程，充分发挥价格杠杆在资源配置中的作用。稳步推进资本账户开放，防止出现系统性风险。大力发展资本市场，提高直接融资在全社会融资中的比重。完善金融体系，加大产品和服务创新，服务实体经济发展。

第四，积极稳妥推进人民币国际化进程。

融入国际金融体系需要在国际货币体系中拥有一定的话语权。中国的经济发展需要打造与经济实力相适应的国际化货币。一国货币的国际化需要政治、经济和金融等多种条件的支撑。我国应在坚持主动性、可控性和渐进性的原则下采取"两步走"的方针。

第一个阶段的战略目标是，争取利用八至十年左右的时间，在2020 年前后实现人民币完全周边化及准区域化，使人民币成为周边国家和区域内最主要的结算和投资货币。

第二个阶段的战略目标是，在实现第一阶段目标后再利用十年左右的时间，在 2030 年前后彻底实现人民币的国际化，使人民币成为世界经济中最主要的贸易结算、投资和储备货币之一。

第五，大力培养国际化金融人才。

金融业是知识技术密集型产业，中国金融业要实现国际化，必须拥有一大批具有国际视野和中国经验的金融业管理人才和专业技术人才。与此同时，还要培养全民的金融意识，特别是党政干部、企业家要树立学金融、用金融的理念，实现金融业和实体经济发展的良性互动。

受金融危机影响，当前贸易保护主义盛行，全球化进程也出现了些许波折，但中国融入全球经济金融的进程不会逆转，对中国金融业来说"风物长宜放眼量"，应统筹规划、稳步发展，尽快提高我国的金融力，从容应对全球经济金融的风云变幻。

重塑中美经贸关系[①]

改革开放三十年来，中美双方贸易投资快速发展。目前中美经贸关系已经成为世界最重要的双边经贸关系。中国是美国第一大进口来源地、第二大贸易伙伴和第三大出口市场，中国连续十一年是美国增长最快的出口市场，美国是中国第一大贸易对象国和第一大出口对象国。

按中方统计口径，2012 年中美双边进出口贸易总额达 4846.8 亿美元，比 1979 年增长 204 倍，占中国外贸总额比重约达 13%。其中，中国对美国出口值约为 3517.9 亿美元，同比增长 8.4%，占中国出口总额比重超过 17%。

经贸投资的三个不平衡

总体上，中美经贸投资关系实现了利益互补、互利共赢，但是，也积累了一些不平衡因素。近年来中美经贸投资的不平衡进一步扩大，主要表现为三个特征：

其一，贸易不平衡。2001 年中国加入世界贸易组织（WTO）以后，对美贸易顺差更是出现大幅上涨，2001 年至 2008 年，中国对美国贸易顺差的年均增长率高达 29%。

2009 年，受金融危机影响，中国对美国贸易顺差比 2008 年下降了 16.1%，但仍达 1433.8 亿美元，2010 年至 2011 年，中国对美国贸易顺差恢复增长，2012 年中国对美国贸易顺差额为 2189.1 亿美元。

[①] 此文发表于《财经》2013 年第 6 期。

目前美国已经成为中国贸易顺差的第一来源地，中美贸易长期的不平衡使得中美之间贸易摩擦日益加剧。

其二，中美投资不平衡。投资不平衡不仅体现在投资规模上，还体现在投资结构上。

中国对美国直接投资规模远小于美国对中国直接投资规模，目前美国在中国的直接投资存量约为 707.3 亿美元，而中国对美国的直接投资存量仅为 77.85 亿美元。

而中国对美国间接投资规模远大于美国对中国间接投资规模，2012 年中国对美国间接投资中，中国持有美国国债余额约为 1.17 万亿美元；而美国对中国间接投资规模仅为千亿美元。但是在总体上，中国对美国的投资规模大于美国对中国的投资规模。

其三，贸易与投资比例不平衡。中美间不断增加的巨额贸易总额，并没有带来相对应的中美双方直接投资规模的增加，中美两国间的投资总额和增长率明显不足，与中美两国巨额的商品贸易和中美两国在世界经济中的地位很不相符。

不平衡的成因

中美经贸投资不平衡的形成原因是多方面的。

首先，两国产业结构和分工不同。美国在经济全球化和全球产业结构调整过程中将经济发展重心放在高新技术产业和服务业，中国的比较优势在劳动密集型产业。

自 20 世纪 80 年代中期以来，中国周边国家和地区在产品制造等劳动密集型产业的比较优势逐渐为中国所取代，低端制造业被转移到中国，美国对这些国家的贸易赤字也因而转移为对中国的贸易赤字。

其次，中美贸易不平衡中的统计因素。

中国出口的货物经第三地转运是导致双方统计差异的一个重要原因，其中的香港转口因素是双边贸易关系的一个显著特点。

目前中美之间的贸易交易有相当一部分都是通过香港转口进行的。按照原产地规则，美国把经香港转口的中国大陆地区产品价值全部算入中国对美国的出口，这样货物在途经香港过程中产生的所有附加值也成为大陆地区出口的一部分。

美国又把经香港转口到中国大陆的美国产品计入香港而非大陆，无形之中扩大了中国对美国的逆差额。

实质上，中美经贸不平衡，是在美国单边主义和美元主导的国际经济秩序下中美经济利益的不平等，美国从中美贸易不平衡中获得的利益远远大于中国。

一般而言，中美经贸关系可以概括为中国生产、美国消费，同时中国又将出口获得的美元，以购买国债的方式借回给美国，维持美国高负债运行。在这种关系的背后，实际上掩盖着双方利益的不平等。

美国是中国发展"外溢效应"的主要受益者。中国出口到美国的质优价廉的商品为美国消费者创造了经济福利，对美国稳定市场、降低通货膨胀起了主要作用。中国用所积累的外汇储备购买美国的巨额国债，这对其平衡预算、稳定金融市场至关重要。但这种投资收益率很低。

研究显示，2002—2012 年中国外储投资的平均名义收益率为 3% 左右，如果考虑到美元贬值和通货膨胀的影响，外汇储备投资的收益率还将进一步大幅缩水。

反过来，美国拿着从中国获得的价格低廉的资金，到中国进行直接投资和高收益的股权证券投资，获得了高额投资利润。

有研究表明，外商在华投资平均年收益率在 20% 左右。以苹果（Apple）产品为例，中国生产的苹果 iPad 出口到美国，中国表面上增加了出口额，但在 150 美元的生产成本中，只有约 4 美元是中国创造的附加值，绝大部分附加值和利润被美国投资者及其他国家拿走了。

除经济因素，中美经贸不平衡还来源于美国将经贸关系政治化。

综观现代国际经贸关系，从没有像中美经贸关系这样具有强烈、浓厚的政治色彩。美国出于自身利益，在中美经贸关系中采取双重标准，干预、限制中美贸易、投资的结构与范围，在中美经贸关系中投下了泛政治化的阴影。

其一，美国不承认我国市场经济国家地位。中国已经加入世界贸易组织（WTO），坚持实行市场化改革和全方位对外开放，但是，美国至今不承认中国市场经济国家地位，要在入关 15 年后才能完成这一进程。在国内利益集团的驱使下，美国不断挑起贸易摩擦，动用反倾销、反补贴手段，对中国出口、投资设置障碍。

其二，美国自身并未遵守自由贸易原则。按照自由贸易理论，一国出口应遵循比较优势原则，占有比较优势的产业、产品应该在出口中占主体。但是美国在其具有比较优势的行业，比如高科技领域，对中国出口额相对较少，且其行业生产率超出中国越多，该行业对中国的出口占其世界总出口的比重则越低，这一现象在中国加入 WTO 以后表现得更为明显。

其三，美国在两国经贸往来中采用双重标准。在对自己有利时，便拿自由贸易标准说事，时而祭起"双反"大旗，时而以所谓的"人民币汇率问题"对中国施压。当无法用自由贸易标准阻止中国时，它又拿起"国家安全"等非贸易的武器。

就深层次的根源而言，中美经贸之间的不平衡在于，以美元为中心的国际货币体系的固有矛盾，即"特里芬难题"（Triffin Dilemma）。

也就是说，只要美元作为国际货币存在，美国就必须保持贸易逆差，输出美元以满足国际市场对美元的需求。但是，作为国际货币国，美国又要保持贸易顺差以维持币值的稳定。二者不可兼得。

美元流出美国的途径不仅包括贸易逆差，还有经常账户和资本账户"双逆差"。

美国是全球最大的贸易逆差国，与此同时，美国政府债务也在持续攀升。2013 年初，美国政府债务总额已高达 16.4 万亿美元，占 GDP 的比重已经超过 90%。

因此，从经济学角度来说，美国的贸易收支及财政状况根本无力支撑美元坚挺。长远而言，美元贬值是不可避免的趋势。

自金融危机以来，为刺激经济恢复增长，美国采取大规模的量化宽松政策，这是美国凭借美元国际垄断货币地位向全球转嫁危机，将挽救美国经济的负担和成本让全世界埋单。

作为美国的最大债权国家，目前中国持有美国国债超过 1.17 万亿美元。每一轮美元量化宽松的溢出效应都对我国债权造成稀释与摊薄，不可避免对我国债权利益造成损失。

再平衡的策略

2011 年以来，美国高调提出"重返亚洲"战略，旨在巩固 21 世纪美国在亚太的主导地位，扮演亚洲地区"世纪领袖"的角色。

其目标之一是促进亚太地区国家"遵守规则"，核心是要用国际规则和规范来约束和引导中国，并联合地区其他国家在"规则制定、规则适用"的范畴共同对付中国。

美国在2011年亚太经济合作组织（APEC）会议上，极力推出自己主导的跨太平洋战略经济伙伴关系协定（TPP），美国以中国目前不具备协定所要求的条件为由，明确拒绝邀请中国参与其中。

此举旨在架空中国已经参与或正在谈判加入的各种贸易合作机制，包括中日韩三国自贸区、中国东盟自由贸易区，甚至APEC本身，迫使中国顺从于美国的条件，使整个亚洲经贸合作都纳入美国主导的轨道上。

随着美国"重返亚洲"战略的出台，中美在亚太地区的竞争、合作甚至某些具体问题上的潜在对抗都将进入一个新阶段，中美关系将更加复杂。

面对美国"重返亚洲"战略，中国有必要重新思考与美国经贸关系的定位、战略，在强调互利共赢、增进中美战略互信、扩大经贸合作领域、提升合作水平的同时，也要积极扭转中美经贸投资的失衡，在坚持平等公正的基础上，谋求改善中美经贸合作地位。

根本是转变经济发展方式。消除中美贸易不平衡，归根结底需要我国转变经济发展方式，将投资、出口驱动型的经济增长模式转到内需、投资、出口协调拉动的发展模式。只有这样，才能从本质上减少中美经贸失衡，真正提高我国国民福祉，促进两国经贸关系可持续发展。

转变外贸发展战略。按照互利共赢原则，推动对美经贸合作从规模扩张向质量效益提高、从成本优势向综合竞争优势转变，促进中美贸易平衡。中国对美出口一直以劳动密集型低附加值的产品为主，产业结构处于价值链低端。中国应尽快调整产业结构，实施科技创新，发展具有技术资本优势的产业，形成以技术、品牌、质量、服务为核心的竞争新优势。

实施市场多元战略，改善中国外贸市场过于不平衡与集中状况。应加大力气开拓新市场，努力提高对拉美、非洲、中东、独联体、东欧、东南亚以及周边国家的贸易往来，为应对美国外贸投资政策变化和市场波动提供充分的回旋余地，增加我方在中美竞争和博弈中的筹码。

加快人民币"走出去"。扭转中美经贸不平衡、不平等的局面，摆脱中国经济受制于美元的不利局面，推进人民币的国际化是必由之路。美国持续推行的量化宽松政策备受国际社会诟病，欧元前景莫测，日元地位明显削弱，世界各国迫切期望一个新的主要货币在全球经济金融体系中发挥更大作用的形势下，人民币国际化具备了发展的新契机。

要继续做大做强人民币跨境贸易结算，扩大与主要贸易对手国家货币互换安排，推进区域货币合作，同时深化国内金融市场化改革，加快人民币汇率形成机制改革，稳妥推进人民币资本项目可兑换。

随着这些改革的逐步推进以及中国经济实力的进一步提升，人民币国际化将是一个自然过程。

中资银行应适当加大在美国网络布局[①]

美国作为全世界最大的经济体和最成熟的金融市场，随着中美双向投资的不断扩大，将为中国银行业"走出去"提供巨大的发展空间。现阶段中美两国经济发展的互补性，为双方企业扩大双向投资提供了前所未有的历史性机遇。下一步，中国银行业应在监管许可的前提下，适当加大在美国的网络布局，延伸服务范围。

中国银行业需多方位提升国际化程度

第四次中美战略经济对话使中美双方在很多方面达成了共识，双方均坚持自由贸易和投资便利化原则，同意正式启动中美双边投资保护协定谈判。因此，"中美企业投资与合作论坛"是第四次中美战略对话的延伸。

随着越来越多的中国企业进入美国市场，相应创造出越来越多的金融需求，为银行提供了更多的现实和潜在业务机会，也为自身融入当地市场提供了契机。跨国投资企业对于银行服务的需求已经由传统的信贷融资、账户管理、结算支付等基础性业务，向更高端和更复杂的产品和服务转变，涉及商业银行、投资银行、保险等诸多领域。

中国银行业国际化程度还比较低，与在美投资的中国企业规模很不匹配，距离美国主流金融机构还有很大差距。下一步，中国银行业应在监管许可的前提下，适当加大在美国的网络布局，延伸服务范围，

---

① 此文发表于"每经网" 2012 年 7 月 19 日。

增强对"走出去"企业的就近支持能力，同时加大本土化经营力度，大力拓展当地客户，积极融入当地市场。

"走出去"对中国银行业的风险管理和产品创新提出了更高要求。银行业本身是高风险行业，进入新的市场则进一步增加了银行的风险。中国银行业必须深入研究美国的政治、经济、文化、法律以及市场环境，根据本行的风险偏好，建立区别于国内业务的风险管理制度，在业务准入、风险管理资源配置、风险管理产品创新、激励约束机制等方面形成更加灵活和差异化的风险管理模式。

在产品创新方面，银行必须根据市场变化趋势和企业实际情况加大产品和服务创新力度，全方位满足企业多元化的金融需求。比如，当前银行可以在继续拓展银团贷款、出口信贷、国际结算、资金业务等传统产品的基础上，加快创新推广跨境人民币业务、跨境现金管理、结构性和综合性金融服务方案等产品与服务，以满足企业跨国投资经营的需要。

中美探讨化解投资不平衡之道

中美双方应通过沟通解决中美之间投资的不平衡。第一，中美之间的投资与贸易的比例不平衡。第二，中美之间贸易不平衡。第三，中国对美国的投资以及美国对中国的投资之间不平衡。

怎样建立一个互信的机制，使投资规则更公开化、更市场化，使得投资和贸易之间保持平衡，使得贸易与进出口之间保持平衡，使得投资和被投资保持平衡，这是一个很重要的课题。

人民币在欧洲推广使用潜力巨大[①]

2012 年 4 月，由中国银行总行陈四清副行长率领的代表团在英国、法国和德国开展一系列跨境人民币业务推介活动。之后，陈四清副行长接受了《人民日报》的独家专访。

记者：您此次带队在英国、法国和德国开展了一系列关于人民币国际化的推介和交流活动，在这个过程中您有哪些体会？目前人民币业务在英、法、德等国的发展状况如何？

陈四清：2012 年 4 月，中国银行以"人民币，全球贸易和投资新选择"为主题，在欧洲的英国、法国和德国开展了跨境人民币业务推介活动。中国驻当地使领馆、当地政府部门和监管机构、金融同业、工商企业等 500 多名代表出席，市场反响良好。对于人民币业务在英、法、德等国的发展情况，我想谈三点体会：

一是英、法、德等国当地企业对人民币业务的关注度提升。在本次跨境人民币业务推介前，中国银行曾对 200 多家海外企业进行了初步调研，结果表明，67% 的企业已经使用或在未来的跨境贸易和投资中考虑使用人民币办理业务。在英、法、德等国的推介活动中，既有华为、中兴、中石化、五矿、宝钢、中建、中土等众多中资"走出去"企业，也有如英国国家电网、法国液化、阿尔斯通、路易达夫、道达尔、大众、汉莎航空、戴姆勒、拜尔制药等众多当地企业参与，中国银行的专家组还就客户代表提出的实务问题进行了详尽的解答。

二是英、法、德等国的人民币市场仍处于发展的初期阶段。从跨

---

① 作者于 2012 年 7 月 10 日接受《人民日报》专访。

境人民币结算业务的境外地区分布情况来看，根据相关统计，截至2011 年末，德国、英国和法国与中国企业发生人民币实际收付业务量在境外所有国家和地区中分别位于第六、第十二和第十四位，业务量占比分别达到1.8%、1.2%和1.1%，是欧洲国家中与中国开展人民币业务最频繁的三个国家。大众、法国液化等大型跨国企业与中国银行密切合作，在中国境外发行人民币债券筹集资金，并使用人民币对中国境内直接投资，降低了筹资成本，便利了企业的跨国经营和投资活动。

尽管人民币业务在英、法、德等国的发展较快，但人民币业务量与中英、中法和中德的贸易和投资总量相比占比仅为4% ~8%，尚处于市场发展的初期阶段。未来跨境人民币结算、贸易融资、外商直接投资、离岸人民币债券发行与承销、海外项目人民币融资、海外人民币兑换、资金衍生产品、人民币存款及投资理财产品等都将取得较快的发展。

三是英、法、德等国可根据当时市场的情况推进人民币业务。如上所述，未来人民币在英、法、德等国的推广和使用有巨大的潜力。英国正在积极推进伦敦建设新的离岸人民币中心，伦敦的人民币资金也已具备一定规模，发行了首笔人民币债券。德国是世界第二大出口国，与中国之间经贸往来频繁，预计未来两国企业在贸易和投资项下会更多地考虑人民币的使用。法国的企业对人民币业务也表示了浓厚的兴趣，本次推介活动中，中国银行与一家法国本地企业签署了欧洲地区单笔金额最大的人民币授信合作意向书，用于企业对于中国区的投资。同时，法国对非洲业务也有一定的辐射作用，这也将为人民币的跨境使用提供新的动力。

记者： 在欧洲大陆开设人民币离岸中心的条件和时机是否成熟？中国银行将可为此发挥哪些作用？

陈四清： 人民币离岸市场的发展对于未来扩大人民币的跨境流通和使用具有重要的推动作用。从国际货币的发展情况来看，美元、欧元和日元的国际化都伴随着境外离岸市场的发展。根据有关统计，2010 年80%和72%的美元和日元外汇交易量在境外的离岸市场发生。人民币离岸市场的建立和发展，可以满足作为国际货币的全天24 小时交易时间，提供其发挥国际计价、结算、投资和储备货币职能时的交易工具，满足境外投资者在成熟的金融市场上对人民币的需求，形成人民币在海外的自然沉淀，促进金融产品和服务创新，从而进一步提升人民币的国际接受程度。

从当前离岸人民币中心的发展来看，香港已经初步形成了离岸人民币市场，并且正保持快速的发展态势。而伦敦、新加坡、东京等多个城市也纷纷提出建立离岸人民币中心的构想。从目前西欧、北美、亚太等主要的离岸金融中心发展来看，离岸市场的发展主要依靠市场力量，但也有部分地区（美国、新加坡）有一些制度性的安排。我们可以根据"市场驱动，因势利导"的原则，为离岸人民币中心的发展提供相应的支持。多个位于不同区域、侧重不同职能、功能互为补充的人民币离岸中心，将有助于进一步推动人民币的"国际化"进程。

目前，在离岸人民币中心的发展上，足够的人民币的流动性是保障人民币投资产品的定价有效性和交易流通性的关键，这也是决定未来人民币离岸中心发展的重要因素之一。根据国际经验，只有当一个债券市场的规模达到 3500 亿美元时，才有对大型国际机构投资者来说可接受的流动性和定价效率。而目前发展比较快的香港市场，人民币存款也仅仅在 900 亿~1000 亿美元的水平。因此，我们要继续大力发展跨境人民币结算业务，做大业务规模，形成资金在海外市场的沉淀。大力发展人民币存款和结构性投资理财产品、投资避险工具，吸引更多的投资者。适时逐步发展离岸股票、保险、基金等业务。与境外监管机构协调跨境金融监管政策，规范和指导离岸人民币业务的发展。

中国银行作为"跨境人民币业务的领先银行"，可以发挥自身在国际业务、专业技术、客户基础、清算网络、多元化平台等方面的优势，通过各相关海外机构为企业提供全方位的人民币金融服务，促进人民币的扩大流通和使用，为各地区离岸人民币中心的建设提供有力的支持。

记者：中国在推进人民币国际化的进程中始终保持非常谨慎的态度，在您看来，人民币国际化进程中遇到的主要问题有哪些？如何进行有效的规避？

陈四清：随着人民币跨境流动规模的累积和扩大，一些问题也需要加以关注：

一是境外人民币的接受程度仍然有待提高。目前美元、欧元在国际货币体系仍占主导地位，全球贸易以美元、欧元签约、计价、结算的习惯短期难以改变，中国的贸易伙伴需要接受人民币作为计价、结算和支付货币需要一个长期适应的过程。

二是境外人民币的来源还相对有限，企业办理人民币中长期项目融资、出口买方信贷时缺乏长期避险工具，人民币投融资和资金产品相对有限等，均在一定程度上影响境外企业或机构接受人民币的意愿。

三是跨境资金流动和监测的难度逐渐加大。对贸易背景真实性审核的要求更高，商业银行需要配合监管部门共同研究对跨境资金流动和监测的有效性。

扩大人民币的跨境流通和使用，长期看是必然的趋势，此项工作将与人民币的汇率形成机制改革、利率市场化和人民币资本项目可兑换工作相互作用，相互促进。随着跨境人民币政策的不断完善，上述问题都会在发展的过程中逐步解决。

记者：本报已连续推出了两期"人民币国际化专栏"，独家采访法国经济学家和政商界知名人士。通过采访，我们可以强烈地感受到法方人士在深信人民币必将成为三大国际货币之一的同时，也对人民币发挥稳定国际金融体系的作用充满期待。随着人民币国际化进程的不断深入，人民币将如何发挥稳定国际金融体系的作用？

陈四清：近年来国际金融危机的爆发和主权债务危机的蔓延，凸显了国际货币体系的内在缺陷和系统性风险。当前，国际贸易和金融交易的主要货币仍然是美元在发挥主要作用。在欧债危机久悬未决的情况下，大量的避险资金不可避免地流向美国。但当全球外汇资产过度集中于一种国际货币时，美元量化宽松政策或债务问题也有可能对国际金融体系造成巨大的冲击。美元、欧元、日元、人民币等多种货币共同发挥作用，将有利于国际金融体系的稳定。

目前，人民币正依托于中国经济的持续发展、庞大的国际贸易规模、币值的相对稳定，在世界范围内接受程度不断提升，为各国政府和企业提供了分散风险的新选择。未来随着人民币资本项目可兑换工作的逐步推进，人民币有望加入SDR并逐步提升在其中的地位和作用，并在长期内稳步推动国际货币体系向多元化发展。

此外，人民币国际化还有助于维护大宗商品价格稳定。中国现在已经是全球第一大的大宗商品消费国，占全球大宗商品总消费量的18.7%，大豆、铁矿石、原油、天然橡胶等商品的对外依存度都超过了50%。未来如果中国能在大宗商品交易环节获取一定的定价权，将有助于削减大宗商品价格的美元因素，使得国际市场较少受制于美国量化宽松政策导致大宗商品价格飞涨和输入性通胀的影响。

记者：请问您如何看待人民币自由兑换的问题？推进人民币自由兑换需要具备哪些条件？应当秉承什么样的原则？

陈四清：实现人民币可兑换是我国的既定目标。1993年，我国明确提出，"中国外汇管理体制改革的长远目标是实现人民币可自由兑换"。1996年，我国实现了人民币经常项目可兑换。2010年，"十二五"规划中明确提出"逐步实现资本项目可兑换"。

人民币资本项目可兑换是一个逐渐放松资本管制，允许居民与非居民持有跨境资产及从事跨境资产交易，实现货币自由兑换的过程。根据国际货币基金组织的汇兑年报，资本项目交易分为7大类40个小项。根据国家外汇管理局的有关评估结果，我国75%的项目达到了部分可兑换以上的水平，还有10项不可兑换，主要集中于资本市场方面。

推动人民币在资本项目下的可兑换，总体上利大于弊。从国际经验来看，资本在全球范围内自由流动和优化配置，能够产生最大的经济效益，并相应地在全球范围分散风险，还可以促进对外贸易发展。对我国而言，开放资本账户有利于我国企业"走出去"发展，开展对外投资、海外并购、拓展海外市场，提升国际竞争能力；有利于进一步扩大人民币的跨境流通和使用，提升人民币的国际认可程度，带动离岸人民币市场的发展。根据测算，如果未来我国人民币资本项目可兑换工作缺乏进展，人民币仅主要通过贸易渠道进行对外输出，在我国外贸进出口中的占比在30%左右会出现"瓶颈"。

从理论上讲，推进人民币资本项目可兑换一般需要四项基本条件，即宏观经济稳定、金融监管完善、外汇储备充足及金融机构稳健。但这并不意味着要各种条件都具备才去推动资本项目的可兑换。当前，我国已经是世界第二大经济体，第一大出口国和第二大进口国，宏观经济运行稳定，外汇储备相对充足，国内金融市场建设、金融监管水平都有明显的提升。我国正面临着资本账户开放的战略机遇期。一方面，我们要消除对推进资本项目可兑换的顾虑，不要因为可能存在的风险而放弃潜在的巨大收益。另一方面，也要客观地评判市场环境，在有效防范风险的前提下，采取"先流入后流出、先长期后短期、先直接后间接、先机构后个人"的原则，有选择、分步骤放宽对跨境资本交易活动的限制，逐步实现资本项目的可兑换。

记者：国外企业对人民币国际化的关注点有哪些？中国银行有哪些针对国外企业的产品和服务？

陈四清：从中国银行的业务实践来看，实际上无论是大型的跨国公司还是当地市场的中小企业，对于人民币业务都有不同的关注点。我们发现，最早对跨境人民币业务产生浓厚兴趣的往往是大型跨国经营企业。这些企业由于要在全球市场开展业务并合理配置资金，人民币为其提供了丰富资产配置、规避汇率风险、提升资金效率的有效手段。而这些跨国公司得到切实的好处后，又进一步带动了其交易对手、竞争伙伴考虑人民币的跨境使用，形成了示范效应。对于国外的中小企业而言，他们往往机制灵活，可以及时根据市场的变化调整业务发展策略，人民币也为其提供了新的交易币种选择。

目前，中国银行作为跨境人民币业务的领先银行，产品不仅涵盖了信用证、汇款、托收、进/出口押汇、贴现、保理、福费廷等国际结算和贸易融资产品，还包括海外人民币存款、贷款、买方信贷、兑换、资金交易、债券、现金管理等各类金融产品。中国银行可以为客户量身定做覆盖贸易链和供应链全流程的解决方案，提供全面的在岸和离岸人民币金融服务。

中国银行将坚持"创新发展、转型发展、跨境发展"的思路，推进海内外的专业化经营、集约化管理和一体化发展，顺应客户需求，不断提高产品创新和服务能力。

加快推进人民币跨境使用
促进贸易和投资便利化[①]

当前，全球金融市场动荡加剧，欧洲债务危机进一步深化，外部市场的严峻形势为扩大人民币的跨境流通和使用提供了相应的"时间窗口"，人民币"走出去"已经成为我国全球金融战略布局的核心内容。中国银行作为中国国际化程度最高的商业银行，在跨境人民币业务推动的过程中扮演了非常重要的角色。从 2009 年跨境人民币结算试点开始以来，我们深切地感觉到，推动跨境人民币业务的进一步发展，不仅是我们国家的一个金融战略，同时也是我们企业家和银行家义不容辞的责任。我在这里与大家分享三个看法：

一、人民币跨境使用加速发展，但与贸易大国地位仍不匹配

人民币的跨境使用加速发展，但与我国贸易大国、第二经济强国的地位仍然不相匹配。面对国际金融危机的严峻挑战，国家适时、果断地实施跨境贸易人民币结算试点政策，三年来取得了显著的成绩，呈现加速发展的态势。

一是结算规模翻番。根据中国人民银行统计，截至 2011 年末，银行累计办理经常项目下人民币跨境业务结算金额 2.58 万亿元。其中，2011 年当年结算量就达到了 2.08 万亿元，同比增长超过 4 倍。境外人

---

① 此文发表于《21 世纪经济报道》2012 年 3 月 20 日。

民币存量大幅提高，香港市场人民币存款余额已超过 6000 亿元。

二是使用范围扩大。2011 年，国家开始试点直接投资人民币结算业务，当年即形成了 1109 亿元的规模。人民币已"走进"170 多个国家和地区，一些国家已将人民币纳入外汇储备，标志着人民币在国际上的接受程度不断提高。

三是投资领域拓宽。香港地区人民币债券发行量突破 1000 亿元，即期和远期人民币兑换量快速增长，人民币保险、理财、IPO 及以人民币计价的现货黄金合约等多种产品不断涌现。

前不久（1 月 11 日），旨在打通境外人民币回流通道的首批人民币合格境外机构投资者基金面世，更增强了人民币跨境使用的积极性。

尽管人民币跨境使用发展迅猛，但与中国第一贸易大国的地位相比仍然存在巨大差距。2011 年，以人民币计价的货物贸易结算金额在我国同期海关进出口总额中的占比仅 6.6%，人民币跨境使用仍存在巨大的发展空间。

二、人民币跨境使用需求巨大，但金融服务水平仍需提升

人民币跨境使用加快发展，得到了企业的真心拥护和支持。使用人民币计价和结算，既是企业的选择，也是市场的推动。人民币跨境使用对企业的意义主要表现在以下方面：

一是规避汇率风险。目前境内企业的贸易结算大多是以美元、欧元和日元进行计价结算，由此带来的汇率风险通常由境内企业承担。当人民币用于国际结算时，我国企业所承受的外币汇率风险即可消除。同时，企业经营成果更为透明，进口成本和出口收益能够较为清晰地固定，有利于企业财务核算。

二是节省财务成本。进出口贸易企业使用外币结算，通常要经过"本币—外币—本币"两次兑换。以美元兑换人民币为例，一般情况下银行将按交易金额的 1.25‰收取汇兑费用，这是一笔不小的开销。当人民币用于跨境结算后，企业至少可节省其中一次的兑换成本。同时，使用外币结算的企业通常为规避汇率风险而委托银行进行的衍生产品交易成本也将被节省下来，这将大大提升我国企业的国际竞争力。

三是提高资金使用效率。减少一次汇兑本身就减少了资金流动的相关环节，缩短了结算时间。此外，由于不需要进行外币衍生产品交易，企业可以减少相应的人力资源投入和相关资金投入，这也有利于企业加快运转速度。

此外，在人民币跨境使用的过程中，还存在境外人民币投资产品和投资渠道不多、人民币汇率避险产品较少等问题，区域间尤其是中国与周边国家的货币合作尚需进一步增强。

三、加快推进人民币跨境使用的几点建议

刚刚召开的全国金融工作会议提出，要扩大人民币在跨境贸易投资中的使用。在此提出四点建议：

第一，继续促进贸易投资便利化。进一步提高人民币的境外可接受程度，优化中国对外贸易投资的地域分布，重点推动人民币在与中国经贸联系密切的国家和地区的使用。继续增加境内试点企业数量，为跨境人民币业务提供配套支持，满足企业贸易投资便利化需求。

第二，继续扩大人民币在跨境投融资中的作用。继续完善直接投资人民币结算试点政策，不仅鼓励银行向境内机构在境外投资的企业或项目发放人民币贷款，而且支持中资银行在境外为当地企业提供人民币融资服务。

第三，继续推动人民币标价产品市场开放发展。稳步扩大银行间债券市场境外投资主体范围和投资品种范围，鼓励银行间外汇市场的业务和产品创新。同时，鼓励商业银行研究开办面向境外人民币持有主体的代客理财业务等。

第四，继续加强跨境人民币资金的流动监测和管理。随着跨境人民币业务的发展，国家货币政策制定和实施的复杂性将增加；人民币跨境流动规模的累积和扩大对跨境资金流动的监管将造成较大压力，增加了国际收支真实性审核、国际热钱防控、反洗钱等监管工作的难度；人民币离岸市场的发展可能对境内人民币的利率和汇率形成机制产生影响。这些问题是任何一种货币国际化过程中必然要遇到和考虑的问题，需要提早研究和谋划。

中国银行是我国唯一一家连续经营百年的银行，也是全球最大的

国际结算银行。中国银行在跨境人民币业务领域一直保持市场领先地位，不仅在香港市场有业务优势，国内的跨境人民币结算市场份额也一直保持在30%以上。2011年集团跨境人民币结算量突破1.7万亿元，在清算渠道、客户基础、金融产品、专业技术、品牌形象等方面形成了独特的竞争和领先优势。面对新的形势，中国银行愿意进一步发挥优势，与各界同仁一道，共同推动人民币跨境使用，促进贸易和投资便利化，为中国和世界经济和贸易发展作出新的更大的贡献！

再谈大力发展跨境人民币业务[①]

当前，人民币国际化已经成为我国全球金融战略布局的核心内容。以跨境贸易人民币结算试点政策为起点，逐步推进人民币在对外经济交往中的使用，我国人民币国际化发展在过去两年中取得了重大成就。中国银行党委深刻认识到跨境人民币业务对中国银行建设大型跨国商业银行集团的长远战略意义，指导总行有关部门、海内外机构积极联动，不仅取得了业务全面首发的好成绩，同时在市场份额、产品体系、清算渠道、客户数量等方面也持续保持了同业领先优势。2011年年中工作会议上，肖钢董事长作出重要指示，要求中国银行从战略高度充分认识发展跨境人民币业务的重大意义，充分发挥中国银行的先发优势，抢抓机遇，大胆探索，奋发有为，促进中国银行跨境人民币业务的全面发展。准确理解和把握董事长的指示，并在此基础上提出具体工作措施，是下一阶段中国银行跨境人民币业务的工作重点。

一、发展跨境人民币业务对中国银行建设大型跨国银行集团意义重大

在经济全球化和我国综合实力不断提升的背景下，人民币走向国际是大势所趋，"扩大人民币跨境使用"是我国"十二五"规划的明确要求。2011年上半年，我国跨境贸易人民币结算量达到9576亿元，占同期我国对外贸易总量的8%，6月末香港的人民币存款余额超过5500亿元，人民币离岸中心初具规模。从近期看，人民银行等监管部

---

① 此文发表于《中行职工报》2011年9月7日。

门将继续推动人民币"走出去"、让人民币在海外"留得住",然后"回得来",形成健康、高效的人民币全球循环体系。8月17日,时任国务院副总理李克强访问香港期间公布了中央政府支持香港发展的六项政策措施。中国人民银行行长周小川围绕"支持香港发展成为离岸人民币业务中心"提出了十点细化方案。香港与内地间的人民币回流渠道将进一步拓宽和畅通,香港离岸人民币市场将保持较快发展。从长远看,人民币必将成为继美元和欧元之后的第三大国际货币,这将从根本上改变传统国际金融业务格局,这对银行尤其是中资商业银行来说,提供了难得的巨大发展机遇。

发展跨境人民币业务对于中国银行建设大型跨国银行集团意义重大。从近期政策来看,跨境贸易人民币结算地区进一步扩大到全国,RQFII、RFDI、境外三类机构(境外中央银行或货币当局、港澳人民币业务清算行和境外参加银行)运用人民币资金投资境内银行间债券市场等人民币回流渠道的拓宽,将进一步推动中国银行跨境人民币结算业务的发展。同时,随着内地赴港发债主体的范围拓宽,发债规模的增加,以及企业赴港上市工作的推进,中国银行可以进一步发挥中银香港作为香港地区唯一清算行的优势,并利用海外广泛的分支机构以及投资银行、保险、基金、投资等国际化和多元化优势,拓展更多的市场机会。从长远发展来看,跨境人民币业务一方面将大大拓展中国银行业务领域,带动人民币结算、清算、融资、存款、理财、投资、现钞等各项业务的全面发展,进而帮助中国银行进一步扩展境外业务覆盖区域,扩大客户类型和数量,打入海外主流市场,实现全球竞争力的提升。另一方面,跨境人民币业务的发展还将进一步促进中国银行业务结构的调整,使得境内外本外币资产、负债业务关联度进一步加大,有利于发挥中国银行跨境业务和海外业务的优势,真正成为全球一体化经营的大型跨国银行集团。

二、中国银行跨境人民币业务发展现状喜忧参半

自2009年7月我国开始人民币跨境结算试点政策以来,中国银行跨境人民币业务的发展已初现成效。两年来集团跨境人民币结算量累计超过1.4万亿元,境内分行跨境人民币结算市场份额保持在30%以

上；截至 2011 年 7 月末，全集团开立人民币清算账户 520 个，保持领先地位；海外机构人民币客户存款余额 1880 亿元（其中中银香港 1532 亿元），人民币贸易融资及贷款余额 1448 亿元；金融市场业务、清算业务、人民币现钞批发配送业务快速发展；中银香港利用香港地区跨境人民币指定清算行的有利地位，积极拓展各项业务，成为香港人民币离岸市场最活跃的成员。海外人民币业务带动了海外机构客户的增长，累计增加 8 万多个账户，显著提高了中国银行海外机构的市场地位。此外，跨境人民币业务对境内机构的业务发展和客户拓展也起到积极作用，带来大量中间业务收入和保证金存款。在各项跨境人民币业务开展过程中，海内外机构密切合作，发挥了中国银行的特有优势，充分体现了海内外一体化发展的战略思想。

同时我们也应看到，中国银行跨境人民币业务的领先地位面临激烈竞争和严峻挑战。首先，以工商银行为代表的主要中资同业依托其强大的境内人民币业务基础和宽厚的客户基础，在国际业务和海外业务方面追赶中国银行，以汇丰银行为代表的外资跨国银行依托其强大的全球网络及外汇资金实力，也在努力发展跨境人民币业务。中外资同业多次向人民银行表达希望加入港澳清算行行列，同时积极争取在新加坡等国家获得新的清算行地位。其次，当前中国银行资金流动性紧张和贷存比高企的状况很大程度制约了跨境人民币业务的进一步发展。此外，跨境人民币业务相关政策具有一定复杂性，并且与我国金融市场改革、利率市场化以及汇率改革紧密相关，中国银行各项跨境人民币业务的开展必然受到有关政策的约束。同时，中国银行对于政策的对策研究还不是很透彻，跨境人民币产品的研究推广还存在问题，这些对中国银行下一步开展此项业务都是挑战。

三、下一步开展跨境人民币业务必须多策并举

中国银行未来跨境人民币业务目标清晰明确："保持跨境贸易人民币结算市场份额第一、成为'走出去'企业的跨境人民币业务主办行、成为海外当地人民币业务的清算行、人民币做市商、人民币资金和现钞的主要提供者、境外人民币业务全面产品和服务的提供者"。下一阶段我们应主要做好以下几方面的工作：

（一）加强对跨境人民币业务的统筹管理

中国银行要加强对境内外机构相关工作的整体协调安排，制订详细的业务发展战略和近远期规划，对各部门、各条线、境内外机构的职责分工和目标任务作出明确规定。各部门、各条线要积极主动做工作，不折不扣地执行。各境内外机构要在总行的整体安排框架内，结合本地区的政策规定和市场状况，确定本行发展跨境人民币业务的目标和方案。

（二）大力拓展海外人民币存款

多渠道吸收海外人民币存款，满足海外人民币资金运用的需求。具体措施包括：海内外机构联动进行产品创新，在离岸市场率先推出高收益人民币投资产品、理财产品，以及贸易与投资理财产品组合，争揽海外人民币资金；海内外机构联合加强对海外企业和个人的营销力度，扩大海外人民币存款，设计明确不同清算模式下对代理行的营销方案，争取代理行的清算资金和托管资金沉淀；根据全集团资金运用的收益状况，制订灵活和有竞争力的人民币存款利率吸引海外人民币存款，持续发行离岸人民币 CD 大额存单筹资。此外，境内机构要根据政策推进及时推出能够吸引海外人民币资金的投资产品，争取为全集团的贷存比作贡献。

（三）做好人民币在境内外流动环节的产品创新

人民币跨境使用大循环的过程包括人民币在境内和境外之间的流动环节、人民币在境外市场的存续环节两部分。人民币从境内流出境外和从境外流回境内，连接了在岸和离岸两个市场，是人民币走出国门最初阶段非常关键的环节。在此环节，境内行应把握人民币"走出去"步伐加快和跨境人民币结算试点由贸易项下向资本项下推进的政策空间，研究海内外机构联动服务方案。要加快发展 ODI、FDI 资本项目跨境人民币业务，特别要抓住境内企业赴海外上市、发债以及海外发债回流内地的项目，争取资金沉淀和存款。大力争揽人民币 QFII 项下的境内托管业务。积极发展跨境人民币项目贷款、买方信贷等产品。研究与中国银行无直接竞争关系的境外代理行开展跨境人民币业务合作，弥补集团内人民币资金不足。推进跨境汇利达、跨境人民币协议付款和协议融资业务，创新海内外行合作贸易融资产品。在坚持代理行清算模式和清算行清算模式并重的发展思路基础上，在重点海外地区积极发展二级清算模式，构建中国银行独特的全球人民币清算产品体系。

（四）开发人民币在海外存续环节的产品

人民币在境外市场的存续是人民币跨境使用大循环过程的另一重要环节。随着境外人民币存量的日趋扩大，人民币在境外的存续、流动和使用范围将持续增长，这是未来跨境人民币各项业务发展的主战场。在此环节，境内外行要充分利用此次中央支持香港建立人民币离岸中心的有利政策，通过产品组合扩大海外人民币在当地的贷款使用；加快发展离岸人民币金融市场工具、理财、投资、汇率与利率风险管理产品；大力争揽国债、企业债发行和承销业务，拓展其二级市场交易及相关经纪业务；实现中国银行跨境人民币产品的全领域发展。

（五）拓展海外人民币对私产品

将海外人民币业务范围由对公向对私大力拓展，发展个人项下跨境人民币业务，如代发工资、银行卡、个人存款、兑换、个人汇款、旅行支票等业务，以及逐步建立海外高端客户人民币财富管理及投资理财体系，打造中国银行独特竞争优势。在所在国监管政策允许前提下，鼓励所有海外机构开展对私人民币业务。

（六）建立离岸人民币资产负债管理体系

未来要将海外机构的人民币资产负债业务纳入全集团统筹管理，要按照"综合平衡，量入为出"的原则，完善离岸人民币资金池管理办法，认真分析不同市场的人民币资金状况，合理调配资源，实现中国银行收益最大化。同时，也要充分考虑到人民币尚未实现完全可兑换，离岸人民币也不能自由调入调出，对海外机构人民币资产负债业务的管理要有别于境内人民币资产负债业务。此外，还要根据所处发展阶段对海外人民币资金的管理原则进行实时调整。例如，当前境外人民币运用渠道相对有限，除境内外行联动叙做的人民币贷款和贸易融资外，其他投资运用渠道规模较小收益较低，因此目前阶段应允许离岸人民币贷存比相对于境内人民币贷存比高一些，以鼓励海外机构积极扩大人民币存款规模，把握有利时机抢占市场。

中国银行总行、境内分行要加强与各级监管部门的政策沟通，及时了解跨境人民币政策动态和发展趋势，研究相关政策对中国银行发展业务的影响，及时提出有针对性的措施建议。对于先行先试的业务要积极争取政策支持，抢占业务先机。海外机构也要紧密跟进当地监管政策变化，推出各项符合当地监管政策的人民币产品，满足海外客户金融需求。

各境内外机构要从人力资源上予以保障，同时做好对境内外业务人员的政策及业务培训。要建立科学合理的考核评价体系，对各项主要跨境人民币业务设置较为进取的、操作性强的阶段性目标，对于涉及集团内不同机构的特定业务（如人民币发债）明确各自权责和分润机制，理顺竞争与合作关系，充分体现中国银行一体化发展的要求。要尽快推出双边记账等措施调动海内外分行共同协作发展业务的积极性，提高中国银行海内外一体化发展的水平。

中国银行总行要建立统一的跨境人民币业务信息平台，及时公布跨境人民币业务的最新政策、重点客户和项目联动的业务信息，指导全行开展跨境人民币业务。

加快推动人民币标价产品市场开放[①]

为推动人民币的跨境使用，需要在促进贸易投资便利化，扩大人民币在跨境投融资中的作用，在推动人民币标价产品市场开放发展，加强跨境人民币资金的流动监测和管理等方面下功夫。

近年来，人民币的跨境使用无论是在结算规模还是使用范围方面，均呈现出加速发展的态势。

根据中央银行数据显示，截至 2011 年末，银行累计办理经常项目下人民币业务结算金额 2.58 万亿元，其中仅 2011 年当年的结算量就达到 2.08 万亿元。此外，截至目前，与我国境内发生跨境人民币实际收付业务的境外国家和地区已达 181 个。

尽管如此，但是与我国贸易大国的地位相比，仍然存在较大的差距，这也意味着人民币的跨境使用还存在着一个非常巨大的发展空间。而对于如何推动跨境人民币的使用，笔者提出四点建议：

一、促进贸易投资的便利化。进一步提高人民币在境外可接受的程度，优化中国对外投资贸易地区的分布，重点推动人民币在与中国经贸联系紧密的国家和地区使用，增加境内试点企业数量，为跨境人民币业务提供配套支持，满足企业贸易投资便利化的需求。

二、继续扩大人民币在跨境投融资中的作用。继续完善直接投资人民币结算试点的政策，不仅鼓励银行向境内机构在境外投资的企业和项目发放人民币贷款，也支持中资银行在境外为当地企业提供人民币的融资服务。

①　此文发表于《中国经济导报》2012 年 2 月 25 日。

　　三、继续推动人民币标价产品市场开放的发展。稳步扩大银行间债券市场境外投资主体范围和投资评审的范围，鼓励银行间外汇市场业务和产品的创新。同时，鼓励商业银行研究开办面向境外人民币持有主体的理财业务。

　　四、继续加强跨境人民币之间流动的监测和管理。在笔者看来，跨境人民币业务的发展将带来一系列新的问题和影响。如国家货币政策制定的复杂性将增加；对人民币跨境流动规模的累计和扩大对跨境资金流动的监管，将造成较大的压力；同时，也将增加国际收支审核、国际热钱防控、反洗钱等监控工作的难度。此外，人民币离岸市场的发展，还可能对境内人民币的利率和汇率的形成机制产生影响等。这些问题是任何一种货币国际化过程当中都会必然遇到和要考虑并解决的问题，应及早地谋划、统筹解决。

探索人民币国际化的路径^①

2008 年国际金融危机爆发后，世界各国开始对以美元为核心的现代国际货币体系进行反思，并提出了一些改革建议。我国也在此过程中加快了推进人民币国际化的进程。目前，人民币国际化已经取得了一些进展，得到了国际社会的认可。不过，人民币要想在国际货币体系占有一席之地，仍有很长的路要走，需要我们在理论和实际工作中不断探索。

人民币国际化的现状

目前，人民币国际化已经取得明显进展，主要表现在三个方面：

第一，经常项下人民币跨境结算步入正轨。如果从实务角度看，人民币早在 1993 年就成为边贸国际结算货币，到现在已经有 18 年了。但如果从制度层面看，人民币国际化的真正启动还要从 2009 年 7 月的人民币跨境贸易结算试点开始算起。尽管开展此项试点的时间较短，但是在两年多的时间里，人民币跨境贸易结算已经逐渐步入正轨。2010 年 12 月末，参与人民币结算试点的企业由最初的 365 家已经扩展到 67724 家。2011 年 2 月，跨境人民币业务的结算量已经攀升至 10482亿元。

第二，资本项下跨境人民币结算逐步发展。2011 年 1 月 13 日，中国人民银行发布的《境外直接投资人民币结算试点管理办法》（以下

---

① 此文发表于《中国金融》2011 年第 14 期。

简称《办法》）标志着人民币跨境结算从贸易项扩展到投资项。《办法》规定，凡能够到境外投资的企业可以用人民币向境外直接投资，境内机构投资所得到的利润也可以以人民币的方式汇回境内。这不仅解决了境内人民币出境投资问题，也解决了境外人民币利润汇回问题。2010年11月，新疆率先开展跨境直接投资人民币结算试点。到2011年2月，各试点地区共办理人民币跨境投融资金额超过1133亿元。

第三，人民币离岸金融市场在不断扩大。香港是建立离岸人民币市场的理想场所。从2004年开始，在中国人民银行、国家外汇管理局与香港货币当局联合推动下，人民币业务品种不断增加，目前已有人民币清算、存款、贷款、兑换、信用卡、借记卡、支票、债券以及跨境贸易结算等产品；人民币存款骤增，到2011年3月，香港吸收人民币活期、储蓄及定期存款共4514亿元，同比增长了7倍多，是2004年末121亿元的37倍还多；人民币债券市场迅速发展，在2007年到2010年的4年间，国内金融机构、香港企业、跨国公司和亚洲开发银行等十余家金融机构和企业在香港发行人民币债券共计600多亿元。

人民币国际化面临的问题

尽管人民币国际化已经取得了一些成绩，但推进人民币的国际化仍将是一个非常艰难的过程。人民币国际化进程一般来讲有三个阶段，第一个阶段是人民币的边境化，然后是形成海外的区域人民币市场，最后再到完整的国际化。这样一个过程是很漫长的。第一个阶段从1993年开始，目前正处于第二个阶段，我们初步推算到2015年这个阶段应该是初具规模的，而真正人民币的国际化可能要到2015年以后。从世界范围来讲，货币的国际化有三种模式，第一种是美元模式，美国处于世界经济的强势地位，美元有着特殊的地位。第二种是欧元模式，其最大的特点是区域的货币合作，而不是国别货币国际化。第三种是日元模式，即以高速的经济发展作为支撑。人民币的国际化不可能采取第一种和第二种模式，我们相对借鉴的是第三种模式，也就是日元模式。但同时我们也要克服第三种模式的弱点，走出人民币国际化新的路子。

现在，人民币国际化过程中主要有以下几个问题是我们需要面对和思考的。

第一，制度层面仍需突破。近些年来，中国人民银行等相关部门花了很大的力气来培育人民币国际化的环境、市场、制度和机制。但我们必须看到，人民币还不是一种自由兑换的货币，资本项下还没有完全放开，我们现在使用的一些制度都还是一些探索性的制度，因此制度安排上仍待突破。当然，从"十二五"规划来看，一些根本性的制度改革已经纳入了议事日程。

第二，跨境贸易结算仍有值得改进的地方。虽然人民币结算已经开始受到周边一些国家的欢迎，但人民币在突破美元、欧元和日元等主要国际货币业已形成的贸易结算网络和清算体系方面还有一些困难。在扩大人民币贸易计价结算使用范围的过程中，我们仍将面对企业定价权、货币选择权等诸多现实问题的挑战。一方面，我国虽已是全球第一大出口国和第二大进口国，但贸易总量仍低于美国，出口商品结构仍以初级产品、劳动密集型产品为主，这使我国在整个世界市场的定价权、货币选择权等方面仍不具有优势；另一方面，相对处于升值通道的人民币而言，国外的进口国则更倾向于选择较弱的货币作为进口结算货币。考虑到这些矛盾，未来我国企业要想拥有更多结算货币主动权，还需在技术创新、产品设计、品牌创造和市场营销等环节不断提升产品价值。

第三，资本输出中人民币使用不足。在金本位时代，英国通过资本输出向世界各国提供了巨额英镑；在布雷顿森林体系时代，美国通过经常项目逆差向世界提供了充足的美元流动性；20世纪80年代，日本通过大规模跨国投资向各国提供了日元资金。从这些经验来看，扩大资本项下人民币输出是未来发展的必然趋势。但从我国目前"走出去"的步骤来看，仍面临很多矛盾和问题。除了外部投资环境方面，扩大外部人民币投资需求的问题还没有得到有效解决，导致资本输出中人民币的使用仍显不足。

第四，金融市场还没有被充分利用。从美元国际化的经验看，美元的大规模输出在世界上形成了石油美元、欧洲美元和亚洲美元，而这些美元又通过美国的金融市场实现了回流，不仅为美国的发展提供了必要的资金支持，而且也为这些资金提供了投资保值的渠道。显然，我国金融市场目前还无法为人民币国际化提供必要的支撑，当前人民币离岸金融市场建设仍处于起步阶段，海外的投资产品还显不足，这将会影响国外居民持有人民币的意愿。解决人民币国际化的根本问题尽管面临一些问题，但是笔者认为，人民币国际化的进程仍会稳步推进。这是因为，一方面中国已经是世界第二大经济体，经济实力有了很大的提升。到 2015 年，我国的 GDP 总量应该可以达到美国的三分之二强。人民银行等相关部门也在抓紧创造新的、有利于人民币国际化的制度环境。另一方面，国际社会对人民币国际化问题也提出了一些建议。例如，世界银行行长佐利克认为，在中国采取措施实现人民币国际化和迈向开放资本项目之后，最终人民币应加入特别提款权（SDR）。著名的经济学家、"欧元之父"蒙代尔教授也曾表示，人民币可能成为亚洲区域货币的领袖。

展望未来，人民币国际化的最根本问题还是在于人民币如何能"走得出去"、如何能在海外"留得住"、如何能"回得来"这几个方面。为此，我们必须要努力做好以下几方面的工作。

第一，人民币跨境贸易结算要继续做强做大。从贸易总量看，2010 年我国进出口贸易总额为 29727.6 亿美元，同比增长 34.7%，国际收支顺差 1831 亿美元，是世界最大的商品出口国和第二大商品进口国。特别值得注意的是，我国和世界主要新兴市场国家的贸易往来规模逐渐增大且增速较快。以 2010 年为例，东盟、韩国、中国台湾和香港地区在中国进出口贸易中的比重大幅上升，已经接近中国与美国、欧洲、日本等发达国家和地区间的贸易水平。由此可见，我国对外贸易占全球国际贸易的比重不仅已经足够大，而且贸易对象国众多，对世界贸易具有足够的影响力，具有继续做强做大人民币跨境贸易结算的基础。

第二，积极培育人民币离岸金融市场。离岸金融中心的发展能够促进非居民对人民币的使用，特别是能让海外的人民币找到进行贸易和投资的理想场所。未来香港离岸中心的建设应着重在以下几方面取得突破：一是进一步发展人民币债券市场。当前香港人民币债券市场规模总体偏小；各级市场收益率差异大，二级市场不活跃，难以形成合理价格；产品中期限较长的债券供应不足，难以真正形成一条较为完整的人民币收益率曲线，使得香港人民币金融产品的定价面临着一定的困难。未来，应该继续扩大人民币债券市场交易规模，使其发行常态化；扩大债券期限跨度，短至 1 年、长至 30 年，加快形成一条完整的收益率曲线；扩大参与者范围，逐步将发债主体放宽至合格的内地工商企业、香港金融机构和企业、其他海外金融机构和企业以及国际组织等，逐步将基金公司、慈善机构及保险公司等列入投资者范围。二是进一步创新人民币投资产品。人民币投资产品的发展，不仅可以用活香港的人民币存量，还可以有效地吸引海外人民币到香港"落地"。只有在香港市场有好的投资产品，人民币才能真正在海外沉淀起来，形成海外的人民币市场，扩大人民币在海外的影响力。

第三，拓宽人民币回流渠道，让人民币"转"起来。尽管海外人民币可以在香港进行投资，但是我们也必须思考如何让离岸市场的人民币流回国内，从而形成人民币国际大循环的问题。目前，人民币流出已经问题不大，而且能够通过经常项下回流。下一步的问题就是如何拓展人民币的回流渠道，特别是要建立资本项下的回流机制。笔者认为有几项措施值得考虑。一是探索地方政府、商业企业在香港发行债券，并允许所募集的人民币资金汇回内地。建议中国人民银行、国家发改委、财政部等部门在发债条件、审批手续、资金回流等方面予以政策支持。二是推进外商人民币直接投资（人民币 FDI），它主要是指外商投资企业的外方股东以人民币办理跨境直接投资。三是开展内地和香港银行跨境贷款业务试点。香港人民币存量不断增加，人民币利率相对较低，可以在风险可控的条件下尝试开展试点，吸收利用香港的大量低成本资金回流内地。四是允许符合条件的机构在香港募集人民币资金，开展境内证券投资服务。

第四，货币互换是推动人民币国际化的重要手段。积极开展我国中央银行与各国的货币互换，促进人民币在国际贸易和投资中的使用，是实现人民币国际化的有效途径。未来我国应继续扩大与周边国家或地区之间的人民币互换规模，可从两方面入手：一是与具有重要战略政治关系的国家或重要物资进口国建立从紧急救援模式到日常贸易模式的互换协议框架，更有效地为人民币国际化服务，甚至可以探讨与美国签订"中美双方货币互换协议"的可能性。作为美国国债的最大持有者，我们可以考虑向美方提出相应要价，对中美两国来说，这将是一个双赢的战略选择。二是"十二五"期间，我国还将继续促进外贸结构优化升级，增加从最不发达国家和主要贸易顺差来源国的进口，如日本、欧盟、东盟、印度、俄罗斯等国家和地区，可考虑与这些国家和地区签署货币互换协议或扩大货币互换规模，促进跨境贸易人民币结算的增长。

第五，积极推动对外援助的人民币多边支付，扩大人民币结算网络。根据美元和日元的国际化经验，在一国货币国际化的初期，对外援助往往发挥了重要作用。未来我国应该在两个方面强化对外援助对人民币国际化的推动作用。一是鼓励受援国之间日常经贸往来使用人民币结算，促进人民币在该地区多边支付网络的形成。二是争取让人民币进入国际多边援助体系，向这些组织提供资金。

第六，推进区域货币合作。人民币与日元是亚洲区域内最关键的两种货币。尽管人民币和日元都在推进国际化进程，但由于一些因素的制约，两者目前都无法充当亚洲"货币锚"的角色。现阶段中日货币合作的收益大于竞争，与其争食一块蛋糕不如共同将之做大，分享更多的收益。未来，二者可就四个方面展开合作。一是建立共享的国际结算平台。增强东亚其他经济体用人民币和日元作为计价货币的意愿，鼓励本国和区域内其他经济体使用人民币与日元进行贸易结算。二是发展区域资本市场，特别是区域债券市场。借助亚洲债券基金这一平台，中日双方可以增加本国的出资额度，探讨区域内其他经济体发行人民币与日元计价债券的可能性，从而促进人民币与日元在区域内资本市场上的流通，逐步消除"美元独大"局面带来的不利影响。三是通过双边货币互换增加人民币与日元在对方国家外汇储备中的比重。美元资产占东亚外汇储备超大份额的现状需由中日两国共同改善，人民币与日元货币互换是降低美元在本国外汇储备中比重的有力措施，可以削弱美元对于东亚区域货币合作的不利影响。四是进行区域汇率合作。两国中央银行可通过建立合作机制进行汇率政策交流，当双边汇率出现较大波动时，两国中央银行通过外汇市场及国内汇率政策等渠道进行及时干预，确保区域货币稳定。

要积极培育人民币离岸金融市场^①

人民币国际化可以追溯到 1993 年，那时候是中国人民币边贸国际结算货币，到现在为止已经 18 年了，真正从制度层面推动是 2009 年 7 月推行人民币跨境的结算试点改革，到目前为止试点的范围、试点的地区不断扩大，业务的品种也在进一步的推广，所以 2010 年 12 月底人民币结算试点的企业由最初的 365 家已经扩展到 67724 家。到 2011 年 2 月，跨境人民币的结算已经攀升至 7249 亿元，这个数字就相当于 1000 多亿美元，整个攀升的速度也是很快的，是 2009 年的 201 倍。

同时资本项下的跨境人民币结算也在初步发展，2011 年 1 月 13 日，中国人民银行已经发布了境外直接投资人民币结算试点的管理办法，这就标志着不单纯是贸易项下、投资项下的跨境人民币的直接投资，银行也要相应地办理这样的结算，因此这有两个很重要的规定，一个就是凡是能够到境外投资的企业可以用人民币向境外直接投资，银行可以就此办理结算，同时也规定了境内机构投资所得到的利润也可以以人民币的方式汇回境内，这两个规定实际上产生了一个很大的变化，就是解决了一个境内的人民币出境投资的问题，同时也解决了境外的人民币的利润汇回的问题。所以在 2010 年底，在新疆已经率先示范跨境直接人民币结算的试点，并且于当年 11 月中旬完成了一笔交易。截至 2011 年 2 月，全国办理跨境人民币结算试点已经 800 多亿元。

第三个方面就是人民币离岸金融市场不断扩大。香港是一个可以

---

① 作者于 2011 年 3 月 19 日在由中国国际金融协会和对外经济贸易大学联合主办的"国际金融研究"论坛上的发言。

利用的离岸人民币市场，从领土来讲它是我国的行政区，但是从人民币跨境来讲它又是一个很好的值得培育的离岸市场。从 2004 年开始，人民银行、外汇局就在着手跟香港货币当局一起来推进人民币清算、存款、贷款、兑换和信用卡以及借记卡这样的六个品种。到 2010 年底，人民币的清算、存款、贷款、兑换、信用卡、借记卡等全面开始。到 2 月为止人民币的定期存款已经达到 3706 亿元，同比增长了 6 倍。是 2004 年 121 亿元的 30 多倍，增长速度是非常快的。2007 年到 2010 年，国内的经营机构、香港的企业、跨国公司和亚洲开发银行等十多家金融机构和企业累计发行了 600 多亿元的人民币债券。所以香港的市场经过培育已经初步具备离岸市场的功能。

从 2009 年 7 月到 2011 年 2 月，整个持续的时间还不到两年，人民币在海外市场的形成，对推动人民币国际化起了很重要的作用。大家都知道美元在世界上的强势地位，目前人民币升值的压力又很大，在这种情况下推进人民币的国际化，特别是推进人民币的跨境结算对于保证我国对外贸易的健康发展是非常有利的。但是人民币的国际化是一个非常艰难的过程，这个过程有三个阶段，第一个阶段在边境方面推进人民币区域化，形成一个海外的区域人民币市场，然后再到完整的国际化，这个过程应该很长。经初步推算，第一个阶段从 1993 年开始开始形成。第二个阶段，也就是目前的阶段正在形成，到 2015 年这个阶段应该是初具规模的，第三个阶段，即真正人民币的国际化形成规模可能要到 2015 年以后。那么在这过程当中，从世界范围来讲，货币的国际化有三种模式，第一种模式就像美元的模式，美元处于世界经济的强势地位，有它特殊的地位。第二种模式是欧元模式，欧元这种模式实际上是非主要国家货币。第三种模式是日元模式，是通过高速的经济发展作为支撑，我国人民币国际化不可能采取第一种模式，也不可能采取第二种模式，相对借鉴的是第三种模式，但同时也要克服第三种模式的弱点，要走出人民币国际化新的路子来。

当前人民币国际化中面临着很多困难需要面对和思考。

第一是在制度层面。中国人民银行和外汇管理部门已经花了很大的力气来培育人民币国际化的环境、市场、制度和机制，但目前人民币还不是完全可自由兑换的货币，资本项下还没有完全放开，现在使用的一些制度都还是一些个案，或是一些探索性的制度，还没有从根本的制度上推行。当然这方面从"十二五"规划来看，从我国货币当局的推动情况来讲，已经纳入了议事日程。

第二是在跨境贸易结算方面。从美元、欧元和日元形成的货币贸易结算体系看，要打破这种传统的体系还有一些困难，人们习惯认同美元、认同欧元、认同日元，认同人民币还需要一定的过程，虽然从中国周边一些国家来看人民币很受欢迎，但是我国在扩大人民币贸易结算使用过程中，还面对一个现实的问题——我国企业定价权、货币选择权相对有限。我国现在是全世界第一大出口国和全世界第二大进口国，从贸易总量来讲，目前还低于美国，而且我国的商品结构还是较为初级、劳动密集型的产品，因此在全球市场的谈判竞争力、定价权、货币选择权方面还不具优势，导致在技术创新、产品设计、品牌创造、市场营销等方面选择的余地很小，所以大家都还不选择人民币结算。虽然对于国内出口企业希望用人民币结算，因为现在人民币处于升值的通道，用人民币结算，可以锁定汇率风险，较为有利。但是，对于国外进口企业来讲，就不愿选择一种强势货币，或者升值货币作为结算工具，而会选择一个相对弱势的货币来作为进口结算工具，这个矛盾是我国在推进人民币国际化过程中既要面临人民币升值又要提高出口而形成的。我国在整个国际市场还只是一个贸易大国，还不是一个贸易强国，这方面还有待改进。

在我国企业资本输出过程中，人民币的使用还不足，这既有投资环境的问题，也有制度和机制的问题。从历史上看，人民币要国际化，都是伴随着资本的输出和"走出去"。在金本位时代，英国通过资本输出向世界各国输出巨额英镑。在布雷顿森林体系时代，美国通过经常项目逆差向世界输出大量的美元流动性。20世纪80年代，日本通过大规模的跨国投资向各国提供日元资金。我国现在也正在考虑，如何进一步用人民币进行资本输出，提升人民币在国际市场的使用。2011年1月13日，中国人民银行发布《境外直接投资人民币结算试点管理办法》，实际上是鼓励我国企业用人民币对外直接投资。但是用人民币对外直接投资面临一个最重要的问题，就是人家需要人民币投资，被投资的国家一定要使用人民币这个资本。从我国现在"走出去"整体步骤来看，面临着很多矛盾和问题，目前人民币资本输出、企业"走出去"还处在初级阶段，还不是完全意义的资本输出。比如我们要到国外去兼并收购，在兼并收购的过程中，无论被收购的对象是资源型的企业还是技术型的企业，都遇到发达国家强有力的抵抗。比如，在美国，华为在那收购一个很小型的企业都被政治化。在澳大利亚，收购一些资源也遇到很多挑战。我国只能把一些收购、投资的项目转向一些发展中国家，但是又遇到一些政治风险、地域风险和地缘风险，包括像最近的中东和西亚一些国家的动乱，这对我国企业"走出去"都是有一定影响。但是不管怎么样，我国企业必须坚持，必须通过资本输出让被投资者认识人民币，使用人民币，使人民币成为大家所接受的货币。

第三是我国的金融市场还没有被充分利用。我前一段时间到东南亚很多国家调研时遇到一个问题，人民币"走出去"以后，国外的企业、个人觉得人民币会升值，就会开立人民币账户存一些人民币，但是他不能光等着它升值，因为在升值过程当中他还需要有附带的投资功能，而我国人民币海外投资产品不能完全满足这个需求。从美元国际化的经验来看，美元大规模的输出，在世界上形成了大家都知道欧洲美元和亚洲美元，这些美元通过美国的金融市场实现了回流，不仅为美国的发展提供了资金的支持，也为这些资金提供了投资的渠道。

这些都是我们在探索人民币国际化过程当中的问题，这些问题最终都会得到解决。一方面中国的投资环境发生了很大的变化，中国的经济实力和国际地位也发生很大的变化，现在已经是世界经济第二大国家，如果2010年谈这个问题还有点羞羞答答的话，那么2011年应该来讲是理直气壮。可以预计，到"十二五"规划的最后一年，2015年我国GDP总量绝对会相当于美国的三分之二还要多。在这种情况下，中国将会确立强势的经济地位，再加上我们现在正在进行转型，人民币国际化的进程应该强势是会加快，中国货币当局也在创造新的一些制度环境来推进这些工作。所以就人民币国际化的热点问题我谈一些个人见解。

第一，中国货币当局——人民银行希望人民币国际化走得快一点，希望人民币成为国际货币基金组织特别提款权一揽子当中的一部分，世界银行行长佐利克说过，在中国采取措施实行人民币国际化和迈向开放的资本项目以后，最终中国应该加入 SDR。全球统一货币是不可能的，我希望亚洲可以像欧洲一样能够有一个统一的货币体系，中国的人民币很有希望。"欧元之父"蒙代尔教授讲过，亚洲的体系特别跟西欧体系是不一样的，亚洲国家的政治结构也是不同的，形成一个亚元体系很困难，但是人民币国际化的趋势正在加快。所以我们要把人民币跨境结算继续做强做大，从国际贸易的总量来看，2010 年我国进出口的贸易总量接近 3 万亿美元，比上年同期增长 34.7%，我国国际收支的顺差现在是 1830 亿美元。我国现在采取稳出口、扩进口、缩小顺差的办法来确保人民币升值的压力不是很大，但是这个做法并不是要减少出口把顺差消灭，而是采取把整个贸易做大的同时，通过内部结构转型方式，使我国贸易结构跟整个国家经济结构相适应，从而来推进人民币国际化的进程。

中国现在是进口第二大国，出口第一大国。有一个非常好的数据体现了我国不是单纯地依赖欧美，我国进出口的市场以 2001 年为例，东盟，韩国，中国的台湾、香港地区在中国境内进出口的比重已经分别达到我国进出口总额的 30% 和 28.8%，已经比较接近发达经济体的对等交易量，我国对外交易占全球国际交易的比重不仅已经足够大，而且交易对象的国家分布很均匀，对世界贸易已经具有足够的影响力，具有继续做大做强人民币跨境结算的基础。跨境的基础还不单纯是一个对外贸易的问题，我国的对外投资也在不断扩大，通过人民币的对外直接投资也可以推进我国的跨境结算。

第二，要积极培育人民币离岸金融市场，香港的条件得天独厚，当然我们希望在香港以外今后也可能还有另外一个离岸市场，但是目前来讲最成熟的离岸市场是在香港。所以在香港要进一步发展人民币的债券市场，扩大交易规模，同时使其常态化。扩大债券的期限跨度，短则一年，长则三十年的债券都可以发行，这将使完整的收益曲线逐步完成。同时要扩大参与者范围，逐步放宽其他的企业条件，同时也要扩大投资者的范围，逐步将基金公司、保险公司等纳入，创新人民币投资产品，使人民币产品可以应付人民币在香港的存量，还可以有效地吸收海外人民币到香港落地。现在整个在海外的人民币资金有投资渠道的问题，我们把钱通过结算的方式，通过投资的方式流出去，最后要落到机构、个人和投资者手上，他们持有的人民币一定要有一个投资的渠道，要有一个投资的产品，资本是追求利润的。如果有很好的投资产品，能够让它追求利润，它就能够真正在海外沉淀下来。我国输出去这些人民币资金有两个目标，第一个目标是希望它在海外能够沉淀下来，形成海外的人民币市场，扩大人民币在海外的影响力。第二个目标是希望这些人民币也能够回得来，回来有一个通道，既能够"走出去"，又能够"留得住"、"回得来"，这就形成了顺畅的人民币全球的资金流。这样人民币就形成了三大市场。第一大市场就是我国国内的人民币，第二大市场是跨境的人民币，第三大市场是海外的人民币，这样三个渠道的人民币构成一个整个的人民币市场，当然我国现在的海外人民币无论从结算量、投资的产品，还是从投资的品种以及它的交易量都是很小的，所以说我们还只是走出了第一步。

第三，希望能够拓宽人民币的回流渠道，让人民币真正能够"转"起来，我们探索地方政府、商业企业在香港发行债券，并且允许所募集的人民币资金能够汇回内地，相关部门要予以政策的支持。这里我说两点，第一个是钱能够回来，国内也能够利用海外的人民币资金；另外一点我们更希望海外的人民币能够在海外形成一个稳定的市场，这两者是密不可分的，不能把两者对立起来，不能钱出去了就回不来，也不能说我出去的钱都不能回来，这两个都是不对的。要推进外商人民币的直接投资，外商投资企业的外方股东能够以人民币办理跨境直接投资，目前经中国人民银行批准，新疆已经作为先行的试点地区开展外商直接投资人民币的结算。希望开展内地和香港银行跨境贷款的试点，香港人民币存量不断增加，人民币的利率也相对较低，可以开展一些试点。同时要允许符合条件的机构在香港募集人民币资金在境内开展证券投资业务。国内的股市也不是很好，长期在3000点徘徊，一过了3又跳下来，我想从供给和需求方面来说，海外也可以考虑。

第四，货币互换要进一步推动。国家的货币当局已经跟很多国家和地区的货币当局签订了货币互换，如泰国、日本、韩国、马来西亚、菲律宾、印度尼西亚、中国香港、阿根廷。货币互换实际是人民币整体循环的一个基础。那么在人民币整体循环的基础上，我们不能够满足于现有的与这些国家的货币互换，还要考虑根据国家外贸结构的优化升级增加从最不发达国家和主要贸易顺差来源国的进口，同时探讨与东盟、欧盟、印度、俄罗斯的货币互换，以此来扩大货币互换的规模。我们也要考虑跟美国建立货币互换，这个应该有推动，我国是美国最大的债权国，无论是在应对危机，还是推进双边的货币交换方面都应该予以推动。我国每年都有很多外援，应该考虑以对外人民币援助多边支付来扩大人民币的支付网络。在美元和日元的国际化方面有一些经验值得借鉴，1947年美国推行马歇尔计划，通过援助142亿美元的计划，使美元在国际化方面迈出很重要的步伐。1999年日本通过官方援助，援助140亿美元，也在日元国际化过程中起了非常重要的作用。我国也可以通过援助贷款、无息贷款来增加人民币国际化的程度，鼓励受援国之间经常经贸往来使用人民币结算，争取人民币进入国际多边援助的体系，通过这样的方式推动人民币国际化进程。

我们也要注意推进区域货币的合作，尽管人民币和日元都在推进国际化，人民币和日元都在亚洲，所以一个亚元的出现是比较艰难的，因此日元的国际化走在人民币的国际化之前，但是大家知道金融后面的支撑是经济，中国经济的高速发展肯定会推动人民币国际化进程的加速，但这不排除我国在跟日元推进国际化的过程中两者之间适度的合作和协调，从当前贸易的结构来看，我国对亚洲地区是逆差，我国的贸易总量也高出日本600多亿美元，随着时间的推移这个数字会越来越高，我国对亚洲地区的贸易逆差和贸易总量使人民币在国际化方面具有相对的优势。但是中国对亚洲的很多出口和进口，尤其是进口都是国内一次性完成的，因此人民币在国际化方面又存在一些劣势。先开拓中日货币的合作，收益大于竞争，与其争食一块蛋糕，不如共同将它做大，分享更多的收益，应该避免产生过强的货币竞争优势，建立各自的价值，增加货币价值的同时积极开展深入的合作。人民币和日元的协作，我们也要通过建立一定的平台推动，增加人民币和日元的需求，国际投资者很难说。最近日本的地震，国际炒家发现，很可能日元会回流，开始把日元抬得很高，抬到76了，那么在这种情况下，金融系统的干预使日元回落一些，所以国际上的合作，使得我国不单纯在整个竞争过程当中把任何的一种货币看成自己的对立面，要寻求合作面，开展区域的合作。包括我国企业在跟美国谈判过程当中，虽然美国压我们压得很厉害，但是我们还跟他们合作，所以人民币的费率在有限的浮动当中，始终保持对我国有利的进程，人民币国际化的进程是一个很深的课题，过去是个理论问题，现在是个理论和实践相结合的问题，现在是个热点，同时也是个难点，我国的货币当局在积极推进这件事情。

应通过市场手段促使
人民币在海外沉淀下来[①]

目前国家大力推动跨境人民币业务，境外人民币规模不断扩大，但还应该不断丰富人民币金融资产，提供投资渠道，通过市场手段促使人民币在海外沉淀下来，增强境外人民币持有意愿，增加人民币金融资产的交易规模。

中国银行目前已完成八笔跨境人民币融资授信业务，分布在印度尼西亚分行、俄罗斯分行和约翰内斯堡分行，而政策性银行在跨境人民币融资中较为活跃，在一些政策性"走出去"项目中搭配人民币贷款。

跨境人民币融资主要分两类，一是国内大型企业"走出去"过程中产生的跨境人民币信贷业务；二是外国企业与中国贸易过程中产生的人民币需求。

上述业务的开展还有一定的难点，一是人民币的升值及升值预期。二是缺乏恰当的汇率风险规避工具。三是人民币信贷的利率定价受到政策限制。

市场的发展与认可是人民币国际化最重要的检验标准。而关键问题不仅在于让人民币"走出去"，还要创造条件让人民币成为境外机构和居民进行投资交易的货币，实现人民币在国际市场上的循环流通。

目前，仅包括中央银行在内的三类海外机构所持有的人民币可经

---

① 此文发表于《财经》2011 年第 5 期。

批准后投资中国的银行间债券市场。

人民币国际化过程漫长

尽管目前跨境人民币业务发展迅速，但业务规模和在进出口总量中所占比重仍然有限，人民币距离成为国际支付货币的目标仍然较远。

人民币的输出速度、境外金融产品的发展，以及中国资本项目放开的速度等，必须以中国经济和金融安全为前提，要充分考虑国家的货币政策等宏观经济政策，并与人民币汇率机制改革、利率市场化改革相辅相成。

香港 2010 年已发行约 300 亿元人民币债券，市场反响良好，这反映了境外投资者对人民币债券的旺盛需求。

接下来应该继续促进债券市场发展，拓展香港人民币离岸市场的深度。要进一步扩大离岸人民币资产类业务的经营范围，推动人民币在国际收支资本项目的可兑换，建立起人民币国际化的"资产池"。

打通人民币投资渠道

要开放内地资本市场。开放国内资本市场的目的是培养境外投资者使用人民币进行投资交易的习惯，与国际贸易中使用的人民币形成良性互动。

可比照 QFII（合格境外机构投资者）模式，首先开放境外人民币基金对国内资本市场的投资，并逐步取代现行的以美元为载体的 QFII 模式；其次对国外央行储备的人民币开放；最后对自然人投资者开放。

对于投资产品，建议首先开放国债，其次是公司债，再次是可转换债，最后是蓝筹股。

积极顺应利率市场化改革
推动两岸金融业合作共赢[①]

初夏的北京，和风送爽。非常高兴在美丽的燕园与大家欢聚一堂，共同探讨两岸金融的发展与变革。我们高兴地看到，"两岸金融高峰论坛"举办以来，为两岸金融界搭建了一个沟通交流的很好平台，为推动两岸金融合作与发展发挥了积极的作用。我本人有幸参加了 2011 年的论坛，并围绕"十二五"期间两岸银行业的机遇和挑战谈了几点意见。今天，我想就"十二五"期间大陆利率市场化改革的进程及影响与大家交流几点看法。

一、利率市场化：大势所趋，尚需稳妥推进

从全球范围看，很多长期实行利率管制的经济体已经陆续完成了利率市场化改革。20 世纪 70 年代，由于石油危机和通货膨胀，市场名义利率大幅上升，受利率管制的银行在吸引资金上失去竞争力，面临经营困难，以美国为代表的发达国家率先开始了利率市场化进程，随后拉美、亚洲的发展中国家和地区也纷纷跟进。目前，世界上大多数国家和地区已经实现了利率市场化。总结这些经济体实施利率市场化的经验和教训，可以发现，较为成功的利率市场化路径大多具备如下特点：一是分阶段逐步推进。美国和日本的利率市场化进程用了 16 年，台湾地区用了 14 年，印度用了 13 年，大体遵循了先大额、后小

---

① 作者于 2012 年 5 月 5 日在"两岸金融高峰论坛"上的发言。

额，先长期、后短期，先货币市场和同业市场、后零售市场的顺序。二是利用产品创新寻找突破口。美国的突破口是 CD，以及 NOW 账户、货币市场存款账户等创新工具。日本则选择了可转让定期存单。这些工具大多具有链接市场利率和管制利率的功能。三是在相对有利的经济金融环境中实施。美国的利率市场化是在整体经济形势良好、高通货膨胀得到有效控制、确立了基准利率、货币市场收益率曲线完善的情况下推动的。香港地区则是在经济连续两个季度正增长、港美息差回落到亚洲金融危机以前水平、银行业呆坏账回落、资本充足率处于18% 的高水平、净息差未明显收窄的情况下稳步推进的。与此同时，良好的金融监管框架和金融机构公司治理也有助于利率市场化的顺利实施。

利率市场化在大陆不是一个新命题。早在 1993 年，管理层就提出了利率市场化改革的基本设想。2003 年进一步明确了利率市场化改革的目标为："稳步推进利率市场化，建立健全由市场供求决定的利率形成机制，中央银行通过运用货币政策工具引导市场利率"，并为此实施了一系列的政策调整：

在人民币贷款利率方面，2003 年之前，商业银行人民币贷款定价权浮动范围只限基准利率30% 以内。2004 年贷款利率上浮范围扩大到基准利率的 1.7 倍。2004 年 10 月，贷款上浮取消封顶。目前，贷款利率仅实行下限管理。

在人民币存款利率方面，1999 年 10 月，对保险公司大额定期存款实施协议利率。2003 年 11 月，允许农村信用社开办大额邮政储蓄协议存款。2004 年 10 月，对人民币存款利率实行上限管理，存款利率可以下浮，下不设底。

在人民币贴现利率方面，1998 年 3 月，人民银行改革贴现利率形成机制，贴现利率根据再贴现利率加点生成。2004 年 10 月，贴现利率与贷款利率同步实现下限管理。2005 年以来，金融机构办理贴现业务的资金来源逐步转向自有资金或货币市场融入资金，贴现利率与再贴现利率逐渐脱钩。

在外币存贷款利率方面，2004 年以前，已分步放开国内外币存贷款利率。

　　此外，在企业债、金融债、商业票据方面以及货币市场交易中全部实行市场定价，对价格不再设任何限制。随着各种票据、公司类债券的发展，特别是OTC和二级市场交易不断扩大，使得很多企业，特别是质量较好的企业，越来越多地选择通过发行票据和企业债进行融资，其价格完全不受贷款基准利率的限制。

　　综上所述，到目前为止，除人民币存款利率上限、贷款利率下限以外，已全部实现利率市场定价，外币存贷款利率也早已完全市场化。未来利率市场化的工作重点将是取消人民币贷款利率下限和存款利率上限，这也是整个利率市场化进程中最关键、最核心的环节，利率市场化改革已进入攻坚阶段。

　　当前，大陆地区进一步推进利率市场化改革已成为各方共识，可以说是大势所趋。第一，民众对通过推进利率市场化打破中小企业融资困局有较高期待。第二，利率市场化对规范和约束民间融资行为有积极作用。第三，社会对通过扩大利率浮动范围改善实际利率水平的需求较为迫切。第四，人民币国际化的进一步推进需要市场化的利率环境作基础。第五，大型商业银行都完成了股改上市，初步具备了根据风险成本进行差别定价的能力，能够承担一定的价格竞争压力。

　　同时也要看到，利率市场化改革并非单纯的利率问题，它与国内外宏观经济环境、金融市场发育和竞争程度、汇率制度、金融监管体制、金融机构经营管理水平等多种因素息息相关，利率市场化必须积极稳妥地推进。为此我们还需要扎实做好以下工作：一是进一步推动统一市场基准利率的形成，完善中央银行货币政策传导机制，为商业银行定价提供有效依据。二是积极培育债券市场，逐步构建完善的收益率曲线。三是协调推进人民币汇率制度改革，如果利率完全市场化而汇率缺乏弹性，容易引起内外部经济的失衡。四是进一步完善综合经营相关的监管机制，引导银行业合理扩大非利息收入来源。五是尽快推出存款保险和金融机构退出制度，切实保护存款人利益。六是加强同业协调机制建设，避免出现恶性价格竞争，维护金融市场竞争秩序。

二、银行经营环境：挑战和机遇并存，机遇大于挑战

　　利率市场化将使商业银行的经营环境发生巨大变化，商业银行经

营面临前所未有的挑战。

一是存贷款利差收窄。利率市场化完成以后，金融机构之间的竞争更加充分，往往引起利差缩窄。以台湾银行业为例，1989 年前的五年中，台湾本地银行平均利差在 3.11% 左右；1990—1991 年，由于金融机构普遍提高了名义利率，利差暂时得以保持，在 3.14% 左右；1992—2002 年，利差尽管没有出现大幅度下降，平均水平保持在 2.9% 左右，但波动区间明显下降；2003 年以后，台湾本地银行利差呈现直线收窄的趋势，到 2011 年，名义利差仅有 1.41% 左右。

二是存款稳定性降低。利率市场化后，各家银行的存款利率将会出现差距，出于追逐利润的目的，资金将更频繁地在银行间、银行体系和资本市场间、货币市场与证券市场间流动。存款稳定性的降低，会带来潜在的流动性风险，银行需要更多地依靠批发性融资，并加强流动性管理。过去三十年中，美欧商业银行的主要资金来源从传统的储蓄存款转变为短期批发融资，正是"金融脱媒"和利率市场化综合影响的体现。这种变化使金融体系流动性的波动更加剧烈，也是次贷危机中大批金融机构出现流动性困难乃至破产的重要原因之一。

三是部分金融机构可能面临经营困难。从国际经验来看，利率市场化进程中或完成后，商业银行由于不能适应环境变化而面临经营困难的情况较为普遍，即使在金融市场较为发达、金融监管较为完备的国家和地区也不例外。如美国 20 世纪 80 年代中期的储贷协会危机。当时美国储贷协会的资金来源主要是期限较短的储蓄存款，资金运用主要是发放长期住房抵押贷款。存款利率上限取消后，由于向储户支付的利率超过了住房抵押贷款收益率，储贷协会出现大面积亏损。在这场危机中，美国有 1300 多家小银行和 1400 多家储贷协会破产，约占同期美国商业银行和储贷协会总数的 14%。

尽管存在上述种种挑战，但总体而言，利率市场化的进程是一个更加高效的金融市场建立与完善的过程，利率市场化为大陆商业银行建设成为国际一流银行创造了难得机遇。

首先，商业银行被赋予更大的自主定价权。利率市场化后，商业银行能够根据市场基准利率水平、业务性质、客户资质等自主决定存贷款利率，使定价水平更加真实地反映业务实质，提高成本收益管理的精准度。银行完全自主定价后，客户将面临更多的选择，商业银行也可以进行差异化定价以反映风险水平的个体差异，保证对银行的风险补偿水平适中，促进客户之间的公平。同时，商业银行还可以根据自身战略定位、市场环境、财务目标等，有意识地选择目标业务品种、客户群，实现对客户结构、资产负债结构的主动管理与优化。

其次，商业银行经营环境将进一步改善。在利率市场化的环境下，社会储蓄向社会投资的转化会更有效率，资源配置会更加优化，企业的经营活力将进一步提升，对经济持续健康发展有积极的促进作用，从而也会为改善商业银行经营环境作出贡献。同时，商业银行将在一个更加公平的基础上进行竞争，那些财务约束能力强、风险管理和定价水平高的银行能够更好、更快地发展业务，而经营管理水平较低的银行很难在市场上取得竞争优势，从长期来看，只要市场秩序良好，经营管理水平高的银行仍有可能获取较高净息差。这也是一些国际大型银行在市场化的利率环境中仍能取得较高净息差的根本原因。

最后，商业银行将获得更多的创新空间。利率市场化以后，银行在进行创新时摆脱了价格束缚，在收回成本的前提下可以为客户提供更为丰富的产品与服务。同时，高度竞争的环境客观上增强了银行创新的动力，鼓励银行通过提供差异化的产品和服务吸引客户，提高利润率。由于市场化以后的利率波动会变得更加频繁，无论企业还是个人，都会有利率风险管理的需求，这也为银行产品创新提供了很好的机会。

三、两岸金融同业：携手并进，合作创造双赢

利率市场化带来的环境变化，将对大陆商业银行的经营管理、业务发展和盈利能力产生深远的影响，要求大陆商业银行必须加快业务转型，提升经营管理水平。

一要切实提高风险定价能力。这是银行业应对利率市场化的关键。利率市场化后的一段时期内，价格竞争将成为商业银行竞争的主要内容。这将促使商业银行建立完善的成本约束机制，健全利率定价机制。商业银行需要按照风险与收益对称的原则完善利率定价的各个环节，遵循贷款利率覆盖资金成本与管理成本、满足风险溢价和资本回报要

求等的定价准则，全面梳理并健全资产风险定价、风险成本定价、管理成本定价、内部资金转移定价等各方面的定价制度，以及与之相关的绩效考核制度。

二要建立更加有效的利率风险管理体系。长期处于利率管制的环境下，国内商业银行大多仅使用缺口、久期等简单工具对利率风险进行计量与管理。利率市场化后，利率波动会加剧，商业银行必须使用更加先进的手段和工具管理利率风险。目前，部分国内商业银行在建立内部资金转移定价机制方面已经取得了很大的进步，对建立内外部关联的利率体系、实现利率风险在系统内的统筹管理起到了积极作用。除此之外，商业银行还要调整资产负债结构或运用衍生工具，更加主动地进行利率风险控制。

三要加快业务转型和结构调整。从国际经验来看，利差收窄趋势会对银行传统经营模式带来冲击，促使银行经营行为发生一系列变化。从客户结构上看，银行将更加重视能够带来较高回报的中小企业客户和个人客户，贷款资源将会向这些客户倾斜。从业务结构上看，银行将更加重视非利息收入业务，通过非利息收入的提高弥补息差收窄带来的利润下降。在已实现利率市场化的国家和地区，商业银行非利息收入占比大多达到30%~50%，有些甚至超过70%，而大陆商业银行这一比重一般还不到20%。利率市场化后，与新环境相适应的、科学的客户结构和业务结构将是商业银行实现可持续发展的重要保障。

四要提高产品创新和差异化服务能力。利率市场化后，当价格竞争趋于稳定时，产品创新和差异化服务对银行间竞争格局的影响会更大。商业银行要不断调整和创新金融服务产品，通过新业务和新产品来改善资产、负债业务的结构，促进业务经营多元化，以减少对存贷款利差收入的依赖。同时，商业银行还要培育差异化的服务能力，通过打造在特定领域的领先优势，建立更加紧密的客户关系，降低客户对利率价格的敏感程度。

台湾地区金融市场利率市场化实施较早，台湾金融业在金融稳定机制（存款保险制度等）、市场退出机制、混业经营、风险控制与内部稽核、中小企业授信与保证机制、征信机制与征信数据库、金融人才培训与资格准入制度、金融问题处理等方面积累了宝贵的经验，对于大陆银行业具有重要的参考价值。我们建议两岸金融界进一步加强往来与沟通，通过业务合作、开展培训、互派工作人员等多种方式，实现两岸金融业的合作共赢。

推进两岸银行业开放^①

  海峡两岸经济合作框架协议（简称 ECFA）签署一年来，两岸银行业交往呈现崭新态势。

  银行业已经成功实现互设分支机构。截至 2011 年 2 月底，台湾地区共有彰化银行等 6 家商业银行在大陆开立了分行，4 家机构设立了代表处。大陆也有 4 家银行获准在台湾成立代表处。

  两岸货币清算机制建设取得实质性进展。2010 年 7 月，中国人民银行授权中国银行旗下的中银香港为台湾人民币现钞业务清算行，负责向获准开办此业务的台湾商业银行在港分行提供人民币现钞兑换等服务。大陆获准开办新台币兑换业务的地域和机构范围不断扩大。

  在新的历史时期，各方应全力配合，从政策、监管和实务等不同领域采取积极举措，切实拓展两岸银行业的深化往来。

一、利用国家政策，积极探索两岸银行业开放的先试先行

  "十二五"规划纲要明确提出要支持海峡西岸经济区的建设，充分发挥海峡西岸经济区在推进两岸交流合作中的先行先试作用，同时要推进厦门两岸区域性金融中心建设。两岸银行业应抓住这个机遇，大胆探索一些突破现有政策框架的银行业往来尝试，为深化交往积累经验。

  具体可考虑以下方面的尝试：一是进一步降低台湾和厦门的银行

---

① 此文发表于《财经》2011 年第 28 期。

业机构互设门槛，如降低资产规模、申请分行前设立办事处时间、申请经营人民币业务前开业时间等要求，取得比 ECFA 框架下更为优惠的准入待遇。二是在厦门或海西区开展跨境贸易人民币结算试点。三是在厦门或海西区试办对台离岸金融业务。四是在厦门试点办理人民币和新台币的现钞调运业务，建立两岸间人民币和新台币现钞供应和回流的直接渠道。

二、以互补与合作为原则，大力推动两岸银行业务合作

两岸银行业在中小企业融资领域的合作空间巨大。中小企业在台湾经济发展中地位特殊。有数据显示，台湾中小企业多达 120 多万家，占企业总数的 97.8% 左右。台湾建立了中小企业专业银行、中小企业信用保证基金等制度安排。台湾银行业对中小企业的贷款占全部贷款的比例已经接近 20%。

随着大陆经济结构的变化，原先以国有企业为主的经济发展模式正逐渐转变，中小企业数量也越来越多，据统计目前大陆企业 99% 是中小企业，并且中小企业对银行资金的依赖程度也高于大企业。未来，两岸银行在中小企业信贷运营和风险管控等方面有着广阔的合作空间。

两岸银行还可考虑在跨境贸易人民币结算领域加强合作，帮助两岸企业规避汇率风险，锁定交易成本，提高企业抗风险能力和盈利能力。

三、完善两岸银行业往来的基础设施建设

继续推进两岸货币清算机制的完善，力争早日从现钞清算推进至汇兑领域。目前两岸虽然已经可以通过香港进行人民币现钞的清算业务，但现钞清算只能满足小额人民币兑换的需求，对于广大台商而言，在两岸间进行人民币存款、汇款等方面的业务需求更加迫切。

未来，一是可以考虑利用海西区和厦门区域性金融中心的特殊政策在有限范围内进行两岸间建立货币汇兑机制的尝试，探索两地金融机构互设账户及直接通汇。二是鼓励两岸银行业互相利用网络覆盖优势，开展在客户存款、汇款、境内结算、国际结算、保理、票据等业

务领域的合作，为客户提供资金清算的便利。

在客户信息沟通和分享方面，两岸可考虑建立由银行业共享的联合征信信息平台，以合理的方式解决征信信息割裂和信息交流不畅的问题，促进两岸银行业共同提升对客户的授信服务能力，改善台资企业在大陆融资相对困难的情况。

四、尽快改变两岸银行业往来政策不对等的局面

目前台湾对大陆银行业准入条件与大陆对台湾银行业准入条件还不对等。就台湾市场的准入而言，一般外资银行不需设立办事处即可直接申请设立分行，但对大陆银行需设立办事处一年后才可申请设立分行；大陆银行在台湾申请设立分行前一年在全球银行资本或资产排名需在前200位，等等。

针对大陆市场的准入，一般外资银行需设立代表处两年以后才能申请设立独资银行或分行，但对台湾地区银行只需设立代表处一年即可申请设立分行；一般外资银行要连续经营三年以上且申请前两年均盈利才能申请开办人民币业务，对台湾地区银行只要连续经营两年以上且申请前一年盈利即可开办人民币业务。

针对上述情况，两岸应继续磋商，力争尽快改变政策不对等的局面。具体来说，台湾金融监管机构可考虑在以下方面放宽对大陆银行业的要求：一是比照其他入台外资银行，降低大陆银行申请设立分行前开设办事处的时间要求。二是放宽对大陆银行参股台湾金融机构的持股比例，可考虑比照大陆的外资准入标准，即参股单一金融机构的比例上限提高至20%，所有外资参股同一金融机构的比例上限提高至25%。三是允许大陆银行业在设立分行的同时参股专业的金融机构，例如信用卡机构、保理机构等，以便更加有力地推动两岸银行业的经验共享。四是可考虑降低对大陆银行在台湾申请设立分行的资产规模要求，让大陆中小银行也能够参与到两岸银行业往来中。

五、加强两岸监管机构的对话交流及经验分享

在新的历史时期，应进一步加强两岸监管机构的对话交流和经验分享，以促进两岸更好地达成政策共识和共同提升监管水平。"十二

五"时期，大陆的利率市场化进程将进入一个攻坚阶段，而台湾早在20世纪80年代末就完成了利率市场化进程，在利率市场化的模式选择、进程设计、风险防范、银行业应对、配套改革措施等各个方面都有很多经验值得大陆银行学习借鉴。

还有，在银行业转型发展和金融控股公司管理方面，台湾也有独到之处。目前台湾有15家金融控股公司，其资产规模占台湾金融业资产规模的51%。大陆银行业也面临很大的转型压力，金融业综合经营的趋势不断加强，在发展模式、风险控制、交叉销售等领域也可以借鉴台湾发展金融控股公司积累的经验。

此外应该看到，虽然两岸银行业往来的乐观前景不容置疑，但也面临很多挑战和矛盾。

比如，两岸银行业经营环境差别很大，进入对方市场后会因经营环境的变化而面临巨大挑战。台湾银行业市场竞争激烈，增长比较缓慢，利差水平较低。台湾只有2300多万人口，存款性货币机构的网点数量已经达到4539家，网均服务人口数量约在5000人，网均资产达到78亿元新台币（折合人民币约17.4亿元），竞争较为激烈。

此外，近年来台湾银行业规模增长速度约在3%，而大陆银行业规模则保持了20%以上的增长速度。台湾银行业增长的乏力也使得竞争问题无法通过规模增长进行缓释。因此，台湾银行业利差水平较低。

以2010年利差水平来看，最高的是信用合作社，利差也仅有1.74个百分点，最低的是在台外资银行，利差只有0.95个百分点，均大大低于大陆银行业利差水平。在这种情况下，对市场化程度相对较低、比较依赖利差收入的大陆银行业而言，进入台湾后必须要根据台湾的特点积极调整盈利模式，否则很难在台湾市场立足。

对台湾的银行而言，进入大陆市场后，增长速度和利差水平不再是主要问题，但在客户资源、规模、品牌和网点等方面，短期内很难与大陆银行业直接竞争，需重新评估发展策略。

跨境人民币指数透视下的
人民币国际化[①]

中国银行跨境人民币指数，以人民币跨境流出、境外流转、跨境回流为框架，跟踪反映人民币跨境及境外使用的活跃程度。从跨境人民币指数这一独特的视角来观察，人民币国际化的发展脉络和动态得到更为完整、清晰的展示。

一、跨境人民币指数攀升，人民币国际化取得阶段性进展

人民币跨境及境外使用的活跃程度，是人民币展开跨境循环并进而拓展全球循环的基础。中国银行跨境人民币指数显示，自 2011 年第四季度开始，人民币跨境及境外使用的活跃度保持总体上升态势。

一是在中国对外经贸往来中使用人民币结算的比例节节攀升，跨境贸易人民币结算占比从 2011 年末的 6.6% 上升到 2012 年的 8.4%，到 2013 年 6 月末突破 10%。二是国际外汇市场上人民币交易量占比大幅提升，根据国际清算银行最新披露的数据，人民币外汇交易量占全球市场的比重从 2010 年 4 月的 0.9% 大幅上升至 2013 年 4 月的 2.2%，人民币成为全球第九大外汇交易货币。三是人民币境外债券交易更趋活跃。以香港离岸市场为例，由香港债务工具中央结算系统托管及结算的人民币债务工具交易金额占比由 2011 年第四季度的约 47% 上升到

---

① 此文发表于 2013 年 11 月 4 日《金融时报》。

2013 年第二季度的约 62%。

人民币跨境使用活跃度的提升，促使人民币对外输出加快，境外人民币存量增加。以香港人民币存款为例，跨境人民币指数上升与香港人民币存款余额的增加呈现大体同步的态势。跨境人民币指数从 2012 年末的 146 大幅上升至 2013 年第一季度的 189，香港人民币存款量从 6030 亿元增长至 6681 亿元，到 2013 年第二季度末进一步上升至 6980 亿元，表明人民币跨境使用的活跃度对境外人民币存款及资产存量规模的拉动作用较为明显。根据外汇局的监测数据，2013 年 4 月末境外人民币资产存量约为 1.4 万亿元。2013 年 6 月，非居民人民币存款达 1.07 万亿元。

二、人民币跨境使用的驱动因素增加，离岸市场建设亟待加快推进

跨境货物贸易人民币结算占人民币跨境使用量的 60% 以上，是人民币跨境使用的主渠道，也是人民币跨境循环最重要的驱动因素。除商品贸易外，其他因素对人民币跨境使用的贡献正呈上升之势。

服务贸易对人民币跨境循环的带动作用更加明显。一是服务贸易及其他经常项目占中国对外贸易的比重上升，从 2010 年的 12% 左右提升到 2013 年上半年的 16% 左右。二是从 2011 年开始，人民币在跨境服务贸易结算中的占比超过在跨境货物贸易结算占比，在推动人民币跨境使用方面的重要性逐步提升。如中国银行跨境人民币指数的分析结果显示，2013 年第二季度服务贸易对指数增长的贡献较 2012 年第一季度上升了近 20 个百分点。

直接投资促进人民币跨境使用水平进一步提升。近年来中国对外投资发展迅猛，2012 年首次成为世界三大对外投资国之一。中国银行跨境人民币指数的分析结果显示，2013 年第二季度，人民币在对外直接投资中使用的活跃度较上年同期增长 9 倍，远高于同期货物贸易项下人民币使用活跃度增速（不到 1 倍）。对外直接投资中的人民币跨境使用对指数增长的贡献超过 10%，成为拉动人民币跨境使用"人气"越来越重要的因素。

尽管人民币在跨境循环方面有了很大提高，在境外支付及外汇交

易占比等指标排名上有了很大的提升，但应该看到人民币在境外流转使用占比与主要国际货币相比还有不小的差距。从跨境人民币指数的表现来看，人民币境外循环对指数增长的贡献偏低。

拓展人民币在境外的流转使用水平，需要推进离岸市场建设，形成规模上不断增长、功能上各有侧重、定位上层次丰富、地域上分布合理的离岸人民币市场体系，使得离岸市场能够更加充分地匹配境外对人民币的各种供求，扩大离岸市场对人民币资金的蓄积能力，使人民币在境外流转使用的深度和广度得到不断拓展。

三、与主要国际货币差距明显，人民币国际化应致力分步赶超

根据中国银行跨境人民币指数模型的测算结果，主要国际货币的跨境及境外使用活跃度以 1000 为分水岭，大致形成两大"阵营"。美元、欧元在全球被广泛接受和使用，其跨境及境外使用活跃度领先优势较大；日元、加拿大元、澳大利亚元等货币尽管在全球支付份额的排名上位列前十，但与美元、欧元的跨境使用活跃度有较大的差距。

自跨境贸易人民币结算试点以来，人民币与日元、加拿大元、澳大利亚元等"第二阵营"国际货币的相对差距在不断缩小。以 SWIFT 组织披露的主要国际货币在全球支付市场份额变化为例，2013 年 7 月，人民币国际支付份额较 2012 年 1 月上升约 0.6 个百分点，而同期日元、加拿大元、澳大利亚元等货币的国际支付份额出现小幅下降，人民币与这些货币份额的相对变化使得人民币有可能在中期实现阶段性的跨越，进入国际货币的"第二阵营"，为人民币取得与中国经济和贸易规模相称的国际货币地位打下一定的基础。

四、政策利好助推，人民币国际化前景可期

近年来，中国开展服务贸易的基础不断改善，如横琴、前海、南沙等新区发展现代服务业得到国家政策的扶持和鼓励，服务贸易的发展潜力正在逐步释放。

服务贸易项下的人民币结算对人民币跨境使用的拉动作用将进一步增强。

一是服务贸易增速快于商品贸易，人民币结算比例高于商品贸易。二是服务贸易总体为逆差，有利于人民币的输出。服务贸易的快速发展可能将人民币跨境使用活跃度提升到一个新的水平。根据历史数据，服务贸易占外贸进出口总额的比重每年上升约 1 个百分点，人民币在服务贸易项下的结算比重较货物贸易高出约 10 个百分点，照此推算，未来五年左右服务贸易占商品贸易的比重将超过五分之一，带动的人民币跨境使用量将超过跨境商品贸易下人民币使用量的三分之一，服务贸易有望成为输出人民币的重要通道。

与此同时，中国对外投资一直保持着较高的增速，过去十年间年均复合增长率约40%，照此推算，四年后跨境投资产生的资金流动可能占贸易项下资金流动的7%左右。过去几年，人民币在跨境直接投资中的使用占比平均每年上升约 7 个百分点，中期可能从目前的 20% 左右提升到50%左右。在直接投资资金流量保持扩大以及人民币占比提升这两项因素的共同带动下，投资项下的人民币跨境使用量中期可能占跨境贸易项下人民币使用量的4%左右，成为扩大人民币跨境循环的又一个重要促进因素。

此外，上海自贸区建设给离岸市场带来又一次扩容。2013 年 9 月29 日，中国（上海）自由贸易试验区正式挂牌成立，在风险可控的前提下，试验区可在人民币资本项目可兑换、利率市场化、人民币跨境使用等方面创造条件先行先试，探索面向国际的外汇管理改革试点，建立与自由贸易试验区相适应的外汇管理体制。在这些宽松政策的扶持下，一个"关境外、国境内"的在岸"离岸人民币金融市场"将逐步形成。尽管还难以准确估计未来这一离岸市场的规模，但由于资金流动较为自由便利，一旦政策层面的管制逐步放松，市场规模的扩张可能较为迅速。离岸市场规模的扩大必然提升人民币在境外的流转使用水平，将跨境人民币指数推升至新的台阶。

综合上述因素，中期展望，人民币国际化指数仍将继续保持上升态势，初步测算，到2020 年左右，人民币可能进入"第二阵营"国际货币的使用活跃度区间。届时，人民币将以更加有利的姿态，参与成为主要国际货币的角逐。

后 记

在全球几次重大金融危机中，中国一直在国际上体现了一个负责任大国的形象。在各国货币竞相贬值时顶住压力稳定市场，在发达国家量化宽松政策冲击下筹划全局自行消化，在全球市场大幅动荡中敢于担当维护金融体系稳定，为全球经济复苏和增长作出了巨大贡献。

近十年来，中国银行历经商业化改革和股改上市等一系列重大改革，自身发展能力和支持经济发展能力不断增强，积极跟随国家战略，履行社会责任，支持实体经济发展，是新兴经济体国家中唯一连续三年入选全球系统性重要金融机构（G – SIFIs）的银行，体现了国际社会对于中国国际地位、中国金融业改革成就和中国银行百年经营成果的普遍认同和高度肯定。

路漫漫其修远兮！展望未来，作为国有大型商业银行，中国银行将坚守"担当社会责任，做最好的银行"的战略定位，充分认识到新形势下的新要求，将银行战略和国家战略结合起来，把银行发展融入到国家发展当中。作为商业银行的经营管理者，为经济转型出谋划策、身体力行，更是责无旁贷的责任和义务。

本次结集出版的文章，大部分发表于近三年的报纸杂志，是我在工作实践中对商业银行如何做好金融服务，支持经济发展的体会、认识和思考。感谢同事们为本书出版所做的工作，感谢朋友们在过去的生活和工作中的支持，感谢我的家人对我的默默鼓励。感谢中国金融出版社、本书编辑和其他未曾谋面的审稿人。感谢本书的读者。

陈四清
农历甲午年四月二十九日